券種選び

買い方のコツを掴めば回収率は大きく上がる！

競馬王編集部編

プロ馬券師たちから学ぶ
賢い券種選び
買い方のコツを掴めば回収率は大きく上がる！

馬柱協力／競馬ブック・東京スポーツ・ハイブリッド競馬新聞

まえがき

仕事柄、予想家さんたちの年間の馬券収支（A－PATの成績）に触れる機会が多々あります。回収率に関しては、やはりというか、当然のごとく100％を超えている人が殆どなのですが、驚かされるのは的中率に関して。なぜかと言うと、この「的中率」が、意外なほどに〝低い〟からなんです。私が見た中では、低い人は10％台で、高い人でも20％の後半程度。

この事実を知って、「え？　そんな成績なら俺の方が全然上じゃん！」と思った人も多いことでしょう。実は私もそう思ったクチです。

〝高い的中率が高い回収率を生み出す〟と信じていた私は、「こんな低い回収率でどうやってプラスに持ち込んでるの？」「たまたま大きな的中があって回収率を押し上げてるだけじゃないの？」と思ったりもしました。だけどそれは私の大きな勘違いでした。彼らは自身の予想法及び買い方をしていけば、年間トータルでどれくらいの回収率になり、どれくらいの的中率になるかを知った上で馬券を購入し続けていたのです。つまり、自身の的中率などは、最初から織り込み済みだったのです。

当然、そういった高い計算と意識の元、馬券を買っている予想家さんたちだけに、〝高い的中率が高い回収率を生み出す〟などと考えている人は皆無。それどころか、〝的中率の上昇＝回収率の低下を招く〟とすら考えている人がほとんどなのです。

「的中率の上昇が回収率の低下を招くなんてそんなバカな！」と思うかも知れません。しかし、その思考の差こそが、「プロ」と「アマ」、「玄人」と「素人」の差なのです。

数あるレースの中から妙味あるレースのみを選択し、外れてもいいから当たった時に大きく儲かるように考えるのが「プロ」。一方、目の前にあるレースに対し、とにかく当てることに必死なのが「アマ」。

この思考の差が、そのまま「プロ」と「アマ」の的中率と回収率の数字に現れているといってもいいでしょう。

つまり誤解を恐れずに言えば、的中率の低い人ほど思考はプロで、的中率の高い人ほど思考はアマということになります。

無論、思考の差がそのまま成績に100%反映されるわけではありません。〝的中率も高く、そして回収率も高い〟という猛者も中にはいることでしょうし、その真逆で、〝的中率も低く、回収率も低い〟という、一見すると救い難い人もいるでしょう。

でもそんな人でも諦めることはないのです。ちょっとだけ意識を変えて、プロの思考に切り替えるだけで自ずと結果は変わってくるはずです。

その切り替えの手始めとして有効なのが、本書のテーマである「券種選び」及び「買い方の工夫」なのです。例えば、もしこれまで自分が使ってきた必勝法や予想理論がある人は、それを使い続ければ良いでしょう。愛用してきた予想法を捨て去ることは難しいことですし、捨て去ったところで劇的な変化が生まれるとは思えません。そもそも、その「必勝法」や「予想理論」である程度の結果を残せてきたのなら、使い続けない手はありません。生かしたまま、券種を変えて、買い方を変えてみるのはどうでしょうか?

私自身感じていたことですが、競馬のキャリアが長くなれば長くなるほど、考え方が凝り固まり、柔軟性を失います。特に、予想理論を根底から覆すことは難しいものです。ですが、新しい券種にチャレンジすることはさほど難しいことではありません。それは何かを失い、一から始めるような厄介なものではなく、お試しで、簡単にチャレンジできるものだからです。

本書は、業界を代表する馬券名人14人から、普段使っている「券種」とその券種を生かす正しい「買い方」についてリサーチした一冊となっていますが、いずれ劣らぬ猛者、曲者（失礼）ばかりで、券種に対しても買い方に対しても、一家言も二家言（!?）もあり、読むだけで馬券力が大幅にアップ！（した気にさせてくれます）

実際、取材を進めながら、週末に試した券種や買い方もあり、やっていく中で発見が幾つもありました。例えば、凄く考えさせられたのが、「トリガミはアリか、ナシか」という問題。

これはテーマとして予想家の皆さんに与えていたわけではないのですが、自身の考えを発表する中で自然発生的に沸き起こったのです。予想家さんの中でも「アリ派」と「ナシ派」に分かれていて、今までの私は、トリガミ「アリ派」だったのですが、読み進めているうちに「ナシだな」となり、実際に馬券を買っているうちにやっぱり「アリか」となって、今まさに混乱の最中にいます（笑）。

「混乱してたら意味ないじゃん！」と思われるかも知れません。しかしこれで良いのだと思います。なぜなら、混乱しているということは、凝り固まったものが、少しほぐれている状況だと思うからです。

とにかく、競馬予想というものは、凝り固まってしまうと厄介です。凝り固まったフォームで、高的中率、高回収率をマークしているなら全く問題ありませんが、凝り固まったまま成績はジリ貧というのは最悪です。何か行動に移さないと本当に動けなくなります。

ただご安心ください。本書では、14人もの予想家の皆さんの意見を聞いているので、必ず自身の考えに近い、自身が普段使っている券種に関して触れている人がいます。もしそういう予想家さんがいれば、その予想家さんが実践している券種や買い方に無理なく寄せていくのも一つの手でしょう。なぜなら、百戦錬磨の予想家さんのそのやり方が、限りなく正解に近いはずだからです。

いずれにせよ、十人十色という言葉があるように、予想家さんによって、考えも違ければ、選ぶ券種も全く違います。それでも皆さん、それぞれの券種で毎年のようにプラス回収をマークしているわけですから、裏を返せば、どの券種を使っても勝てるチャンスはあるということです。

自身の性格、はたまた自身の予想法には、どの券種が合うのか。この機会に見つめ直してみつつ、新たな一歩を踏み出してみて下さい。

競馬王編集部

券種別基本データ一覧

単勝1人気を軸に、2～6人気に流した場合

券種	レース数	的中数	的中率	回収率	最高配当	最低配当	平均配当
馬連	11968	4998	41.8%	78.2%	6750円	110円	936円
馬単1着流し	11968	3115	26.0%	74.0%	10090円	170円	1420円
馬単2着流し	11968	1893	15.8%	74.0%	22450円	290円	2339円
ワイド	11968	7347	61.4%	79.5%	3160円	110円	647円
3連複	11968	4505	37.6%	75.2%	12900円	130円	1996円
3連単1着流し	11968	2191	18.3%	68.7%	60480円	330円	7504円
3連単2着流し	11968	1353	11.3%	72.9%	103140円	690円	12885円
3連単3着流し	11968	971	8.1%	68.4%	90880円	1270円	16848円
参考							
1人気の単勝	11968	3908	32.7%	77.4%	590円	110円	237円
1人気の複勝	11968	7702	64.4%	83.3%	270円	100円	129円

集計期間：2016年～2019年6月16日

単勝1～5人気をBOX買いした場合

券種	レース数	的中数	的中率	回収率	最高配当	最低配当	平均配当
馬連	11968	6972	58.3%	76.3%	15360円	110円	1310円
馬単	11968	6972	58.3%	74.5%	32540円	170円	2556円
ワイド	11968	9884	82.6%	79.0%	6460円	110円	956円
3連複	11968	4237	35.4%	75.2%	21920円	130円	2124円
3連単	11968	4237	35.4%	71.2%	148640円	330円	12062円

集計期間：2016年～2019年6月16日

単勝1～3人気馬の3連複を購入した場合

券種	レース数	的中数	的中率	回収率	最高配当	最低配当	平均配当
3連複	11968	1077	9.0%	76.3%	4400円	130円	847円

集計期間：2016年～2019年6月16日

単勝1～3人気馬の3連単BOXを購入した場合

券種	レース数	的中数	的中率	回収率	最高配当	最低配当	平均配当
3連単	11968	1077	9.0%	67.2%	23630円	330円	4481円

集計期間：2016年～2019年6月16日

number

01 亀谷敬正

profile

亀谷敬正（かめたにたかまさ）…テレビ、新聞などで話題の「血統ビーム」の発案者。革新的な無料の出馬表（スマート出馬表）やyoutube番組（血統の教室）最終予想（競馬放送局）はホームページで公開中（http://www.k-beam.com）。「血統の教科書」はベストセラーに。『競馬研究所』シリーズが好評発売中。2019年には、競馬ファンの語らいの場「亀谷競馬サロン」をオープン。今回の対談も同場所で行われた。

number

02 双馬 毅

profile

双馬毅（そうまつよし）…ローテーション馬券の錬金術師。08年春から某キャッシングの5万円を原資に馬券生活をスタートし、ここ数年は1000万単位で勝つ年もザラとなっている。今井雅宏、亀谷敬正の熱心な読者でもあった。https://ameblo.jp/batubatu-soma/

number

03 馬場虎太郎

profile

馬場虎太郎（ばばこたろう）…トラックバイアス（馬場状態を読んで馬券を購入）を駆使するプロ馬券師。netkeibaウマい馬券で４年連続プラス収支を達成し、「netkeiba最強の予想家」と呼ばれる。競馬放送局限定で公開している限定予想ではnetkeiba以上の優秀な成績を収める。

血統予想の革命児・亀谷敬正、
前走不利の錬金術師・双馬毅、
馬場読みの天才・馬場虎太郎
競馬界を牽引する異能の3人が
導き出す答えとは？

亀谷敬正	number 01
双馬毅	number 02
馬場虎太郎	number 03

緻密な資金配分が可能な3連単が理想も代用可能な3連複でまずは鍛錬すべし！

名人3人が自身の馬券の購入割合を大公開！

——最初に、皆さんに買う券種の割合を購入頻度でお聞きしたいと思います。

亀谷（以下、亀）　僕は3連単45％、3連複45％、その他が10％くらいの割合ですね。でも、読者にオススメするなら3連複かな。3連単は本線を絞って買う以外は止めた方がいいと思います。

——それはなぜでしょう？　亀谷さんの著書を読むと、3連単を薦めていることが多いかなと思いましたが。

亀　ボクは買ってますけど（笑）薦めてはいませんよ。3連単だとすぐにお金が無くなっちゃ

亀谷氏の駆使している予想理論	自身で発案した「血統ビーム」を駆使。各馬の血統を系統ごとに分け、その日の馬場状態などを加味して、もっとも力の発揮できるタイプの血統を狙い撃つ。
双馬毅の駆使している予想理論	主にローテーションに着目し、各馬が前走（馬場・コース）と比較して有利な状況になっているか否かで、好走&凡走を予測する。合わせて血統にも着目している。
馬場虎太郎の駆使している予想理論	トラックバイアス（馬場の偏り）を利用した馬券術を用いる。JRA発表のものではなく、独自の指標を使って真の馬場適性を分析。枠・脚質・馬場状態・内外を重視している。

うじゃないですか（笑）。
仮に理屈が合っている、例えば回収率100%以上になる買い方や考え方を持っているとしても、普通の人が3連単を主体にしたら、資金的に結構キツイと思いますよ。

双馬（以下、双） 僕は購入割合で言えば、3連単が90%ですけど、僕も僕のようなやり方はオススメできません（笑）。

——そうなんですね。では双馬さんも3連複で十分だと考えますか？

双 十分ですよ。そもそも僕自身、元々が3連複派でしたから。3連複を一杯当てて、競馬資金が貯まったことで、今3連単で勝負しているだけですから。

——馬場さんも同じ意見ですか？

馬場（以下、馬） はい。3連複がいいんじゃないですか。僕自身メインで使用している券種

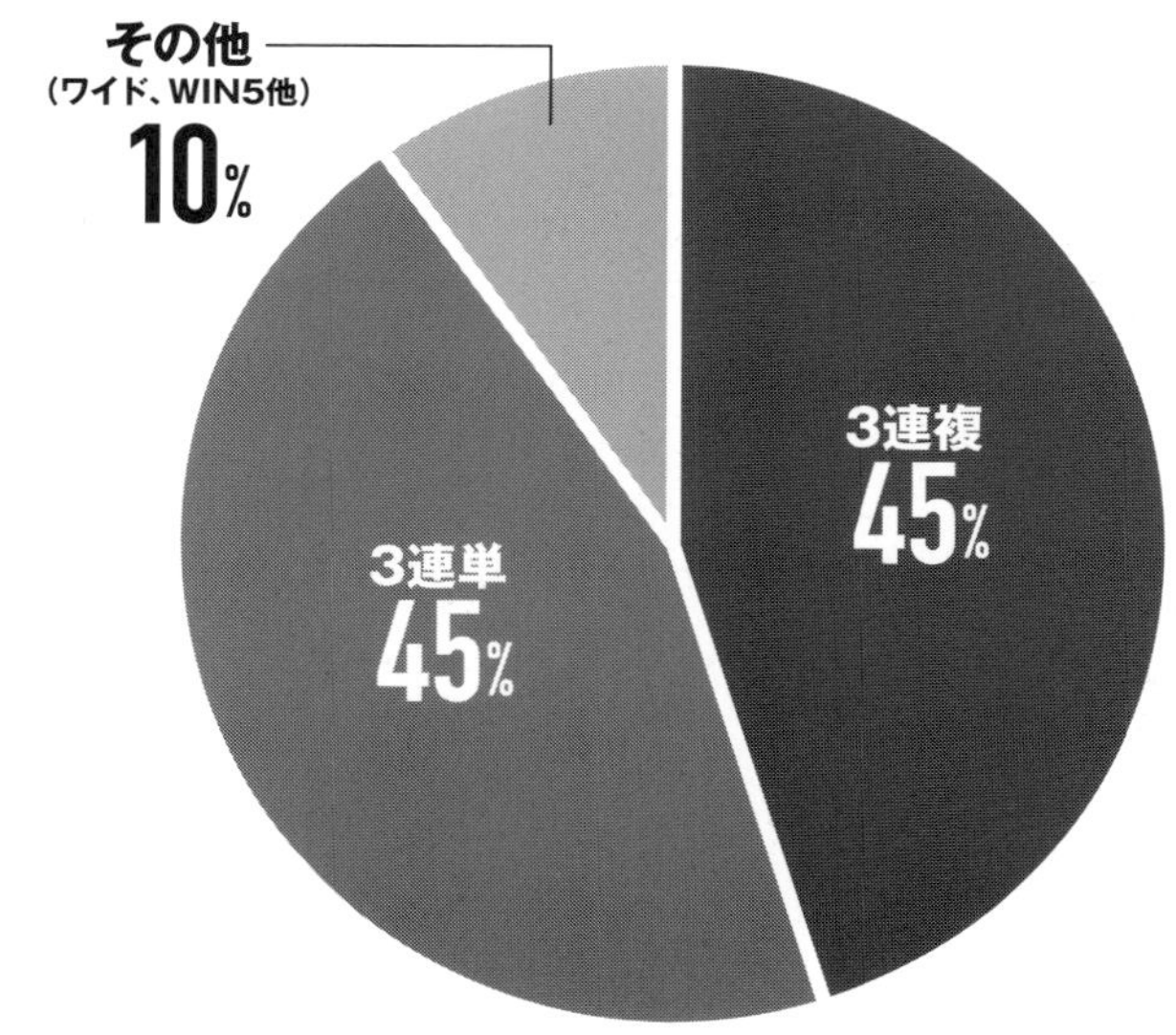

ですから。

亀　馬場君はｎｅｔｋｅｉｂａ．ｃｏｍで公開している【ウマい馬券】の予想で、４年連続でプラス回収をマークしています。通算回収率も1位だよね。その買い目を実現させている券種こそが3連複なんです。

——そうだ！　失礼しました…。言い換えれば、今、日本で一番結果を出している予想家さんが選んでいる券種こそ、３連複なわけですよね！　…ということは3連単はナシですか？

亀　まぁ3連単を買う場合も、４頭位に絞る事が出来て1着固定の相手3頭とかならいいと思いますけど。

馬　それなら僕もよくやります。

亀　【ウマい馬券】の予想も絞った3連単を提供しているよね。それを本線で当てると大きく回収率が跳ね上がります。

——それぐらいに絞れるならヨシと。

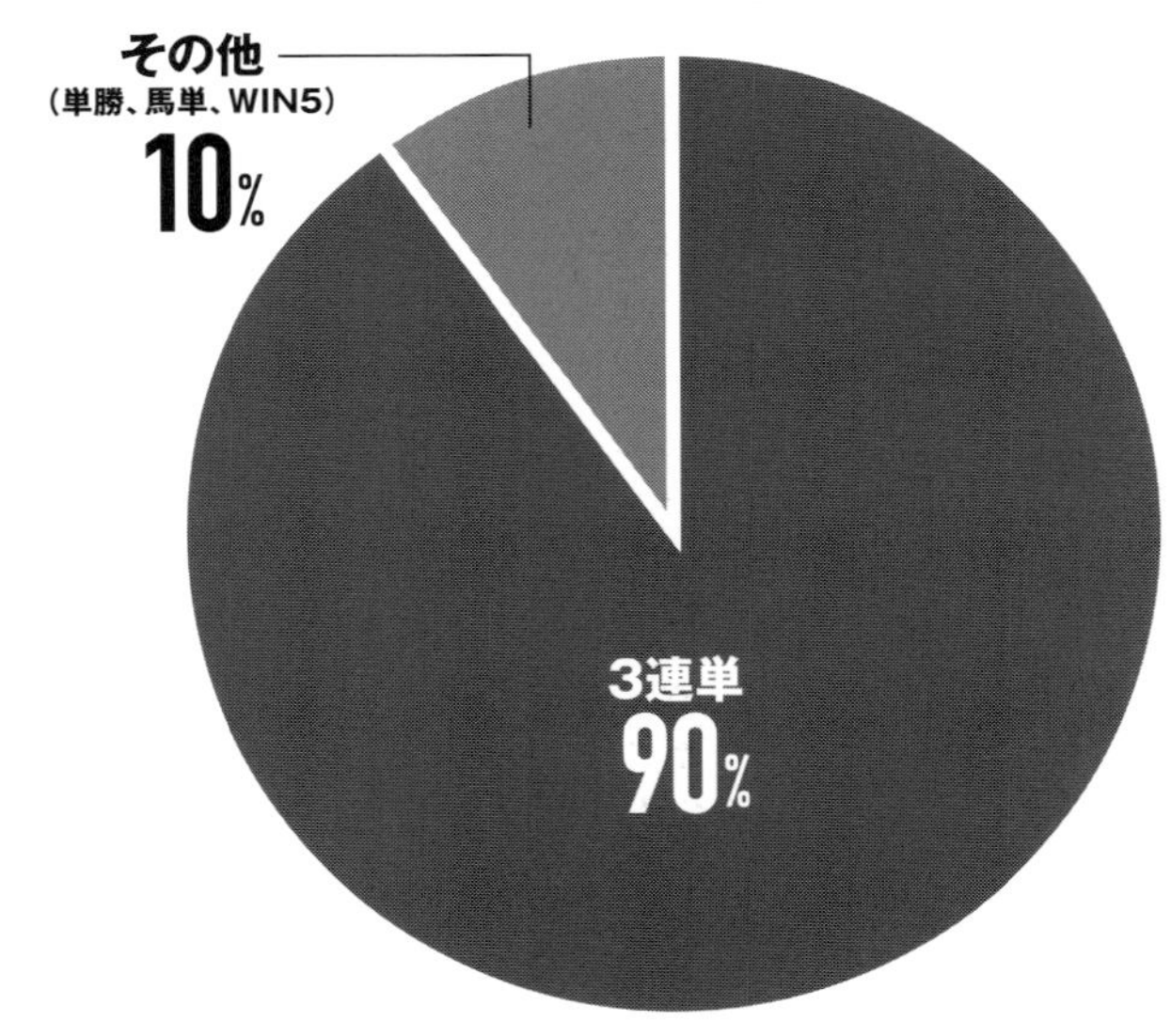

双　3連単って、絞るか手広くいくか、どちらかの馬券だと思います。ただ、手広くいったら1レース300通り買う感じですよね。でもそれって結構キツイと思います。3連敗とかしたら耐えられない人が多いですよね。

――ちなみに皆さんの予想は競馬放送局で公開していますが、買い目は全部この通りに買われているのですか？

亀　もちろん。上位4頭BOXは毎年プラスです。毎年プラスって本に書くと、初心者に大量に買われて色々問題が出るから、そこは逆に書きたくないくらいですけど（笑）。

儲かるけどほとんど当たらないことも付け加えておきます（笑）。

馬　これは大袈裟でも何でもなくて、本当にそうです。

――それって凄いことですよね。

馬場氏の券種の購入割合（頻度）

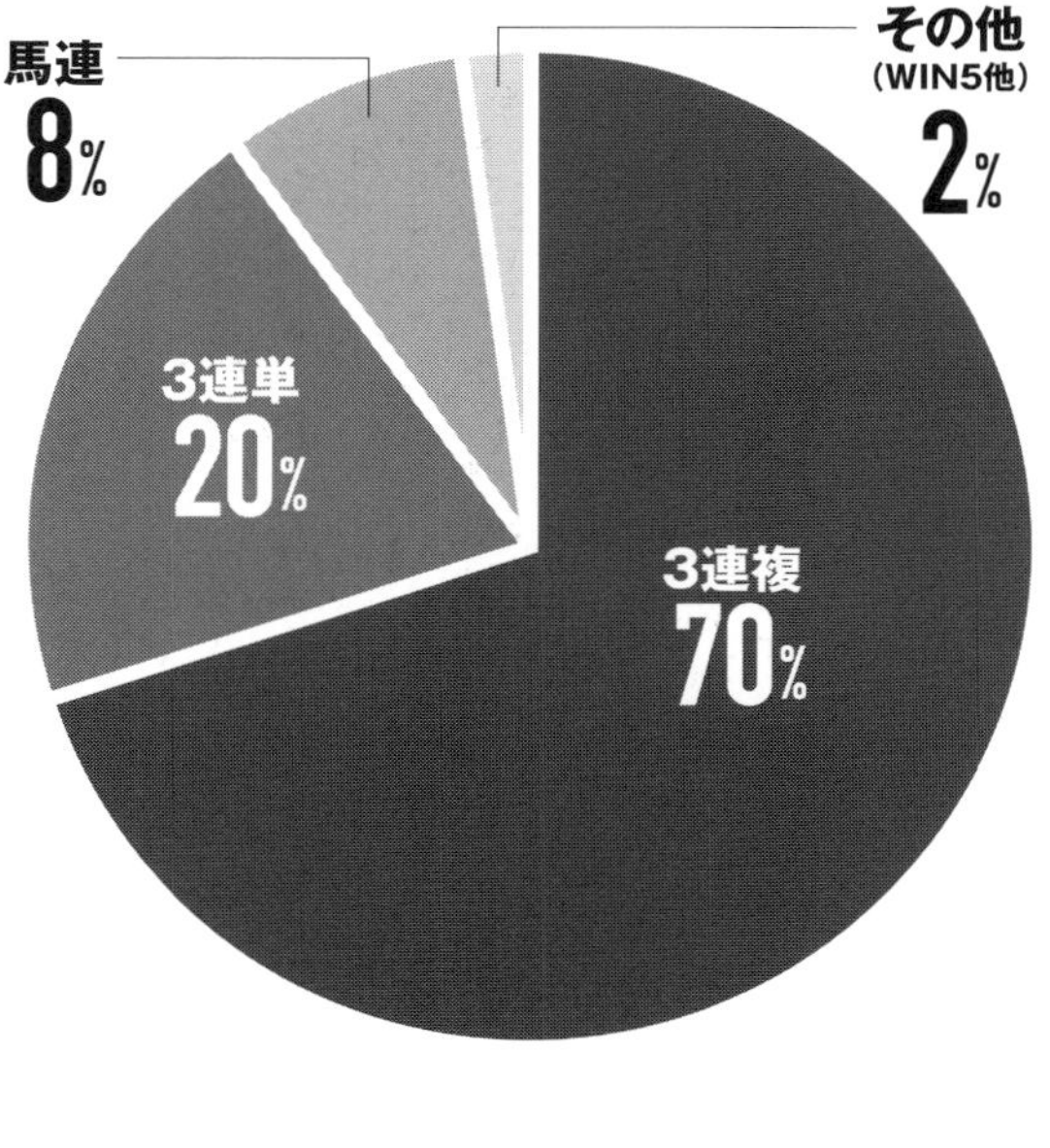

亀　主宰している競馬サロンでは『亀ＳＰ』というのを公開しています。『狙い馬２頭』と『的中率上位４頭（人気ランクから判断した３着内好走率が高い馬）』みたいな感じで。馬券的には３連複フォーメーションで、１列目に亀ＳＰ、２列目に的中率上位４頭、３列目に単勝１００倍以内の馬全頭で組みます。それの配当が２００倍以上つきそうな馬券を買い続けて、この３年ずっとプラスになっています。それはなぜかというと、多頭数で人気馬が飛びそうな荒れるレースを選んでいるからです。荒れるレースとポイントになる馬を上手に選べれば手広く買ってもプラスにはできますね。

――亀谷さんが監修を務めている『競馬血統研究所』のキャッチコピーにもなっている文言ですよね。つまり、買うに当たっては、前提条件をキッチリ設けているということですね。

亀　そうですね。条件的に多頭数である事と人気薄が恵まれる理論で予想する場合、３連複だったら５人気以下の人気薄が２頭入るか、２桁人気が絡む必要があります。で、「人気薄で恵まれる馬」や「人気で消える馬」を論理的に選び出せるかが必要。あとは「バイアス」の考え方も大事ですね。人気薄が複数走るのはバイアス＝偏りが出ることがほとんどだから。ボクの場合、バイアスは「血統」です。例えばダービーもオークスも両方ディープインパクト産駒が１、２着、ディープに恵まれた条件でした。あれも単勝だけだったらもったいないですよね。ロジャーバローズの単勝は９３１０円。３連複は１２０５０円、３連単は１９９０６０円でしたから。

――「競馬放送局」では馬連も推奨されているようですが？

亀　これも払い戻しが買った額の10倍以上になるように買うのが理想です。ただ、的中の難易度が3連複に比べて低い。だから、期待値の高い目を3連複より探しづらいんですけどね。ついでに言うと、馬単も単勝よりいいですね。単勝もまったく買わないわけではありませんが、その辺はほぼテレビ用（「競馬予想TV!」）ですね。

——ちなみにアンケートの中で名前の挙がっていなかった券種についてお聞きしたいんですが、皆さん複勝は買われないんですね。

全員 買いません。

双 単純に儲からないですよね。

馬 買わなきゃいけないシチュエーションが…。

亀 例えば、「競馬予想TV!」の最後の狙い目で、100万円賭けて2倍にしなきゃいけないとか？ そういう時なら買うかも知れないけど（笑）。でもこの前、TV番組でそれに近いことやって、実際に当てたんですけど、オッズが下がりすぎて元返しになっちゃった（笑）

馬 あぁ、そうですね（笑）。

——じゃあ枠連なんてもっと使い道がなさそうですね？

双 ないでしょ。

亀 ないです！ 枠連馬券を買う人って『ゾロ目の方が馬連よりおいしい』とか言ったりしますけど、そんなのあんまり意味ないですよ（笑）。

3人それぞれの使用券種と購入スタイル

——では続いて、皆さんのメインの券種についてお聞きしていきたいと思います。

亀 さっきのアンケート表を見てちょっと思ったんだけど、双馬君の単勝の購入割合が10%っておかしくない？　単勝10万とかしょっちゅう買ってるじゃん！

双　いや、投資金額じゃなくて、購入頻度と考えればこんなもんですよ。３連単は毎回買いますけど、単勝は自信のある時にしか買いませんから。

亀　あぁそうか、購入頻度か…。でもしょっちゅう買っているイメージがあるなぁ（笑）。

――単勝10万は凄いですよね。双馬さんは過去のインタビューなどで、単勝を買う場合は10倍以上つく馬を狙うと仰っていましたが、それが基本スタイルなんですよね。

双　毎回買っているわけではありませんが、基本は危険な人気馬がいるレースで、特に狙い馬が先行馬とかであったら買います。オッズに関しては、10倍以上を目安にはしていますが、実際にはそれ以下の場合でも買いますよ。さすがに、５倍以下とかそういう馬は買いませんが。

――双馬さんは、馬単の2着付け流しというのも買われるそうですが、これは単勝の保険という意味合いなんでしょうか？

双　そうですね。その馬（狙い馬）に勝てる馬なんて数頭しかいないと思っているので、相手は多くて5点。大体2～3点で買います。

――まとめると、基本は3連単がベースだけど、その保険として狙い馬の単勝を買う。さらにその単勝の保険として、馬単の2着付けの馬券を買うと。

馬　双馬さんの狙い馬はそもそもが人気薄だから、保険といっても当たったら凄い馬券になるんですよ。保険で買った方が儲かるとかしょっちゅうありますし。

――ケタが違い過ぎて、読者の参考になるか不安になってきました（笑）。

双　読者向けにアドバイスをするとしたら、さっき亀谷さんが言いましたけど、３連単中心の馬券はオススメできません。というのも、僕は3連単という馬券は強弱つけないと意味がないと思っているんですよ。3連単で全部100点ずつマルチで買うのは大反対で、自分の場合は本線の買い目を1点で3千円買うし、どうでもいい買い目は100円しか買いません。そういった強弱をつけないと3連単の良さは出てこないと思います。

亀　そうなんだよね。でも実際、一般の人で3千円から100円まで強弱はつけられないから。

双　でも本来、それくらい差をつけないと、3連単の破壊力を活かしきれないと思うんですよ。

亀　それぐらいの強弱をつけないと、理論を反映させる目を買ってないことになるからね。

双　だから、予想と資金力に自信のある人はこのやり方がうってつけだと思いますけど、そうでない人には無闇にオススメはできません（笑）。

亀　今のルールでお金のケタを落として真似しようとすると、ミニマムを10円にしないといけないわけだから無理。だったら本線だけ3連単200円とか買って、他を3連複とかにするし

今のルールでお金のケタを落として我々の3連単の真似をしようとすると、ミニマムを10円にしないといけないわけだから無理（亀谷）

01 亀谷敬正
02 双馬毅
03 馬場虎太郎
04 伊吹雅也
05 キムラヨウヘイ
06 久保和功
07 小倉の馬券師T
08 じゃい
09 高中晶敏
10 nige
11 卍
12 メシ馬
13 吉冨隆安
14 六本木一彦

かないね。

——確かに、10円馬券が発売されるようになれば真似してみたいと思いますけど、現状では…。

馬　3連単マルチで疲弊するくらいなら、3連複を買った方がよっぽどいいと思いますよ。

亀　ちなみに双馬君は、3連単のスランプで2000万円無くしています（笑）。

双　いや、4000万円位までいきましたよ…。

——4000万円！！　これ書いちゃっても大丈夫ですか？

亀　逆に書いた方がいいです。書かないとみんな真似するから（笑）。

馬　ただ、4000万円損するって、なかなか真似出来ませんよ。

双　つまり、僕のやり方はリターンも大きいけど、それくらいのリスクがあるということです。勝手にまとめちゃいましたけど。

——やっていく中でのスランプの回避法はあるのですか？

亀　そんなものはないです（キッパリ）。

馬　あったら教えて下さい！

——ということは、常にスランプの恐怖に怯えている？

双　怯えていますよ。スランプはくるものだと思っています。

亀　その怯えってスリルを楽しむ感覚でしょ（笑）。ボクもハズレても楽しいから！

——でも、単勝の割合を増やしていくとかすれば、少しは回収率がアップしそうですが。

双　自分の場合、単勝で賭ける額が大きいので、逆にスランプの時に買いたくないですよね。10万円単位でしか買わないので。

——あ〜、そうか…。金額が金額だけに、そもそもの軸馬選びを間違えると、さらに負債が増える可能性もありますもんね。ちなみに馬場さんも頻度こそ少ないものの3連単を買われていますが、どういうタイミングで購入されるんですか？

馬　僕の場合、基本は【ウマい馬券】で提供した通りの買い目と券種で馬券を買っているんですが、たまに馬連の代わりに3連単で代用している程度です。

――ここまで完璧に結果を出せているということは、馬場さんには3連複が合っているということでしょうか。

亀　それもあると思いますけど、【ウマい馬券】は資金の限界が1万円だからですよ。1万円だと3連単では資金調整ができない。さっきも言ったように、買い目に理論を反映させられないんですよ。だから3連複を主軸にしないといけなくなります。1レース1万円の場合、3連複と馬連と3連単を絞って買うやり方じゃないと、予想理論に確率を反映させられないんです。

双　僕の場合、それをするのが難しいので、絞って3連単での推奨になっています。

亀　それだと、かなり数字は上下するよね。まぁ、【ウマい馬券】のルールに媚びる必要もないよね。回収率だけ見てるお客さんって【ウマい馬券】に限らず、絶対うまくいかないから、いなくなるし。馬場君の凄いところは、そういった【ウマい馬券】の諸々の規制を跳ね返して4年連続でプラス回収にしているところだよね。ちょっと持ち上げ過ぎかな？

馬　まぁでも、3連複にすることによって、必然的に買い目を絞る形になっていますから、利用者側としては有難いんじゃないでしょうか？

――それはあるでしょうね。その方が予想に乗りやすいですし。興味ある人も多いと思うのでついでに聞くんですが、【ウマい馬券】における馬場さんの的中率と回収率はどれくらいなんですか？

馬　的中率は毎年15％位で回収率も１５０％くらいです。だから【ウマい馬券】で出す買い目も、買い目全体の合成オッズで10倍になるようにしています。

――逆に言うと、ここの数字が安定している限りは成績も安定するということでしょうか。

馬　はい。このくらいの馬を狙って、このくらいのオッズの馬券を買えば的中率が15％くらいになるということが大体わかっているので、それを組み立てるのに一番楽というか、金額も考えるとベストは3連複になります。

亀　賭けたお金の10倍以上にできるように買うということは、どの券種においても大事なことです。

――亀谷さんもそれは基本的には意識してらっしゃる？

亀　します。ただ、本来はそうなんですけど、僕の場合はテレビ番組とかもあるので的中率は30％位にしておかないと、当たらないまま終わってしまう（笑）。まぁ、それよりあの番組の予想家の成績はほぼ、プロデューサーが決めるようなものだけど（笑）

――そうですよね。テレビで観ている人は的中率15％だとなかなか満足してくれませんからね。ただ、3人に共通して言えるのは基本的には荒れるレースを中心に考えるということでしょうか？

全員　そうですね。

――堅い人気馬がいるところに突っ込むという発想はない？

亀　単勝2倍の馬に突っ込むことはないです。二人はある？

双　2倍の馬の単勝を買うのは血迷った時しかないですね（笑）

――馬場さんも同じですか？

馬　さすがに単勝2倍にいくことはないですけど、合成オッズで10倍になればいいので、例えば3連単で6点買って配当が60倍でも10倍ですから、全然アリです。それなら別に資金配分は3連単でもできますから。本線で５００円とか買えれば問題ないです。

――なるほど。でもそれって馬場さんくらいの予想センスを持ち合わせていないと難しくないですか？

亀　今度、馬場君の単行本が出るのですけど、予想センスがあるというよりも、その理論が正しいから当たっている部分が大きいと思います。

――ということは、それを読んだら〝馬場虎太郎ジュニア〞がたくさん世の中に生まれる？

双　実行出来ればそうなるかも知れません。

馬　ただ、僕の場合、馬場状態がいくら読めているからといって、合成オッズが10倍くらいになるような買い目で、しかも的中率が15％くらいになるレースがない限りは馬券自体を買わないので。

亀　単純に言えば、例えば6番より内側が恵まれる馬場状態があって、６番より内の３連複ＢＯＸを買った時に賭けたお金が10倍になるかどうかということです。ならなかったら見送り、なれば買い、ということです。

――色々と見極めた上で、勝負に行くかケンするかのジャッジも大事なわけですね。

亀　それ自体が理論なんですよ。京都千二の内枠がいいとか、ＮＨＫマイルＣの日は外が伸びるとか、その日の馬場のバイアスの判定精度は日々の研究によって向上します。

馬　今年のＮＨＫマイルＣは外枠ＢＯＸで当てました。それは、外枠に張ったほうが馬場もオッズも有利だと、過去の研究から判断したためです。

――でも、前日の段階で馬場読みやオッズ読みをして買い目を発表するってかなり大変ですよね？

亀　しつこいようですが、馬場君はそのルールで4年連続プラスなんですよ（笑）。

馬　オッズを読むのも仕事の一つですから。

亀　そう！　ウチのスマート出馬表の推定人気を見てもらえれば分かりますけど、当日の人気の予想は、9割当たっています。

双　推定人気は凄いですよね。あれがあるから、前日予想でもプラス収支にできます。

――それは凄いですね。オッズを読むのって最近、特に難しいと感じていますから。

馬　ただ、最近はケンする機会が多いです。なかなか勝負する機会に恵まれない…。

双　馬場の傾向が午前と午後で急に変わったりすることがザラにあるからね。

得意の券種を駆使しての最近のヒットレース

――それでは皆さんが得意とする券種で、最近のヒットを教えてください。

亀　僕は今年のダービーですね。本命ダノンキングリー、対抗サートゥルナーリア、3番手ロジャーバローズ、4番手ヴェロックス、5番手マイネルサーパス。印は合計6頭に打ちました。

――買い方的には3連複1頭軸ですか？

亀　ダービーは馬連も推奨しました。合成オッズで10倍以上にできそうだったので。

――馬場さんはどうでしょう？　やはり3連複

2019年 5月26日(日) 2回東京12日 天候:晴 馬場状態:良
【11R】日本ダービー
3歳・オープン・G1(定量) (牡・牝)(国際)(指定) 芝 2400m 18頭立

着	枠	馬	馬名	性齢	斤量	騎手	タイム	着差	通過順位	上3F	人	単勝
1	1	1	ロジャーバローズ	牡3	57	浜中俊	2.22.6		02-02-02-02	35.1	12	93.1
2	4	7	ダノンキングリー	牡3	57	戸崎圭太	2.22.6	クビ	05-05-05-03	34.5	3	4.7
3	7	13	ヴェロックス	牡3	57	川田将雅	2.23.0	2 1/2	07-07-07-08	34.3	2	4.3
4	3	6	サートゥルナーリア	牡3	57	レーン	2.23.1	1/2	11-11-11-11	34.1	1	1.6
5	5	9	ニシノデイジー	牡3	57	勝浦正樹	2.23.1	頭	13-12-11-09	34.3	13	107.9

単勝 ①9310円
複勝 ①930円/⑦210円/⑬190円
枠連 1 4 7150円
馬連 ①⑦11200円
ワイド ①⑦1990円/①⑬2280円/⑦⑬380円
馬単 ①⑦47090円
3連複 ①⑦⑬12050円
3連単 ①⑦⑬199060円

での馬券でしょうか?

馬　【ウマい馬券】で発表する予想は、基本的に3連複フォーメーションというパターンが多いんですけど、馬券の組み方も色々あって違うパターンで発表する場合もあります。

——というと?

馬　フォーメーションの組み方も、人気馬が全部来ないと思ったらワイドBOXでいいと思っています。人気薄を4頭くらい選んで、それを1列目と2列目に置いて3列目をバラバラと買うとか。そのパターンで当たったのがキセキの菊花賞(2017年)です。

——あの荒れ馬場だった時ですね。その時の印はどんな感じだったんですか?

馬　印というか、上位に評価してワイドBOXみたいなイメージで買ったのが、内からスティッフェリオ、クリンチャー、ポポカテペトル、

2017年10月22日(日) 4回京都7日　天候：雨　馬場状態：不良
【11R】菊花賞
3歳・オープン・G1(馬齢)　(牡・牝)(国際)(指定)　芝・外 3000m　18頭立

着	枠	馬	馬名	性齢	斤量	騎手	タイム	着差	通過順位	上3F	人	単勝
1	7	13	キセキ	牡3	57	M.デム	3.18.9		14-14-12-07	39.6	1	4.5
2	2	4	クリンチャー	牡3	57	藤岡佑介	3.19.2	2	11-11-07-02	40.2	10	30.9
3	7	14	ポポカテペトル	牡3	57	和田竜二	3.19.2	ハナ	09-07-07-03	40.1	13	44.2
4	3	6	マイネルヴンシュ	牡3	57	柴田大知	3.19.5	1 1/2	15-15-13-07	40.0	11	31.5
5	7	15	ダンビュライト	牡3	57	武豊	3.19.7	1	07-07-03-01	40.8	4	8.3

単勝　⑬450円
複勝　⑬210円/④770円/⑭1110円
枠連　2 7 3070円
馬連　④⑬10660円
ワイド　④⑬3730円/⑬⑭4940円/④⑭12360円
馬単　⑬④15890円
3連複　④⑬⑭136350円
3連単　⑬④⑭559700円

マイネルヴンシュ。その4頭が2、3、4着に来てキセキも相手に選んでいたので当たりました。

――人気薄の馬を1、2列目に置いて、3列目に流していた中にキセキもいたということですね。そういう発表の仕方もあるんですね。

馬　はい。これはレースの質というか、荒れるから選びました。

――ただ、これはレアケースで、基本は軸を選んで買うわけですよね？

馬　ほとんどの場合はそうです。それで当たったのが今年のNHKマイルCです。これは外枠1頭差し馬狙いだったので、大外の差し馬のケイデンスコール（14番人気2着）から買いましたし、勝ったのもアドマイヤマーズ（17番枠・2番人気）。3着もカテドラル（10番枠・7番人気）で二桁馬番。1番人気のグランアレグリアは7番枠で5着（4位入線）でした。

2019年 5月 5日(祝) 2回東京6日 天候：晴 馬場状態：良
【11R】NHKマイルカップ
3歳・オープン・G1(定量) (牡・牝)(国際)(指定) 芝 1600m 18頭立

着	枠	馬	馬名	性齢	斤量	騎手	タイム	着差	通過順位	上3F	人	単勝
1	8	17	アドマイヤマーズ	牡3	57	M. デム	1.32.4		06-07	33.9	2	4.3
2	8	18	ケイデンスコール	牡3	57	石橋脩	1.32.5	1/2	12-14	33.6	14	87.7
3	5	10	カテドラル	牡3	57	アヴドゥ	1.32.5	ハナ	12-11	33.7	7	32.8
⑤	4	7	グランアレグリア	牝3	55	ルメール	1.32.7	1 1/4	04-06	34.3	1	1.5
4	2	3	ダノンチェイサー	牡3	57	川田将雅	1.32.7	クビ	06-07	34.2	3	10.0

単勝 ⑰430円
複勝 ⑰210円/⑱1270円/⑩750円
枠連 8 8 6440円
馬連 ⑰⑱17200円
ワイド ⑰⑱3480円/⑩⑰1840円/⑩⑱12620円
馬単 ⑰⑱22440円
3連複 ⑩⑰⑱97390円
3連単 ⑰⑱⑩410680円

——両レースに共通して言えることは、何が来るか…というよりは、人気馬がとにかく怪しかったわけですね。

馬 そうです。だから菊花賞の時は先行馬狙いで、重い馬場に対応する馬が2頭以上くれば当たると。

——その時のケースによって買い方が多少変わるわけですね。

馬 少しワイドみたいな考え方で、1、2列目をその4頭にして3列目をバラバラに買いました。それだと全部人気薄なので、それだけで来たらものすごいハネるし、ってことです。最低でも全部2桁人気ですから、5万円以上の配当が大体確定していた感じです。

——これは荒れそうだ、人気馬が飛びそうだ、というのは馬場の適性も当然考慮するわけですよね？

2019年 4月29日(祝)　3回京都4日　天候：曇　馬場状態：良
【3R】未勝利
3歳・未勝利(馬齢)　[指定]　ダート 1400m　15頭立

着	枠	馬	馬名	性齢	斤量	騎手	タイム	着差	通過順位	上3F	人	単勝
1	6	11	ラプタス	牡3	56	幸英明	1.25.4		13-05	36.7	9	24.9
2	7	13	ナムラシェパード	牡3	56	田中勝春	1.25.5	1/2	03-04	37.5	4	6.5
3	8	14	メイショウハート	牡3	56	藤岡佑介	1.25.7	1 1/4	03-02	37.8	1	2.9
4	4	6	タガノゴマチャン	牡3	56	秋山真一	1.26.1	2 1/2	03-05	38.1	3	5.8
5	5	8	オンワードセルフ	牡3	56	小崎綾也	1.26.1	頭	10-09	37.6	2	5.1

単勝　⑪2490円
複勝　⑪570円/⑬280円/⑭150円
枠連　6 7 5860円
馬連　⑪⑬9120円
ワイド　⑪⑬3030円/⑪⑭1690円/⑬⑭720円
馬単　⑪⑬21620円
3連複　⑪⑬⑭12240円
3連単　⑪⑬⑭111370円

馬　そうですね。あんな馬場では大体の馬は力を出せないと思うので。

――双馬さんは、先ほど単勝10万円勝負の話が出ていましたが、最近のヒットは？

双　4月29日の京都3レースです。ただ、これは単勝のヒットではなく結果的に馬単のヒットです。ナムラシェパード（4番人気単勝6・5倍）が負けないと思って単勝を10万円買いました。で、負けるならラプタス（9番人気単勝24・9倍）くらいかなと思っていたので、この馬との馬単を表裏買いました。

――そしたらナムラシェパードが2着に負けてしまい、結局馬単の方が当たったというわけですね。

双　そうです。馬単が5000円当たって108万円の払い戻し。結果的にナムラシェパードの単勝が来るよりよかったですね（笑）。

――これ、ナムラシェパード1着の3連単も買っていたってことですか？

双　もちろん。でも3着にメイショウハート（1番人気）が来てしまっているので配当は大したことなかったと思います。ラプタスもナムラシェパードもどっちも勝つ確率が高いと思っていたので、この時はどっちが1着に来てもいいような3連単の買い方をしていました。

亀　勝ち馬が絞れたってことだけど、6・5倍の馬で勝負して、負かされた馬が24・9倍って（笑）。そのレースでは勝つチャンスがある馬は何頭くらいだと思っていたの？

双　ほぼラプタスくらいかなって。ナムラシェパードは外枠ならほぼ負けないと思っていたんですけど、底を見せてなくて強そうな馬はラプラスしかいなかったので。初めてのダートでしたし。

亀　他の馬に負けないというのは、人気馬が弱いと判断したってこと？

双　そうですね。戦歴を見て、ほとんどの馬が前走と同距離の馬が多かったので、そんな激変するようなローテの馬はいなかったですね。そうなると勝つほどのショックはないと判断したので。

――1、2番人気を始め、人気馬はなぜ勝てないと思ったのですか？

双　メイショウハート（14番枠／1番人気3着）は、自分の中では新馬戦の評価も低くて、今回（2戦目）も内枠ならもっと着順を落としたと思うんですけど。

――メイショウハートって、デビュー戦も1番人気（4着）だったんですね。

双　そうです。自分としてはなぜこんなに人気があるのか分からないくらいの馬で…。

馬　中内田厩舎だからですかね。

双　なるほど、それだ（笑）。この馬は明らかに人気の割に実力が伴ってなく、勝ち切る能力がないと判断しました。オンワードセルフ（8番枠／2番人気5着）は母父メジロマックイーンで、短縮ローテが苦手です。だからここで評価を上げることは考えられないですし。タガノゴマチャン（6番枠／3番人気4着）も、自分の評価が高くないので弱いとしか言えないんですけど…。これに短縮とかの買い材料があったらまだ勝つ可能性もあったんでしょうけど、同距離と不利なローテできていましたから。

――人気各馬が得意とするローテに該当していなかったわけですね。

双　一方でナムラシェパードは今回芝からダート変わりでショックが強力なのもありますし、しかも今までのダートは全部内枠で揉まれて力を発揮できてなかったのに、今回は外枠で短縮と条件が揃ったので人気馬たちには絶対負けないと思ったんです。

亀　まずメイショウハートとオンワードセルフは、誰もが消す馬なんですよ。

――そうなんですか？

双　次走は勝つんですけど「この状況」で買ってはいけない馬ですよね。

亀　つまりローテーションや馬場適性によっては、勝てる力のある馬が負ける「状況」があるってこと。あと、能力より人気になりやすい馬も常にチェックですね。『競馬王』で戦犯ホースっていう理論があるじゃないですか。あれは「人気がないけど来る馬」のことを指していますけど、メイショウハートの場合はその逆で、1、2番人気で何度も人気より負けやすい馬。そういう馬が出ているレースが我々にとって大事なんです。

――カモれる馬が出ているレースこそが波乱の要素を含んだ、食いつきたくなるレースというわけですね。

亀　そうです。メイショウハートもそうだし、オンワードセルフもそう。で、上積みがあるかどうかっていう点では双馬君はローテーションを重視するよね。

――ちなみにこの時、馬単の相手は何点に絞ったんですか？

双　3点です。ラプタス（9番人気1着）、リンクスリン（5番人気14着）、グッドヴィジョン（6番人気9着）へ。だからメイショウハートは買ってなかったです。

――じゃあ一番の高めが決まったんですね。これは馬単の成功例でしたけど、3連単のヒットはどうでしょうか？

双　4月27日の新潟5レース。本命はアドマイヤコメット（6番人気2着）、対抗がスコッチリール（4番人気1着）、スカーレットベガ（9番人気3着）を4番手にしていました。3連単を千円持っていたので払い戻しが150万円って感じです。これは単勝はなしで3連単しか買いませんでした。

――1頭マルチのような買い方でしょうか？

双　ほぼそうですね。

――これも基本的には人気馬が危ないところから入っていますよね？

双　そうです。1番人気のロードアブソルート（5着）が初めての延長で、2番人気のボナセーラ（7着）は前走ダートから芝で走った後で、しかも父はディープブリランテ。この種牡馬は短縮が苦手なので消せました。あと、3番人気のマジェスティ（4着）も前走短縮で4着に走った後なので、これ以上走ることはないかなと。

――そうして浮かび上がったのがアドマイヤコ

2019年 4月27日(土)　1回新潟1日　天候：小雨　馬場状態：重

【5R】未勝利

3歳・未勝利(馬齢)　(混)[指定]　芝・外 1600m　16頭立

着	枠	馬	馬名	性齢	斤量	騎手	タイム	着差	通過順位	上3F	人	単勝
1	2	4	スコッチリール	牝3	54	津村明秀	1.36.6		03-03	35.6	4	8.2
2	1	2	アドマイヤコメット	牝3	54	吉田隼人	1.36.9	2	01-01	36.9	6	12.5
3	8	16	スカーレットベガ	牝3	54	丹内祐次	1.37.1	1 1/2	08-09	35.5	9	44.7
4	2	3	マジェスティ	牡3	53	斎藤新	1.37.1	ハナ	08-10	35.5	3	5.9
5	6	11	ロードアブソルート	牡3	56	岩田康誠	1.37.2	クビ	13-13	35.1	1	2.9

単勝　④820円
複勝　④270円/②430円/⑯930円
枠連　1 2 1420円
馬連　②④3440円
ワイド　②④1260円/④⑯3110円/②⑯4580円
馬単　④②7310円
3連複　②④⑯35130円
3連単　④②⑯150480円

メットだったわけですね。相手は何頭にしましたか？

双　ここは相手をたくさんにしました（笑）。自分はフォーメーションで1頭軸にしたら、2列目が3頭、3列目が12頭くらいなので。結果的には2列目までにあげた馬で全部決まりましたけど。

――皆さんの的中例をお伺いしていると、馬券予想のベースは近いところにあると思うのですが、馬券の買い方は微妙に違いますよね？

亀　軸となるフォームが違いますからね。一緒に予想しているわけではないので、予想も買い目も知らないです。だいたい、馬の能力指数とか馬場の見方って、結局主観が入りますよね。今流行りのＡＩだって、どのデータをコンピュータに読ませるかは主観だし。

――ではお互いに「このレース獲ったんだ？」と後から知って驚くこともあるわけですよね？

亀　例えば馬場君のNHKマイルCなんかは、「よく外枠に張ったな」とか、そういうのはありますね。

――その場合、勝った根拠を聞いたりしますか？

双　聞きますし、聞けば明確な答えが返ってきますね。まぁ、NHKマイルCの日は馬場君くらいしか外枠伸びだと思ってなかったですから。当日の馬場を見れば分かりますけど、前日に言い切るのは僕には難しかったですね。

――馬場さん的には、確信的なイメージがあったのですか？

馬　イメージというか、馬場を事前に読んだということですね。

――というと？

馬　よく「東京の馬場状態の乾き方が〜」とか、「内が〜」とか言われるんですけど、もっと見るべき重要なところがあります。だからグリーンチャンネルで「外が乾く〜」とか出演者の人が言ったりするんですけど、それは完全に間違っていて事実とは異なっていることが多々あります。

双　ニュアンスが違うでしょ、っていうね。

馬　そう、ニュアンスが違う。外伸びになるんですけど、それは外から乾いているから外伸びになるわけではないという…。

――外伸びになっている正しい理由を間違えて捉えていて、結果的におかしな伝え方をしているわけですね。

馬　そういうことです。あまり詳しくは話せませんけど…。

――まぁ馬場の読み方に関しては企業秘密でしょうから、その辺は新刊を読んで頂きましょうか（笑）。

亀　馬場状態に関する評論家のコメントとかって、今、馬場君のコラムから流行ることが多いよね。影響力が大きくなったよなー。

3連単、3連複の優位性はどこにあるか？

――話を券種の話に戻そうと思うのですが、3連複や3連単の優位性はどの辺にあるのでしょう？

亀　僕の場合、血統のバイアスで馬券を買っているわけですが、バイアスっていうのは「能力の方向性が一定ではない」ことを利用しているわけです。

　スタミナが要求されるレースで、スピード型に人気馬が偏っていたら、スタミナ型が上位を独占して馬券が荒れる。そういう仕組を利用しているわけです。双馬君にとっては、延長ローテと短縮ローテが逆の方向性の能力になるのかな？だから、延長が不利なレースで、延長が人気馬だったら、人気薄の短縮にヤマを張るって感じかな。

双　超わかりやすく説明するなら、まぁ、そうなりますかね。

亀　で、穴を取るために「バイアス」を利用するなら、複勝馬券を買っていたらもったいないわけです。せっかく人気薄がまとめて恵まれることが読めているんだから、人気薄がまとまって、固まることによって報酬が得られる馬券を選ぶべき。一番いいのは3連単ですけど、次にいいのは3連複なんですよ。

――複勝を買う人はかなり勿体ないことをしているわけですね。

亀　あと、人気薄の複勝を買うのであれば、ワイドで相手を選んだほうが断然得だとも思います。

双　競馬の良さって、少ないお金を増やせることなのに、複勝とかだとデカい金額を買わないと儲けられないわけですから、勿体ないというか、競馬の良さを生かし切れてないですよね。

亀 それは言えてるね。

双 複勝はレースを観ていても、1頭だけを追う形だから面白味が半減しますよね。今は100円が何万とか何十万になる時代なので、そっちを狙った方がお金のない人には絶対得ですよ。

亀 双馬君は5万円を数千万円にまで転がし続けているわけだからね。

——ちなみに皆さん、WIN5は買われますか？

双 毎週買います。全然当たらないですけど（笑）。

——馬場さんは？

馬 うーん、買っていた時もあったんですけど、結果安いのしか当たってないですし。リーチになったから単勝の逆張りをやったら20万円くらい負けたとかもあったので。合成オッズを間違えていて、100万円くらい買ったら結果20万円くらい損したこともあって……。

双 自分の賭けた代金を忘れているっていう（笑）。

馬 違うんですよ、オッズが変わるじゃないですか、それに合わせて配分したら負けたってことです。

——双馬さんだと、WIN5でハマったら凄い払い戻しになりそうですよね。億超えもあり得ますね。

双 ところがハマらないんです。200万円くらいまでしか当たったことがない気がします。

——ちなみに、WIN5はいくらくらい買うのですか？

双 ピンキリですね。30万円くらい買ってい

WIN5は毎週買い続けてますけど、長い時間をかけたらいいというものでもないですし、そもそも馬券だと思ってませんから（双馬）

る時もありましたし、1万円以下にする時もありました。それでも未だに毎週買い続けていますよ。買わないことはないです。ただ、3連単の馬券と違って、WIN5で悩むことはないです。どうせ当たらないから（笑）。

――WIN5では予想に時間をかけてないってことですか？

双　WIN5は15分くらいですよ。

――遊びでやっているんですか？

双　いや、真剣にはやっていますけど（笑）。逆に長い時間をかけたからいい予想だというわけでもないですし。まぁ、WIN5を馬券だとは思ってないですからね。あれは別物です。

亀　そういえば去年のエリザベス女王杯の日、競馬サロンのメンバーの前で、1万円でWIN5を当てて100万円になったんですよ。

――昨年のエリザベス女王杯ということは、リスグラシューが勝った時ですね？

亀　はい。その日のWIN5対象レースを眺めていたら、馬連3頭以内のBOXで全レース当てれるんじゃないかと思って。実際、馬連3頭ボックスも5レース中4レースを3点以内で当てたんですよ。で、その3頭だけポンポンポンと置いたら当たりました。しかも、1頭だけ自信のある馬がいて（東京11Rロワアブソリュー・6番人気）、３×２×３×３×２の１０８点買いで１０９万円になりました。

――1万円ちょっとが１０９万円！　しかもエリザベス女王杯の馬連は９８００円ですよ！

亀　はい。だから馬連1点とか2点で当たる日にＷＩＮ５を買うのも有効なんだと思いました。

――ハマる時はとことん来るって感じですね。

亀　なんでもそうなんですよね、競馬って絞ってハマる時がある。それはバイアスが読めたときです。さっきの話に戻ると、３連単も「買うな！」じゃなくて、絞って3点とか4点で決めて買うのはいいと思うんですよ。それでハマった時にお金をバーンと増やすことが大事です。本線で3点とか決めておく、それが大事です。

――話の最初に仰っていたことですよね。

亀　さっきから繰り返してるだけです（笑）。でも4頭に絞ると言っても、自分の理論で恵まれているなって馬が単勝10倍以上ついていて、それが最低1頭は入ってないと意味ないです。あとは上位人気の中で消せる馬が1頭いることですね。

――要するに1、2、3、4番人気の上位4頭ではなくて、例えば2番人気が消せるのがあって、なおかつ10倍以上つく馬が最低1頭入るのであればという感じですね。

亀　そうですね。4番人気以内で自信を持って、バイアスに恵まれないとか。これは『競馬王』でも書いたんですけど、『テンパターン』『上がりパターン』バイアスっていうのもわかりやすいですよ。『上がりパターン』に人気馬2頭が該当しなくて、その2頭を消して残りの『上がりパターン』上位4頭をＢＯＸ買いしたらそれで3連単当たっちゃうとか、そういうのは結構ありますよ。それって結局、人気馬が『上がりパターン』を持ってないことが致命的になるみたいなバイアスを読んでいるわけです。ダービーも「血統の教科書」に書いたようにディープ産駒の中でサドラーズウェルズを持つ馬を消したら1点買いで馬連が当たってしまう。

――バイアスは、高配当を絞って獲るには欠かせませんね。

亀　そう。馬場でありローテであり血統であり、なんだっていいんですけど、バイアスが証明できるツールを見つけることも大事です。

――バイアスが読めれば少ない点数で高配当を獲れるんですものね。

亀　4頭BOXで獲れるって大事じゃないですか？　当たり前ですけど。

馬　人気薄を含めてってことですよね？

亀　だから、人気で選ぶんじゃなくて、バイアスを先に読むのが先。バイアスが恵まれそうな馬が人気薄のレースを「選ぶ」。

馬　高い配当をBOXで当てるっていう。

亀　当たり前ですが、3連複は4頭BOXと5頭BOXとでは点数が倍以上違います。でも、重要なことだと思うんです。

――3連複4頭BOXだと4点で、5頭BOXだと10点。

亀　全然違いますよね。

今年の巨人を見て思う事「使うべきところで使えば結果は出る」

亀　ところで僕、今年のジャイアンツを見ていて思ったんですけど、選手の打率って監督によって決まるんだなって思いました。野球選手だって、苦手なエースばかりの試合に出させ続けられたら、誰だって結果も出ないし、リズムを崩しますよ。

――対戦投手を見て、こういう打者を使えば打てるのに、毎回何も考えずに使い続けるから打率が下がっていったりするということですね。

亀 だって今年、陽岱鋼が3割打っているのにスタメンで使わずにベンチに置いたりしますよね。で、代打で出てきたらボカーンと打つ。それで3割を維持させているわけですよ。逆に打率2割のビヤヌエバを絶妙なタイミングで使って勝った試合がいくつもある。あと、優れた監督や上司ほど「結果を出せないのは私のせい。選手は悪くない」って言いますよね。それも最近よくわかる。

――今の監督になって強さが復活していますね。

亀 明らかに勝率も違いますよね。たしかにメンバー的には丸が入ってきたけど、他の選手の打率やチームの勝率も上がっている。そんなのってありますか？

――確かに。

亀 競走馬も、使うべきレースで使えば、結果は出るんです。で、結果を出す指標は血統や馬場やローテーション。そこを考えずに「走らなかったら馬のせい」って言ってるのは無能な監督と同じ。

――なるほど。今、監督論のお話が出ましたが、例えばどういうレースを狙っていけば、馬券の結果が出やすくなるでしょうか。ヒントがあれば教えて下さい。

亀 どんなレースを狙うのがいいかという話をすると、15頭立て以上とかの多頭数がいいです。人気馬を狙って消したり、絞って当てることができます。あと、人気馬の不利も多頭数の方が事前に読みやすい。

2019年 6月16日(日)　3回東京6日　天候：晴　馬場状態：重

【8R】500万下

3歳以上・500万下(定量)　[指定]　芝 1400m　15頭立

着	枠	馬	馬名	性齢	斤量	騎手	タイム	着差	通過順位	上3F	人	単勝
1	5	9	スイートセント	牝3	52	戸崎圭太	1.22.0		03-03	35.2	1	2.9
2	2	2	サトノコメット	牝4	55	田辺裕信	1.22.1	3/4	02-02	35.4	8	22.5
3	5	8	アゴベイ	牝3	52	福永祐一	1.22.1	クビ	12-11	34.7	2	4.0
4	3	5	パンドラフォンテン	牝5	55	吉田豊	1.22.3	1 1/4	09-05	35.2	9	23.5
5	1	1	ムーンシュトラール	牡5	57	内田博幸	1.22.4	1/2	01-01	35.8	12	37.1

単勝　⑨290円
複勝　⑨150円/②540円/⑧170円
枠連　[2][5]1650円
馬連　②⑨4720円
ワイド　②⑨1610円/⑧⑨360円/②⑧1460円
馬単　⑨②7670円
3連複　②⑧⑨5680円
3連単　⑨②⑧33680円

――その視点での具体的なレースがあれば教えてください。

亀　6月16日の東京8レースですね。このレースは公開している予想が◎○▲で当たりました。タイドオーバーが推定人気で1番人気で（最終的に3番人気）、典型的なカモパターンでした。この日の東京の芝レースはこのレースが終わった時点で、1着から6着まで全部9番より内でした。つまり内が有利の馬場だったということです。

――タイドオーバーは14番（3番人気12着）ですね。

亀　そう。しかもタイドオーバーは前走、前々走は内枠で連続2着していました。内枠の千四が走りやすかった馬だし、自分自身が内で走ることが得意。で、今回は外で走ること自体がよくないし、外枠自体も不利でしたから。これがまずぶっ飛ぶことが確定でした。

――あ、普通に買っちゃっていました…。

亀　で、買う馬としては、スイートセント（9番枠・1番人気1着）とアゴベイ（8番枠・2番人気3着）は、まぁ来るだろうと考えました。あとは人気薄の中から何を選べるかどうかが問題なのですけど…。

――考え方の順序ですね。

亀　サトノコメット（2番枠・8番人気2着）を選択した理由としては、この日はダート、内も有利というのと、芝のレースでダートを勝っている馬が全レース来ていました。欧州型を母に持っている馬が有利だったということです。で、サトノコメットは重い芝が得意なサドラーズウェルズとミルリーフを持っていました。あと、この馬自身が体重も増えて前走からすごく強くなっていました。

――全体的に力の要る馬場で、そういう馬場に強い欧州系の血をもつ馬が活躍していたんですね。

亀　2018年のシルクロードSも、全部8番より内で決まったパターンですね。これはアドマイヤムーン産駒のワンツースリーでした。ファインニードル（1番枠・4番人気1着）、セイウンコウセイ（7番枠・5番人気2着）、フミノムーン（4番枠・15番人気3着）。

――確かに。この時、フミノムーンは15番人気で高配当となりました。

亀　これも4頭BOXで獲れるケースですね。実際に当てましたし。※上記3頭にアットザシーサイド（5番枠・9番人気14着）を加えた4頭。

――シルクロードSはいつも頭数が多いイメージがあります。そういう意味では狙いやすいレースかもしれませんね。

2018年 1月28日(日)　2回京都2日　天候：曇　馬場状態：良

【11R】シルクロードS

4歳以上・オープン・G3(ハンデ)　(国際)[指定]　芝・内 1200m　18頭立

着	枠	馬	馬名	性齢	斤量	騎手	タイム	着差	通過順位	上3F	人	単勝
1	1	1	ファインニードル	牡5	57	川田将雅	1.08.3		03-02	33.9	4	7.7
2	4	7	セイウンコウセイ	牡5	58	松田大作	1.08.6	2	01-01	34.6	5	9.9
3	2	4	フミノムーン	牡6	55	国分優作	1.08.7	クビ	15-13	33.4	15	92.6
4	7	13	カラクレナイ	牝4	54	池添謙一	1.08.7	ハナ	11-11	33.7	3	7.5
5	7	15	ナックビーナスト	牝5	54	勝浦正樹	1.08.7	クビ	03-04	34.3	6	10.4

単勝　①770円
複勝　①330円/⑦370円/④1740円
枠連　1 4 490円
馬連　①⑦3200円
ワイド　①⑦1270円/①④6630円/④⑦9410円
馬単　①⑦5830円
3連複　①④⑦54280円
3連単　①⑦④237290円

亀　多頭数の方が消える人気馬が選びやすい。これは大事なことです。たとえば「10番枠より外が不利な馬場」があるとします。10頭立てだと不利な馬は1頭。でも18頭立てなら9頭になる。多頭数の方が絞るのって大変ですよね。8頭立てだったら適当に買った人の4頭BOXと被っちゃう可能性がありますけど、16頭立てになると理論で選んだ4頭BOXは、適当に選んだ人の4頭となかなか一緒にならない。この3人だって全員一緒になることはまずないですから…と言いながらダービーは馬場さんとほとんど印が一緒でしたけど。

――あぁそうか！　馬場さんも本命はロジャーバローズでしたもんね。馬券は結果的に似たような形になったのですか？

馬　僕の場合、本命がロジャーバローズだったんですけど、相手は人気馬しかないので買い目的には殆ど一緒だったと思います。

――NHKマイルCでは外枠の馬に張り、ダービーでは一転して内枠有利と睨んでロジャーバローズが本命だったんですね。

馬　そうですね。先行して速い馬場で、この馬に有利に働くと思っていました。ただ、この馬に関して言えば、元々強い馬だと思っていまして、前走の京都新聞杯も展開的に厳しかっただけですし、そもそもああいう単騎逃げのレースをしたのが初めてでしたから、むしろよく2着に頑張ったなぁと思っていたくらいです。

――スプリングSでも大敗を喫していましたが、あれも気になることはなかったですか？

馬　あれは最悪の競馬でした。先行馬なのに小回りコースでいけなくて、しかも揉まれて仕掛けも遅れた。急に加速できるタイプでもないですし、乗り方が難しい馬なんで、直線短いコースで内に入っちゃったら終わりですね。だからダービーの1枠1番は考えようによってはリスキーで、展開に結構左右されるは思いましたけど、スタートも出られましたし、ずーっと前が空いている状態となって最高の展開となりました。

――では、「こうなればいい」という理想の展開だった？

馬　考えられる中で最高ですね。それ以上はありえないです。出来過ぎでした。

――まさに会心ですね。じゃあ逆にこの馬が大外に入っていたらどうだったんでしょう？

馬　馬場読み的には買い辛くなりますけど、ロジャーバローズ自体は外枠からでも来れたと思います。むしろ外枠からの方が良かったかも知れません。大逃げする馬がいて縦長になることが予想出来たので。あれがもし行く馬がいなくて内でごちゃついていたら、そもそも来なかったでしょうし。

――馬場読み的には厳しいけど、この馬の資質を考えれば外枠でも問題はないし、展開的にも有利に働いていたかも知れないから本命は変わらなかったと。

馬　馬場に合う才能の馬を探すことが重要なんですから、馬の才能を分析する方法も研究しないと、安定して勝つのは無理ですよね。

――そうですよね。1頭、1頭の資質を知った上で、馬場の有利不利が分かるわけですからね。

馬　そうです。戦前は3強という下馬評でしたけど、僕も3強だと思っていましたから。普通だったら敵わないと思います。結果的に勝ちましたけど、正直ロジャーバローズは3着がギリギリかなぁ…と思っていましたから本当にラッキーでした。

券種を生かすための正しい買い方

――レース選択の話を聞いたので、最後は買い方についてお聞きします。話を聞く限り、理論は違うにせよ、買い方に関しては亀谷さんと馬場さんはかなり共通している部分がありますよね。

亀　大事なのは、賭けたお金の10倍になるような買い方が大事ということです。

――まずそれが根底にあると。

亀　それを10回に1回当てると。で、その場合に単勝配当20倍以上の馬を選べば、3連複だったら相手が1、2番人気でも平均配当が90倍くらいあるので、4頭BOXだったら当たれば10倍に必ずなります。3連複フォーメーションでも1列目は1頭選んで、2列目は相手3頭、3列目は手広く流しても200倍以上の買い目だけ拾ったら大体20点くらいで買えるんで、それでも10倍になるじゃないですか。それが大事っ

01
亀谷敬正
02
双馬毅
03
馬場虎太郎
04
伊吹雅也
05
キムラヨウヘイ
06
久保和功
07
小倉の馬券師T
08
じゃい
09
高中晶敏
10
nige
11
卍
12
メシ馬
13
吉冨隆安
14
六本木一彦

2018年11月25日(日)　5回京都8日　天候：晴　馬場状態：良
【12R】京阪杯
3歳以上・オープン・G3(別定)　(国際)(特指)　芝・内 1200m　18頭立

着	枠	馬	馬名	性齢	斤量	騎手	タイム	着差	通過順位	上3F	人	単勝
1	2	3	ダノンスマッシュ	牡3	55	北村友一	1.08.0		04-03	33.6	1	3.4
2	3	6	ナインテイルズ	牡7	56	岩田康誠	1.08.3	1 3/4	16-15	33.1	12	58.0
3	4	8	ダイアナヘイロー	牝5	55	菱田裕二	1.08.3	ハナ	02-02	34.1	11	45.4
4	8	17	アンヴァル	牝3	53	酒井学	1.08.3	クビ	06-06	33.6	5	9.8
5	1	1	エスティタート	牝5	54	藤岡康太	1.08.4	クビ	07-06	33.7	8	19.5
5	3	5	コウエイタケル	牡7	56	小牧太	1.08.4	同着	07-06	33.7	13	59.2

単勝　③340円
複勝　③180円/⑥1080円/⑧1230円
枠連　2 3 3550円
馬連　③⑥14990円
ワイド　③⑥3540円/③⑧3220円/⑥⑧14290円
馬単　③⑥23220円
3連複　③⑥⑧90040円
3連単　③⑥⑧541480円

てことです。
あと、さっき馬場君が言ったように、人気寄りの馬でそうやって10倍にかけていくやり方があるので、それはそれでやったらいいんじゃないでしょうか。馬場君のダノンスマッシュの京阪杯とかそうだったんじゃないの？

——昨年の京阪杯はダノンスマッシュ（1番人気1着）、ナインテイルズ（12番人気2着）、ダイアナヘイロー（11番人気3着）。1番人気からで3連複でも9万円の配当です。

馬　内枠と先行狙いで完全に本線で当てました。上位3頭から買う感じで、そのワイドBOX3頭でした。先行狙いだったナインテイルズが差してきたのにはびっくりしましたけど、結果オーライです（笑）。

亀　僕は中日新聞杯の26万馬券を本命対抗3番手で1、2、3着を順番に当てました。

2018年12月 8日(土)　4回中京3日　天候：晴　馬場状態：良
【11R】中日新聞杯
3歳以上・オープン・G3(ハンデ)　(国際)(特指)　芝 2000m　14頭立

着	枠	馬	馬名	性齢	斤量	騎手	タイム	着差	通過順位	上3F	人	単勝
1	5	7	ギベオン	牡3	56	C.デム	1.59.3		08-08-08-07	35.3	1	3.7
2	6	10	ショウナンバッハ	牡7	54	鮫島克駿	1.59.3	ハナ	10-11-11-09	35.1	12	75.3
3	7	12	ストロングタイタン	牡5	57	アヴドゥ	2.00.0	4	06-06-06-05	36.2	7	16.6
4	6	9	レイホーロマンス	牝5	51	丸山元気	2.00.1	1/2	13-13-13-14	35.5	8	21.0
5	7	11	メートルダール	牡5	57	福永祐一	2.00.2	1/2	09-09-09-09	36.0	3	4.6

単勝　⑦370円
複勝　⑦190円/⑩1030円/⑫540円
枠連　5 6 2090円
馬連　⑦⑩15830円
ワイド　⑦⑩4010円/⑦⑫1330円/⑩⑫7360円
馬単　⑦⑩23420円
3連複 ⑦⑩⑫46690円
3連単 ⑦⑩⑫264000円

これは芝2000mのハンデ戦なので、ステイゴールド産駒とディープインパクト産駒を本命、対抗にしただけです。

――え、芝2000mのハンデ戦はディープインパクト産駒とステイゴールド産駒を買えばいいだけなんですか？　それって他の競馬場でも使えるんですか？

亀　まぁ細かい部分を言えば色々ありますけど、基本は使えますよ。例えばバイアスを利用した馬券術では、人気のサンデー系が消えるバイアスでノーザンダンサーを狙うのも有効です。2018年は、阪神カップを本命対抗で当てましたが、これもノーザンダンサー系のバイアスを利用しました。このレースはダイアナヘイロー（11番人気）が1着、ミスターメロディ（2番人気）が2着だったのですが、ノーザンダンサー系が2頭しか出てなかった。尚且つ6番から内側の馬が1着～4着に来ました。

この時は外枠に全部サンデーサイレンス系の人気馬が入っていました。サンデーサイレンス系の外枠とノーザンダンサー系とでは発揮する能力の方向性も反対の関係性にあります。馬力とスピードは相反する関係ということですね。このようにバイアスは人気薄が固まって当てられるんですよ。

——こういう時に3連単のボックス買いが効力を発揮するんですね。自然と人気馬も切れますし、頭数も絞れます。

亀　ただ人気馬と常に逆のバイアスを買えばいいわけじゃなくて、その日の馬場に向いている確率がある程度見込まれるバイアスを「選ぶ」ことが大事です。しつこいようですが「選ぶ」ためには、研究が大事です。

——3人はそれぞれ予想法こそ異なりますけど、有利なバイアスに寄せて買うという、根底の部分は同じなんですね。では、そろそろまとめたいと思います。

亀　賭けたお金を10倍にする方法を考えるのがいいと思いますけどね。そのやり方として、

①3連複フォーメーションで200倍以上を獲る。

②3連複4頭BOXの精度を上げる。ただし4頭ボックスのうち2頭は5番人気以下を選びたい。

③馬連の合成オッズ10倍以上。単勝10倍以上で10回に1回以上来る馬を選ぶ。

でも、難易度は高い。複勝は一発で10倍にするのがもっと難しい。また、複勝10倍の馬を選べるんだったら、他にもっといい馬券がある。で、これらのテーマを実現させるためには自分の納得できる「理論」が必要なんじゃないでしょうか。

――双馬さんもその辺は同意見でしょうか？

双　そうですね。でもこれってホームラン狙いなんですよ。だから言うほど簡単ではないかも知れません。僕も的中率が2割くらいしかありませんから。

――愚問かも知れませんが、例えばホームランとまではいかないまでも、ここは確実に単打を決めておこうかな…というシーンはありませんか？

双　思ったところで成功しませんよ。僕なんてホームランか三振しかないんですから。ホームランバッターがバント出来ないのと一緒ですよ。

全員　（笑）。

亀　双馬君は当てる馬券も強烈だけど、スランプもかなり強烈だから。なんかよく神社に行っていて、年に何回神社に行くんだろうって（笑）。この前どこ行ったんだっけ？　三重だっけ？

双　上野の有名なところです。

亀　そうなの？　でもさ、フクロウ効果あったじゃん。

――フクロウ？

亀　フクロウは幸運を引き寄せる縁起物で、双馬君はその置物のおかげでナムラシェパードのレースが当たったんですよ！

双　どんな話になってるんだ。

全員　（笑）。

――人間らしいところがあるって、読者は勇気づけられると思います。

亀　勇気と競馬を楽しむ気持ちは大事ですね。

双　ただ、買い方についてここまで取材してもらっておいて言うのもなんですけど、僕のマネだけはしない方がいいですよ（笑）。

number

04

伊吹雅也

データ分析の第一人者・伊吹雅也氏。当然のごとく、購入馬券も自身のデータから導き出された馬が中心となるが、その買い方にはどんな工夫があるのか?

profile

伊吹雅也（いぶきまさや）…JRA公式ウェブサイト「JRAホームページ」内「今週の注目レース」で“データ分析”のコーナーを担当している他、「競馬王」「グリーンチャンネル」「ウマニティ」「netkeiba.com」など、さまざまなメディアで活躍中の競馬評論家。ニコ生「リアル競馬王」のMCも務める。「ウルトラ回収率」シリーズ、「本当に儲かる大全」シリーズなど、ヒット本の著書多数。

伊吹雅也 number 04

金額(単位)固定で時短に成功! 少点数で賢く立ち回る 伊吹流・馬券購入術

伊吹氏の駆使している
予想理論

主に「JRA-VAN」を使ったレース分析で、今回のレースにおける好走条件に見合った馬を見つけ出す戦術。データ出しの際、複勝率・回収率共に高水準の条件を設けているため、条件に合った該当馬は高確率で好走を果たす。騎手データ、血統データ、コースデータなど、状況に応じたデータを駆使することができる。

伊吹流・「25単位買い」のススメ

——伊吹さんは、リアル競馬王でのMCの他に、これまで競馬王関連で数多くの単行本を発表しています。それ故に、読者にとってはお馴染みの存在ではあると思うんですが、意外と伊吹さんがどういう券種を使って、どういう買い方で馬券を買っているかまでは知らないような気がします。

伊吹(以下、伊) それは言えるかも知れませんね。〝データの人〟ってところで印象が止まっていて、馬券はあまり買ってないいんじゃないかと。実際は物凄く買っているんですけどね(笑)。ご縁があって参加した今夏の「JRAオッズ・マスターズ・グランプリ2019」で

伊吹氏の券種の購入割合(頻度)

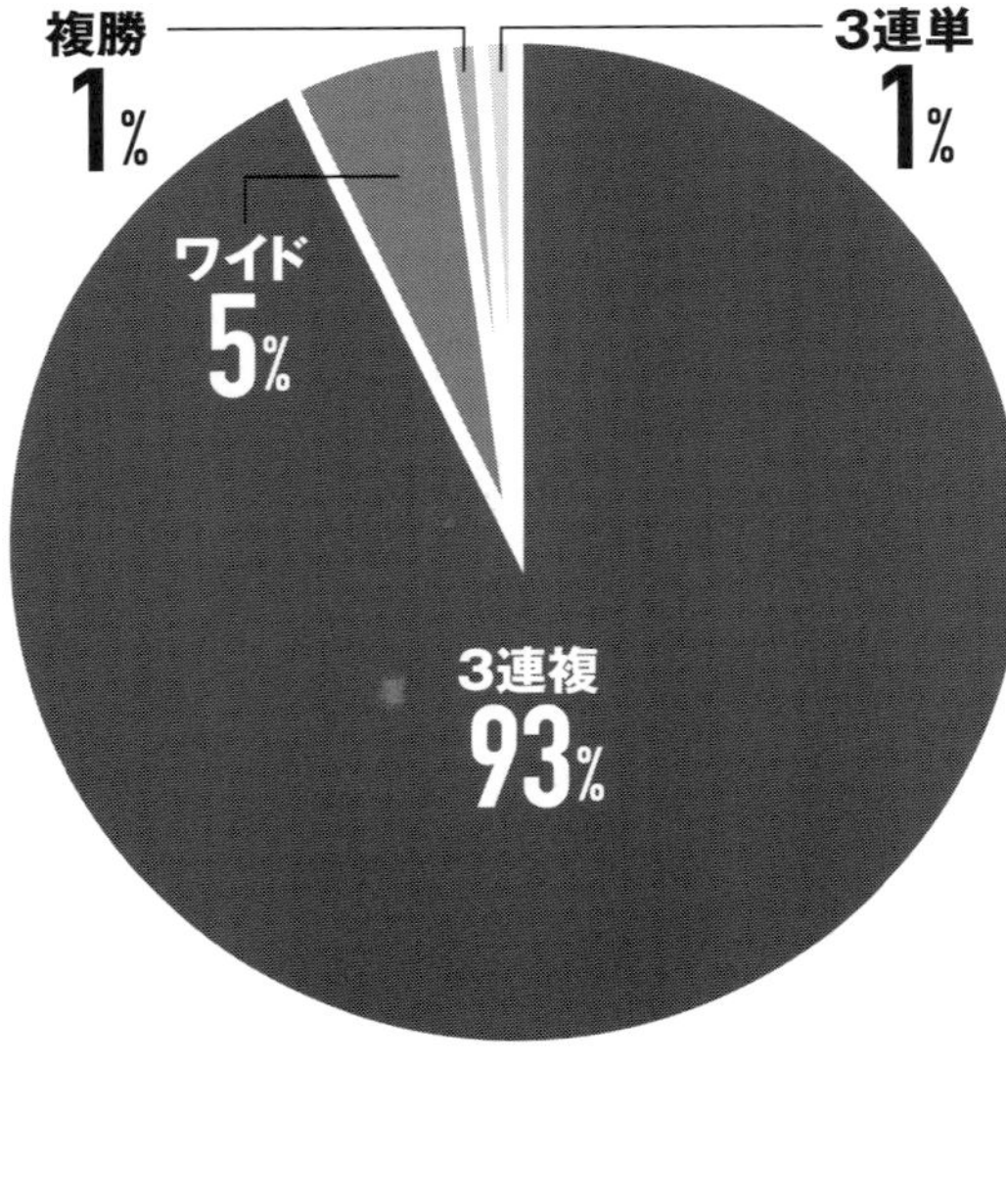

も、約10万人中の360位（6月30日終了時点）につけていますから。

――むしろ馬券に対して前のめりなくらいじゃないですか。普段、馬券はどのようにして買われているんですか？

伊 私は馬券を買う時、大前提として、勝負レースの買い目を「1レースにつき25単位」と決めて買ってるんですよ。

――25単位……？　25点買いということでしょうか？

伊 いや、「25点買い」という意味ではありません。必ず25点以内にはなるものの、例えば「5単位ずつの5点買い」「13単位を1点、12単位を1点の計2点買い」「ひとつの目に25単位すべてを投じる1点買い」といった形で、購入点数を変化させているのです。

――なるほど。つまり点数や券種に関係なく、ワンセット2500円になるように買っているということですね。

伊 簡単に言うとそういうことです。ただ、予想自体はどのレースも「25単位」の買い目にまとめていますが、1単位あたりの購入金額は自信度や購買意欲によって変動します。1単位あたり100円ならば購入総額は2500円ですが、倍の200円ならば総額5000円、4倍の400円ならば総額1万円、8倍の800円ならば総額2万円――。このような形で、レースごとの購入総額に強弱をつけるわけです。

――確かに、そのやり方だと金額的にスッキリして分かりやすいですね。

伊 そうなんですよ。まさに1レースあたりの単位を25に定めた理由はそこにあって、400円ずつ買えば1万円、800円ずつ買えば2万円――と、キリの良い金額になりやすいからなんです。私は暗算が得意な方ではありませんし、1レース終わるごとにエクセル等へ入力していくのも面倒ですから、脳内で簡単に収支管理できるような買い方をした方が良い結果に繋がるだろうと判断しました。

——伊吹さんらしい、効率的な買い方ですね。ただ、敢えて25っていうのがちょっと不思議です。10とか20の単位ならもっと計算は楽になりませんか?

伊 もちろん、10単位や20単位でも良かったのですが、さすがにそれだと強弱をつけたり手広く押さえたりするのが難しいんですよね。かといって、予想家として世間の皆さんに買い目を提示することもあるため、もう少し多い40単位や50単位にするのも抵抗があります。

——つまり1レースあたり、4000円とか5000円ですね。

伊 本書をご覧いただいているような、馬券に対してガチな人たちはともかく、ごく一般的な競馬ファンに関して言うと、1レースに4000円とか5000円とかの金額を投じることができる方って、そう多くないじゃないですか。極端な話「3連単200点買いの予想で二百万馬券が的中!」みたいな実績を見せられても、ひとつのレースに2万円も投じることができない競馬ファンは、その予想家さんに丸乗りすることができません。予想を見てくれている方が無理なく丸乗りできるという意味でも、「1レースにつき25単位」というのはちょうど良い塩梅ではないかと思います。

——なるほど。ファンのことも考えての25なんですね。確かにファン目線に立てば現実的な数字かも知れません。お金がある人はそれを200円単位とか、500円単位にすればいいわけですしね。

伊吹流・使用券種と購入パターン

――買い目を25単位にしているという話でしたが、その際、やっぱり複数の券種を併用することが多いのでしょうか？　例えば、単勝1000円、複勝1500円のように。

伊　いや、私が勝負レースで選ぶ式別は、ひとつのレースにつき1種類だけとしています。今まさに言われたような形で、単勝にいくら、複勝にいくら…というような式別間の購入比率に頭を悩ませる時間がもったいないので、複数の式別を併用することはありません。

――予想を提供する側としては、併用する場合、オッズとの兼ね合いも見なくてはいけませんしね。

伊　そうなんですよ。さらに言うと、私の場合、勝負レースで選ぶ式別の9割以上は3連複です。なぜ3連複かというと、インパクトのある配当も十分に狙えますし、25単位の範囲内で無理なく買い目を組み立てることができるからです。3連単だと25単位ではとても手が回りませんし、馬単や馬連では配当のインパクトが足りません。先程ご説明した通り、極端な多点買いはしたくないのですが、ぶっちゃけ「派手な配当を当てて目立ちたい！」という気持ちもあ

効率だけを考えるならば3連複以外の式別がベターである可能性もありますけど、いかんせん私は承認欲求が強い人間なので（笑）。

りますからね。効率だけ考えるならば他の式別がベターである可能性もありますけど、いかんせん私は承認欲求が強い人間なので（笑）、このスタイルに落ち着きました。

――承認欲求が強い（笑）。確かに3連複なら当たれば10万オーバーの馬券とか平気でありますから、券種としては最適ですね。そうなるとやはり、3連複2頭軸流しが中心の買い方になりますか？

伊　いや、「3連複を25単位」というところまでスタイルを固定しても、買い方のバリエーションは結構たくさんありますよ。なので色んなパターンを駆使しています。（※左表にて紹介）

――逆に3連複以外の券種を指示することもあるんでしょうか？

伊　3連複以外で選ぶことが多いのはワイドと複勝ですね。ただし、これも3連複の代用という位置付けです。相手として押さえたい馬が多数おり、とても25単位にまとまらない場合は、本命=対抗のワイドが代わりになります。対抗すら2～3頭に絞り切れない場合は本命の複勝です。まぁ、このような考え方をしているのは私だけじゃありませんし、皆さんもどこかで聞いたことがあるでしょう。

――3連複の代用でワイド、さらには複勝というのはスタンダードな考え方ですよね。相手が絞り切れない状態の時に無理やり3連複にしても意味ないですもんね。

伊　私は各種データ分析を予想の軸としていますが、最終的な買い目がほぼ3連複になることもあり、各種データの評価対象を複勝率ならびに複勝回収率に絞っています。『血統大全』『騎手大全』『ウルトラ回収率』といった単行本、JRAホームページやTCKホームページなどで連載している重賞競走の傾向分析をご覧いただくとわかる通り、勝率・連対率や単勝回

伊吹式　25単位買い方バリエーション

＜ごく基本的な例＞

【3連複予想】
本命:①②
対抗:
相手:③④⑤⑥⑦
備考:
【買い目】
3連複2頭軸ながし
①=②=③④⑤⑥⑦ 各5単位

【3連複予想】
本命:①②
対抗:
相手:③④⑤⑥⑦
備考:相手③絡みは厚く買いたい
【買い目】
3連複2頭軸ながし
①=②=③ 5単位
①=②=③④⑤⑥⑦ 各4単位

【ワイド予想】
本命:①
対抗:
相手:②③④⑤⑥
備考:
【買い目】
ワイドながし
①=②③④⑤⑥ 各5単位

【ワイド予想】
本命:①
対抗:
相手:②③④⑤⑥
備考:相手②絡みは厚く買いたい
【買い目】
ワイドながし
①=② 5単位
①=②③④⑤⑥ 各4単位

【複勝予想】
本命:①
対抗:
相手:
備考:
【買い目】
複勝
① 25単位

【複勝予想】
本命:①②
対抗:
相手:
備考:本命①絡みは厚く買いたい
【買い目】
複勝
① 15単位
② 10単位

＜良く利用する例＞

【3連複予想】
本命:①
対抗:②③
相手:④⑤⑥⑦⑧⑨⑩⑪⑫⑬
備考:
【買い目】
3連複1頭軸ながし
①=②③=②③ 4単位
3連複フォーメーション
①=②③=②③④⑤⑥⑦⑧⑨⑩⑪⑫⑬
各1単位

【3連複予想】
本命:①
対抗:②③
相手:④⑤⑥⑦⑧⑨⑩⑪⑫
備考:相手④絡みは厚く買いたい
【買い目】
3連複1頭軸ながし
①=②③=②③ 4単位
3連複フォーメーション
①=②③=②③④⑤⑥⑦⑧⑨⑩⑪⑫
各1単位
3連複フォーメーション
①=②③=④ 各1単位

【3連複予想】
本命:①
対抗:②③
相手:④⑤⑥⑦⑧⑨⑩
備考:対抗②絡みは厚く買いたい
【買い目】
3連複1頭軸ながし
①=②③=②③ 2単位
3連複フォーメーション
①=②③=②③④⑤⑥⑦⑧⑨⑩
各1単位
3連複2頭軸ながし
①=②=③④⑤⑥⑦⑧⑨⑩
各1単位

【3連複予想】
本命:①
対抗:②③
相手:④⑤⑥⑦⑧⑨
備考:相手④絡みは厚く買いたい、
対抗②絡みは厚く買いたい
【買い目】
3連複1頭軸ながし
①=②③=②③ 2単位
3連複フォーメーション
①=②③=②③④⑤⑥⑦⑧⑨
各1単位
3連複フォーメーション
①=②③=④ 各1単位
3連複2頭軸ながし
①=②=③④⑤⑥⑦⑧⑨ 各1単位
3連複2頭軸ながし
①=②=④ 1単位

＜その他の例＞

【3連複予想】
本命:①
対抗:②③④
相手:⑤⑥⑦⑧⑨⑩
備考:
【買い目】
3連複1頭軸ながし
①=②③④=②③④ 各1単位
3連複フォーメーション
①=②③④=②③④⑤⑥⑦⑧⑨⑩
各1単位
※余った1単位は別途検討

【3連複予想】
本命:①②③
対抗:
相手:④⑤⑥⑦⑧⑨⑩
備考:
【買い目】
3連複ボックス
①②③=①②③=①②③ 3単位
3連複フォーメーション
①②③=①②③=①②③④⑤⑥⑦⑧⑨⑩
各1単位

【ワイド予想】
本命:①②③
対抗:
相手:
備考:
【買い目】
ワイドボックス
①②③=①②③ 各8単位
※余った1単位は別途検討

【ワイド予想】
本命:①②③④
対抗:
相手:
備考:
【買い目】
ワイドボックス
①②③④=①②③④ 各4単位
※余った1単位は別途検討

収率はそれほど重視していません。「鶏が先か、卵が先か」みたいな話になりますけど、買い目がほぼ3連複一本に固まっていったのを受け、データ分析も自然とこういう手法になりました。

――実際問題、世の中には3連複派が多いわけですから、伊吹さんのデータの出し方はニーズに合っていると思います。あと、単純に複勝率の高い馬を弾き出してくれるから、馬券圏内に来やすくて凄く役に立つんですよ。

伊　買い目のスタイルを固定し、データ分析の手法も統一すれば、その分だけ目の前のレース予想に時間をかけることができます。馬券には発売締切時刻があるうえ、流れる時間の早さは何人たりとも操作できません。程度の差はあれど、レースの予想に割ける時間は有限です。だからこそ私は「式別や買い方の検討」「勝率・連対率や単勝回収率の分析」といった部分をほぼ切り捨てて効率化し、オッズなども加味してより具体的に予想する時間を延ばすことにしました。このあたりが、買い目を固定する最大のメリットと言えるでしょう。

――伊吹さんは毎週物凄い量の仕事をこなしているので、どこかで効率化を図っているのだろう…とは思っていましたけど、まさか式別や買い方の検討を効率化しているとは思いませんでした。「そこか！」って感じです（笑）。

伊　ちなみに私は、ＷＩＮ5も1回あたりの購入点数がだいたい24点に決まっています。通常の式別と違い、こちらは1点あたりの金額も毎回ほぼ同じですね。

――ＷＩＮ5に関しては、毎回点数を決めて買っている…という人はよくいますよね。でもそこまで少点数に絞るのって割と大変じゃないですか？　ＷＩＮ5の場合、結構絞ったな…と思っても、平気で1000点（100000円）

を超えてしまいます。

伊　予想自体は、ぜんぶ買ったら3000〜4000点くらいの範囲まで検討対象を広げているんですよ。単行本『WIN5攻略全書』にも書かせて頂きましたけど、1回あたり3000〜4000点買ったとしても、大幅なプラスとなる計算です。ただ、それはあくまで結果論。数十万円の投資を続けていくのはリスクが大き過ぎると思いますし、個人的にも数十点くらいの買い目で数千倍〜数万倍の配当を狙っていくのが性に合っていると感じ、こうしたスタイルになりました。ごくわずかな点数だけ伊吹雅也の予想に乗り続けた場合の収支がプラスなのも、単行本にある通りです。

——WIN5とて、少点数でも十分に勝算はあるわけですね。夢のある話です。

伊　もちろん、点数が少なければ、それだけ的中の頻度は下がります。数十点くらいの買い目で数千倍〜数万倍の配当を狙う場合、満足のいく配当が引っ掛かるのはせいぜい数年に一度です。しかし、WIN5で儲けようと思ったら、他のプレイヤーが出せないくらいの金額を投資するか、とにかく時間をかけて高額配当が引っ掛かるのを待つしかありません。前者を実行できる人間がほとんどいない以上、活路を見出すなら後者でしょう。時間は万人にとって平等ですからね。年単位の連敗に揺れることなく正しい買い方を続けていければ、大抵の場合は儲けを出せると思います。それができるかどうかは性格にもよるのでしょうけどね。

——「お金がなければ時間をかければ良い」というのは、WIN5に限らず見習いたい発想です。伊吹さんの本を読み返して、早速チャレンジしてみたいと思います。

【3連複予想】

本命：⑫
対抗：①③
相手：②④⑪
備考：相手②絡みは厚く買いたい、
対抗①絡みは厚く買いたい

【買い目】
3連複1頭軸ながし ⑫＝①③＝①③ 1単位
3連複フォーメーション ⑫＝①③＝①②③④⑪ 各1単位
3連複フォーメーション ⑫＝①③＝② 各1単位
3連複2頭軸ながし ⑫＝①＝②③④⑪ 各3単位
3連複2頭軸ながし ⑫＝①＝② 3単位

3連複①＝⑪＝⑫27.2倍が計4単位的中！ レース回収率435％！

2019.6.23 阪神11R 宝塚記念

1着⑫リスグラシュー（3人気）
2着①キセキ（1人気）
3着⑪スワーヴリチャード（6人気）
馬連①⑫970円
3連複①⑪⑫2,720円
3連単⑫①⑪14,560円

宝塚記念の予想はリアル競馬王でも発表。本命の⑫リスグラシューから組み立てられた馬券は、徹底的に3連複。相手本線の①キセキに厚めに寄せた馬券でW的中（4単位）を達成！

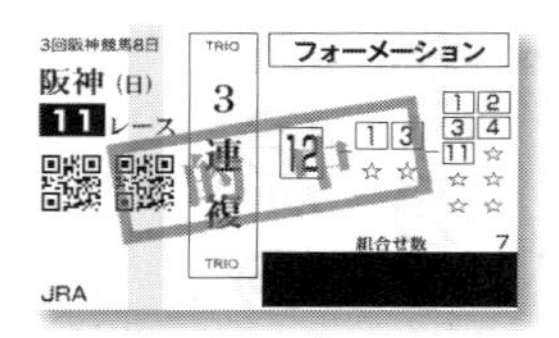

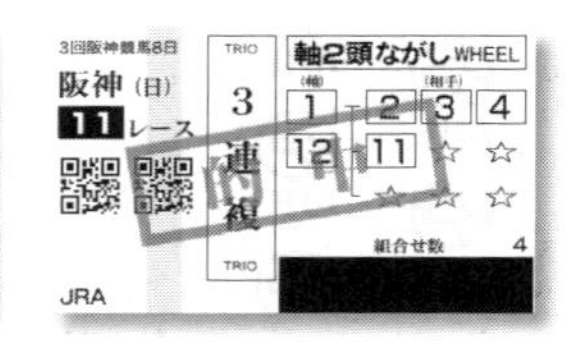

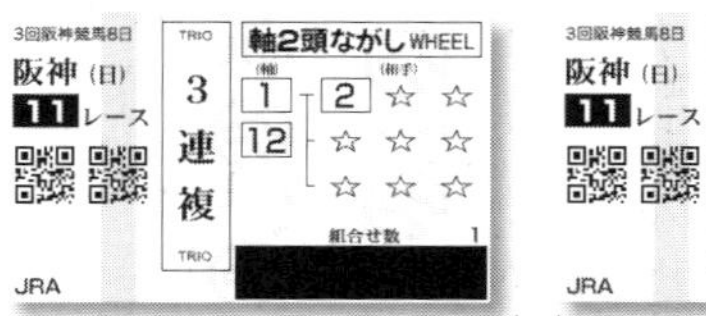

number

05

キムラヨウヘイ

「競馬予想TV!」でもお馴染み、競馬予想界のニュースター・キムラヨウヘイ氏は、券種選択に対してどのような考えを持っているのか?

profile

キムラヨウヘイ…09年予想活動開始。11年にブログ【考えるヒント/常勝競馬】始動。その圧倒的な洞察力とセンス溢れる爆穴予想で一躍注目を浴びる。競馬ブログ人気では常に上位に名を連ねる、若手予想家の人気筆頭格。現在は『競馬王』での連載の他、『競馬予想TV!』のレギュラーメンバーとしても活躍中。著書に『競馬 考えるヒント常勝競馬を叶える予想戦術』がある。http://blog.livedoor.jp/sguw/

キムラ ヨウヘイ

number 05

自分に最も適した券種は何か？ 自分の予想力のレベルを知れば答えは自ずと出てくる！

キムラ氏の駆使している

予想理論

レースVTRを繰り返し見ながら、実際のデータと照らし合わせて、全馬の好走パターン・凡走パターンを把握。予想をする際、横の比較ではなく、主に縦の比較で行っており、その馬にとって絶好の舞台の時だけ狙い撃つ戦略。各騎手や調教師が発するコメントのパターンにも注視しており、それらも馬券に生かしている。

儲けようとする前に確実に当てることこそが肝要

いきなり本書のタイトルの「プロ馬券師たちから学ぶ賢い券種選び　買い方のコツを掴めば回収率は大きく上がる！」に真っ向から歯向かってしまうコトになりますが、私は馬券の券種や買い方によって回収率を上げようという思考はほとんど持ち合わせていません。

もちろん馬券で損をしたいと思っているワケではありませんし、できることならば馬券で利益を得たいと思っています。ただ、それならば注力すべきはよっぽど予想の方だろうとの考えです。そして、自らの予想をストレートに反映する馬券の券種や買い方を実行すれば、馬券収

キムラ氏の券種の購入割合（頻度）

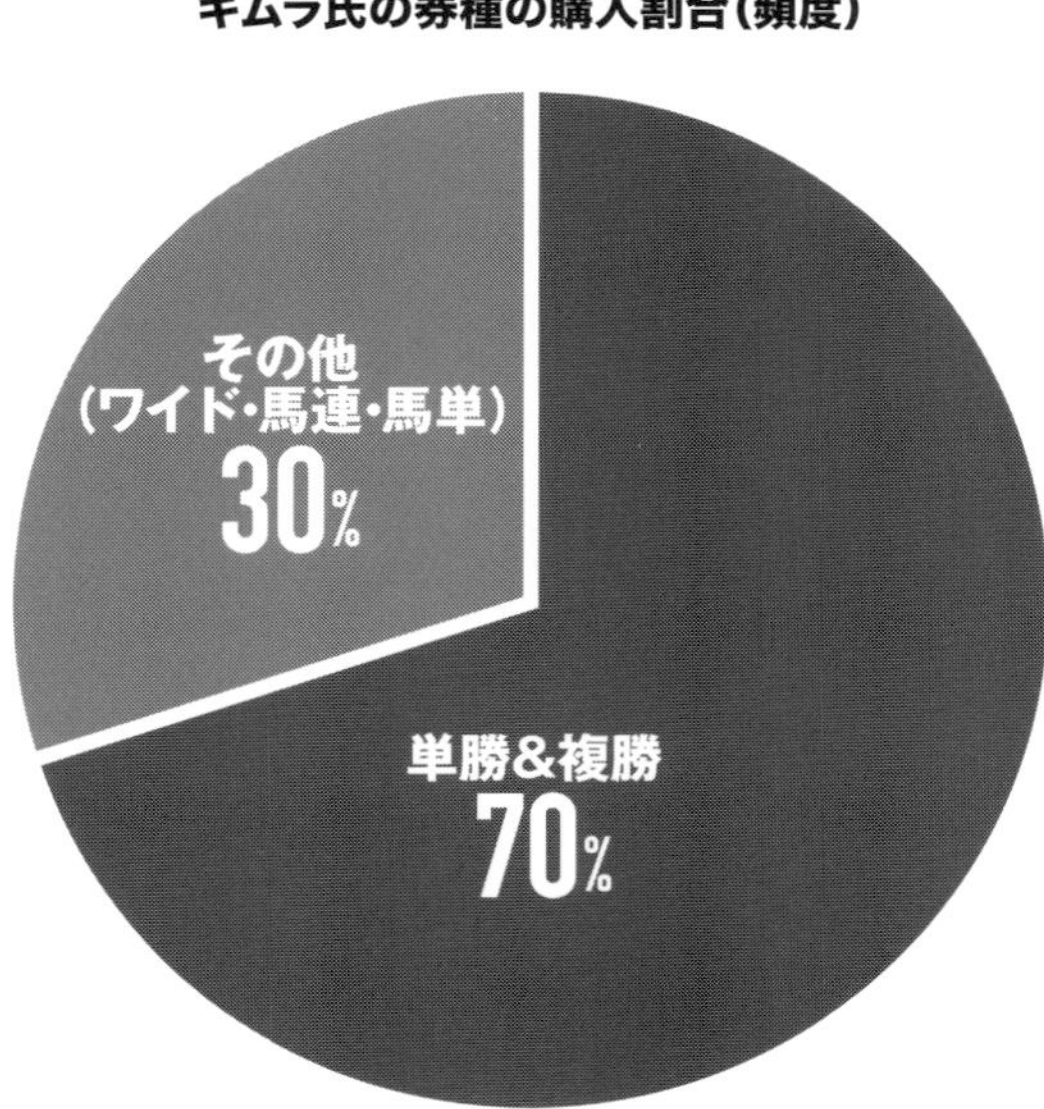

文というのは自らの予想のデキと比例するワケですので、その暁には満足できる馬券収支が得られるはずですので。

巷には〝予想上手の馬券下手〟との言葉はよく言われますが、〝予想下手の馬券上手〟という言葉はほぼ言われません。馬券の券種や買い方に有効テクニックがあるのは確かでしょうが、それによって〝予想下手〟をカバーするのはほぼほぼ無理なはずですから。複利効果の要領で…あくまでもそれなりのデキの予想の下地があって、馬券戦術が有効性を増してくるコトでしょう。

今、この本をご覧になられているコアな競馬ファンの皆さんの中でも、〝馬券下手〟を自認される人の割合は多いでしょうし、中には〝予想上手の～〟という枕詞付きの人の割合も少なくないことでしょう。何故、馬券で思う以上の成果が得られていないのかと言えば、まずそういう人たちにありがちなのが、必要以上に馬券で儲けようと目先の利益に目が眩んでテクニカルな方に走ってしまうパターンです…それで却って最終的には目減りした馬券収支しか得られていないという。この様な馬券本に手を出している以上は、大凡図星という方も少なからずなのではないかと思いますが…。

安い馬券＝悪ではない

例えば、〝1番人気は軸でも紐でも買わない〟だったり、〝一定未満のオッズの馬券はアウトオブ眼中〟だったり、〝トリガミになる買い目は削除する〟などなど…特にトリガミ馬券不要説は巷ではさも当然であるかの様に扱われていますが、そこに一体どんな理論的根拠があるのでしょうか？

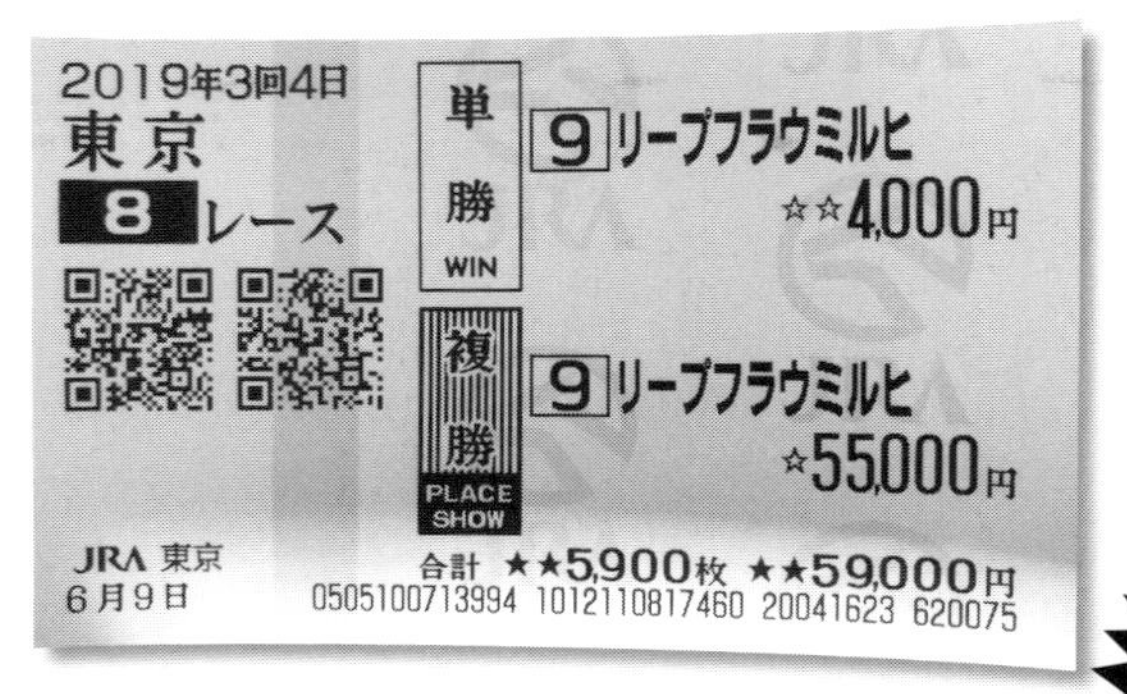

136900円払戻し！

2019.6.9　東京8R　3歳以上1勝クラス(牝)

1着⑨リープフラウミルヒ（5人気）
2着⑪メッシーナ（2人気）
3着⑫グレイテスト（1人気）
単勝⑨810円　複勝⑨190円

キムラ氏は「競馬予想」に重点を置き、また出走馬全頭を横の比較でジャッジするわけではなく、馬1頭、1頭を縦の比較でジャッジするため、必然的に馬券は単複が中心になるという。

馬券収支＝通算損益としたならばトリガミでの払戻額も立派な積み重ねの一部に組み込まれていくワケです。ただ単に目先の1レースや1日単位の勝ち敗けを重視する姿勢でのトリガミ軽視戦略と言うのであれば間違いではないかも知れませんし、馬券購入に興じる人の目的はそれぞれでしょうから正解・不正解とは断定できませんが、あくまでも最終的な馬券収支を求める上ではそれは全く功を奏さない話であると考えます。

そして、1番人気馬や上位人気馬を買う予想では儲からない説もまことしやかに扱われていますが、これも根拠無き説であると考えます。「オッズ（配当）×好走確率（的中確率）＝妙味（期待値）」とすれば、つまりは確率に対して甘いオッズの馬が高期待値馬・辛いオッズの馬が低期待値馬となります。言わずもがな高期待値である馬の馬券を買うことこそが回収率に

人気順に見る好走率&回収率データ

人気	着別度数	勝率	連対率	複勝率	単回値	複回値
1番人気	543- 344- 235- 627/ 1749	31.0%	50.7%	64.2%	74	82
2番人気	338- 329- 237- 845/ 1749	19.3%	38.1%	51.7%	80	81
3番人気	245- 262- 258- 984/ 1749	14.0%	29.0%	43.7%	82	84
4番人気	146- 208- 221- 1174/ 1749	8.3%	20.2%	32.9%	69	74
5番人気	137- 155- 197- 1260/ 1749	7.8%	16.7%	28.0%	86	81
6番人気	102- 117- 147- 1380/ 1746	5.8%	12.5%	21.0%	88	76
7番人気	66- 97- 110- 1465/ 1738	3.8%	9.4%	15.7%	73	70
8番人気	50- 66- 95- 1510/ 1721	2.9%	6.7%	12.3%	76	72
9番人気	35- 58- 70- 1508/ 1671	2.1%	5.6%	9.8%	67	71
10番人気	28- 40- 47- 1481/ 1596	1.8%	4.3%	7.2%	67	67
11番人気	19- 25- 49- 1398/ 1491	1.3%	3.0%	6.2%	81	75
12番人気	19- 18- 37- 1302/ 1376	1.4%	2.7%	5.4%	83	72
13番人気	10- 17- 20- 1201/ 1248	0.8%	2.2%	3.8%	81	70
14番人気	10- 5- 13- 1088/ 1116	0.9%	1.3%	2.5%	105	66
15番人気	2- 2- 6- 932/ 942	0.2%	0.4%	1.1%	25	25
16番人気	2- 4- 6- 732/ 744	0.3%	0.8%	1.6%	23	58
17番人気	0- 1- 2- 110/ 113	0.0%	0.9%	2.7%	0	93
18番人気	0- 0- 0- 87/ 87	0.0%	0.0%	0.0%	0	0

直結する唯一の要素ですが、そこには1番人気馬や上位人気馬やトリガミ馬券を嫌う根拠は一切入り込まないのです。1番人気馬でも上位人気馬でもトリガミ馬券でも…そこに期待値があるか否かが全てを決するという、それ以上のコトは一切ないのです。

人気薄馬の単勝複勝馬券は買うだけ損という現代オッズ構造

また、単勝&複勝馬券に於いては、上記は根拠なき説である以上に、寧ろその逆であると言って良い状況も生まれています。確率に対してオッズが甘い辛いというのは、要は正に今この瞬間の総馬券購入者の意思に基づきます。単純にならした単勝&複勝の人気別期待値で言えば、本来ならば1番人気から18番人気まで同等になるべきですが、実際にはそうではなくて、なだらかに上位人気馬ほどベタ買い回収率が高くて、下位人気馬ほどベタ買い回収率が低くなっています。

これは何故なのかと言えば、ザックリと言えば人気薄馬を狙っている馬券購入者層がイーブン状態よりも多くなっているせいで、下位人気馬は本来付くべきオッズ（実際の確率に見合うオッズ）馬の方が本来付くべきオッズを超えるというのが現代の不変的なオッズ構造だと言えるワケです。

特に超人気薄馬を本命に据える予想となると、そこから手を広げて二連系馬券や三連系馬券を仕留めようとするのは色々な意味で非常に大変な馬券になってしまう為に、まずは取り逃したくないという心理も働くのでしょう…単勝複勝を筆頭に〝簡単な馬券〟では（他券種との比較で）あまりに不当な低オッズとなる傾向があり、対して三連単を筆頭に〝高度な馬券〟では（他券種との比較で）数％のレベルではなく何割増しのレベルで高オッズとなる傾向があります。

本年のダービー&オークスを例にします。

ダービーの場合だと1番人気サートゥルナーリアも含めた3強それぞれの単勝でも妙味あると見られてそこに大量投票も多く入る展開だった為に、単勝券種の方では大きな歪みはありませんでしたが、やはり複勝券種の方では人気薄になればなるほどに（他券種との比較で）不当な低オッズとなっていました。特にナイママの複勝を買った人で言えば、それを三連複に置き換えて購入（同払戻配分の総流し）していればそれだけで的中時に手に入る払戻額が2倍近くになっていました。

・15番人気タガノディアマンテ…複勝オッズ12・8～30・2倍∧三連複合成オッズ29・2倍

2019年ダービー出走馬の各オッズデータ

馬名	C	騎手	ZI	Z順	単勝	馬単総	馬単2流	3単1流	複勝	3複総	連総	馬単両	連換算	ワイド換
サートゥルナーリア		レーン	135	1	1.6①	1.5①	3.8②	1.5①	1.1〜 1.1①	1.0①	1.2①	1.1①	2.4①	3.2①
ヴェロックス		川田将雅	130	2	4.3②	4.2②	3.2①	4.0②	1.2〜 2.1②	1.3②	2.0②	1.8②	3.9②	4.4②
ダノンキングリー		戸崎圭太	126	4	4.7③	4.5③	3.8③	4.4③	1.3〜 2.4③	1.4③	2.3③	2.1③	4.4③	4.8③
アドマイヤジャスタ	H	M．デム	107	10	25.9④	25.7④	12.7⑤	24.8⑤	3.3〜 7.2⑤	4.4⑤	9.2⑤	8.5⑤	17.9⑤	15.8⑤
ランフォザローゼス	H	福永祐一	128	3	33.3⑤	26.9⑤	11.1④	23.9④	3.2〜 7.0④	3.8④	8.2④	7.8④	16.0④	12.7④
リオンリオン	左	横山武史	122	6	53.2⑥	56.6⑧	23.6⑧	52.2⑧	5.2〜 11.8⑦	7.8⑨	16.7⑧	16.7⑧	32.5⑧	27.1⑨
クラージュゲリエ	H	三浦皇成	103	13	66.2⑦	55.6⑦	18.6⑥	47.7⑦	4.2〜 9.5⑥	5.9⑥	14.1⑥	13.9⑥	27.3⑥	18.1⑥
サトノルークス	H	池添謙一	103	13	67.7⑧	53.9⑥	21.0⑦	47.0⑥	5.6〜 12.8⑧	6.6⑦	14.9⑦	15.1⑦	29.0⑦	24.0⑧
シュヴァルツリーゼ		石橋脩	104	12	77.3⑨	99.4⑪	34.6⑪	93.7⑪	5.7〜 13.1⑩	11.9⑪	27.7⑪	25.7⑪	53.8⑪	31.0⑩
メイショウテンゲン		武豊	98	17	80.0⑩	109.9⑫	46.0⑫	117.3⑫	8.8〜 20.6⑭	14.9⑭	32.0⑫	32.4⑫	62.1⑫	47.8⑭
レッドジェニアル		酒井学	109	9	92.9⑪	90.9⑩	32.3⑩	81.4⑩	6.7〜 15.5⑪	10.3⑩	25.6⑩	23.9⑩	49.6⑩	33.6⑪
ロジャーバローズ	H	浜中俊	125	5	93.1⑫	75.5⑨	26.2⑨	62.0⑨	5.7〜 13.0⑨	7.5⑧	18.3⑨	19.4⑨	37.5⑨	23.3⑦
ニシノデイジー		勝浦正樹	102	15	107.9⑬	124.8⑬	46.0⑬	118.4⑭	7.8〜 18.1⑫	14.6⑬	34.1⑬	33.6⑬	66.1⑬	42.4⑬
エメラルファイト	H	石川裕紀	112	7	131.7⑭	131.1⑭	49.0⑭	116.9⑬	8.5〜 19.9⑬	14.3⑫	35.2⑭	35.7⑭	68.2⑭	42.1⑫
タガノディアマンテ		田辺裕信	111	8	265.1⑮	287.3⑮	90.9⑮	274.1⑮	12.8〜 30.2⑮	29.2⑮	73.9⑮	69.0⑮	143.3⑮	80.3⑮
ヴィント	初	竹之下智	>106	11	317.9⑯	327.6⑯	134.9⑯	348.1⑯	23.0〜 54.8⑯	42.8⑯	86.2⑯	95.5⑯	186.6⑯	128.0⑯
ナイママ		柴田大知	100	16	420.1⑰	719.8⑱	230.0⑱	960.6⑱	32.0〜 76.5⑰	88.4⑱	194.9⑱	174.3⑱	378.0⑱	239.7⑱
マイネルサーパス		丹内祐次	> 81	18	434.3⑱	461.7⑰	178.0⑰	492.0⑰	35.2〜 84.1⑱	61.3⑰	133.7⑰	128.5⑰	259.3⑰	177.8⑰

2019年オークス出走馬の各オッズデータ

馬名	C	騎手	ZI	Z順	単勝	馬単総	馬単2流	3単1流	複勝	3複総	連総	馬単両	連換算	ワイド換
ラヴズオンリーユー	H	M．デム	>114	9	4.0①	3.9②	5.8②	3.8②	1.8〜 2.3②	1.8②	2.7②	2.3②	5.3②	6.5②
クロノジェネシス	H	北村友一	123	3	4.1②	3.5①	4.5①	3.2①	1.5〜 1.8①	1.4①	2.1①	2.0①	4.1①	4.5①
コントラチェック		レーン	123	3	5.1③	5.4③	6.3③	5.5③	1.9〜 2.6③	2.1③	3.1③	2.9③	6.0③	6.9③
ダノンファンタジー		川田将雅	126	1	6.4④	6.2④	7.1④	6.3④	2.2〜 3.1④	2.4④	3.6④	3.3④	6.9④	7.9④
シゲルピンクダイヤ		和田竜二	119	6	12.4⑤	11.4⑤	8.6⑤	10.9⑤	2.9〜 4.0⑥	3.1⑤	5.4⑤	4.9⑤	10.5⑤	10.5⑥
ウィクトーリア	初	戸崎圭太	122	5	14.3⑥	13.1⑦	10.0⑦	12.5⑦	3.3〜 4.6⑦	3.5⑦	6.3⑦	5.7⑦	12.3⑦	11.2⑦
シャドウディーヴァ	H	岩田康誠	124	2	16.4⑦	12.0⑥	9.1⑥	11.7⑥	2.7〜 3.8⑤	3.2⑥	5.8⑥	5.2⑥	11.3⑥	9.6⑤
エールヴォア		松山弘平	108	12	16.8⑧	14.6⑧	10.8⑧	14.3⑧	3.7〜 5.3⑨	3.8⑧	6.7⑧	6.2⑧	13.0⑧	12.4⑧
ビーチサンバ	左	福永祐一	115	8	19.0⑨	18.8⑨	11.9⑨	17.7⑨	3.4〜 4.9⑧	4.1⑨	7.8⑨	7.3⑨	15.2⑨	12.6⑨
シェーングランツ		武豊	100	16	32.6⑩	36.0⑩	24.1⑩	33.9⑩	7.0〜 10.2⑩	7.6⑩	15.8⑩	14.4⑩	30.7⑩	24.9⑩
フェアリーポルカ		幸英明	112	10	74.8⑪	75.1⑪	40.0⑪	72.6⑪	9.1〜 13.3⑪	13.3⑪	28.9⑪	26.1⑪	56.0⑪	35.6⑪
カレンブーケドール		津村明秀	>108	12	94.1⑫	100.1⑫	54.1⑫	92.3⑫	14.0〜 20.6⑬	17.2⑫	40.1⑫	35.1⑫	77.9⑫	51.9⑬
アクアミラビリス		藤岡佑介	103	14	119.7⑬	150.8⑭	78.4⑭	152.1⑭	18.1〜 26.6⑭	27.7⑭	60.7⑭	51.6⑭	117.8⑭	72.7⑭
ジョディー		武藤雅	109	11	122.5⑭	112.3⑬	67.2⑬	114.2⑬	13.5〜 19.8⑫	18.7⑬	49.5⑬	42.0⑬	96.0⑬	51.0⑫
ノーワン	H	坂井瑠星	99	17	183.0⑮	247.4⑮	132.6⑯	272.4⑯	29.3〜 43.2⑯	50.4⑯	108.0⑯	86.3⑯	209.5⑯	125.5⑯
メイショウショウブ		池添謙一	118	7	198.8⑯	252.6⑯	121.3⑮	244.8⑮	26.6〜 39.2⑮	42.2⑮	92.5⑮	82.0⑮	179.3⑮	114.2⑮
フィリアプーラ	H	丸山元気	91	18	299.4⑰	445.4⑱	200.6⑱	518.2⑱	40.2〜 59.3⑰	78.6⑱	177.5⑱	138.3⑱	344.2⑱	203.5⑱
ウインゼノビア	H	松岡正海	102	15	321.0⑱	376.6⑰	188.6⑰	415.2⑰	52.1〜 76.9⑱	71.1⑰	160.6⑰	125.7⑰	311.4⑰	199.1⑰

・16番人気ヴィント…複勝オッズ23・0〜54・8倍＜三連複合成オッズ42・8倍
・17番人気ナイママ…複勝オッズ32・0〜76・5倍＜＜三連複合成オッズ88・4倍

私の本命馬ロジャーバローズ（12番人気）の場合には同様の歪みはありませんでしたが、やはりこの人気帯の馬から狙う場合には単複よりも二連系馬券・三連系馬券を組んだ方が高期待値を得られ易い定石から、添付（次ページ）の通りの馬券購入としたワケです。

オークスの場合だと更に顕著で、以下の二桁人気各馬のほとんどで、三連複合成オッズは複勝オッズの上限以上になっていました。その中から結果的に唯一好走したカレンブーケドールはオッズ差が無かった馬でしたが、もしもそれ以外の該当馬が馬券圏内に来ていた際には、複

通番	場名	曜日	レース	式別	馬／組番	購入金額	的中／返還	払戻単価	払戻／返還金額	馬券
01	東京	日	11R	ワイド	01－06	3,900円	－	－	0円	表示
02	東京	日	11R	ワイド	01－07	2,200円	01－07	1,990円	43,780円	表示
03	東京	日	11R	ワイド	01－13	2,300円	01－13	2,280円	52,440円	表示
04	東京	日	11R	馬連	01－06	1,000円	－	－	0円	表示
05	東京	日	11R	馬連	01－07	300円	01－07	11,200円	33,600円	表示
06	東京	日	11R	馬連	01－13	300円	－	－	0円	表示
合計						10,000円			129,820円	

2019.5.26　東京11R　ダービー

1着①ロジャーバローズ（12人気）
2着⑦ダノンキングリー（3人気）
3着⑬ヴェロックス（2人気）
単勝①9310円　複勝①930円／⑦210円／⑬190円
馬連①⑦11,200円
3連複①⑦⑬12,050円　3連単①⑦⑬199,060円

2019年のダービーでは12番人気のロジャーバローズに本命を打ったキムラ氏。「予想」を最優先したことの結果の表れと言える。予想が当たれば必然的に馬券は当たる。回収率は1200％超。

勝馬券を三連複に置き換えて購入するだけで的中時に手に入る払戻額（回収率）が何割も変わってくる状況でした。

・11番人気フェアリーポルカ…複勝9・1〜13・3倍＜＜三連複合成オッズ13・3倍
・12番人気カレンブーケドール…複勝14・0〜20・6倍＝三連複合成オッズ17・2倍
・13番人気アクアミラビリス…複勝18・1〜26・6倍＜＜三連複合成オッズ27・7倍
・14番人気ジョディー…複勝13・5〜19・8倍＜三連複合成オッズ19・7倍
・15番人気ノーワン…複勝29・3〜43・2倍＜三連複合成オッズ50・4倍
・16番人気メイショウショウブ…複勝26・6〜39・2倍＜＜三連複合成オッズ42・2倍
・17番人気フィリアプーラ…複勝40・2〜59・3倍＜＜三連複合成オッズ78・6倍

・18番人気ウインゼノビア…複勝52・1～76・9倍＜三連複合成オッズ71・1倍

ここから言えるコトは、「人気薄馬の単勝複勝馬券は損という現代オッズ構造」ですが、裏返せば「上位人気馬の単勝複勝馬券は得という現代オッズ構造」となります…上位人気馬の単勝複勝馬券ではオッズに妙味を見出せないという方も少なからずいるとは思いますが、だからこそ数字上・統計上では高期待値となっているというのが真実としてあります。

受付内容						
件数	場名	レース	式別	馬組	金額	的中
(1)	阪神(日)	11R	単　勝	12	8,000円	的中
(2)	阪神(日)	11R	馬　連	02－12	2,000円	
購入金額 10,000円　払戻金額 43,200円						

上位人気馬からの馬券は決して損ではない。（宝塚記念）

また、複勝馬券は他券種よりも控除率が優遇されていると思われるかも知れませんが、それについても2014年6月の控除率法令改正の際に複勝配当の計算方法も変更されて、同じ複勝券種内でも人気薄の複勝馬券は従前よりも不利な払戻額になりました。

オッズ構造の変遷

妙味&期待値という言葉を突き詰めるために、少し過去の結果を参照してみることにしましょう。17年1月5日～18年7月29日の開催まで5294レースありました。表1（P67）は人気馬別の集計です。これを見ると明らかなように、単複回収値が払い戻し率の80%をともに超えているのは2番人気、3番人気馬のみとなっています。そして、二桁人気馬の単複回収値はとてつもなく低い値なのが分かるでしょう。好走率が高くない（複勝率で10%を超えない）のに、単複馬券の回収値は80%はおろか70%を平気で切ってしまうというのは、過剰人気している超人気薄馬に対して下手な鉄砲は数撃ってもオイシイ馬券には辿り着くことはできないことのひとつの証明といえる値です。結局のところ、競馬予想で儲けるためには王道しかないというのは間違いありません。

ちなみに、10年前のデータをスタッフの方に調べて貰いました。表2（P68）は07年1月6日～08年7月27日のもの。ほぼ同じ期間の集計です。対象レース数は5211レースと少ないものの、1週分程度の差であり大きく傾向が違うということはないはずです。表を見れば明らかな通り、10年前と今年のデータでは、各人気馬の複勝率に大きな差がないことが確認できることでしょう。一方、単複回収値を見てみると、80%をともに超えるのは2番人気、3番人気、5番人気、6番人気、10番人気、11番人気と直近に比べても多く存在しています。

この様に全体的にベタ買い回収率の低下が確かに認められるというコトから、現代の競馬ファンのレベルは確実にアップしているのは明白であると読めます。

オススメする馬券購入法

冒頭で「注力すべきはよっぽど予想の方。自らの予想をストレートに反映する馬券の券種や買い方を実行すれば、馬券収支というのは自らの予想のデキと比例するワケですので、その暁には満足できる馬券収支が得られる」と記しました。

馬券上手になりたいというのは大いに結構、その為に馬券戦術を学んで実行したいというのも大いに結構…ですが、もしも現時点で〝馬券下手〟を自認されているという方ならば、まずは私のような〝自らの予想をストレートに反映する馬券の券種や買い方を実行〟という極めて

表1・人気別・馬券妙味データ①

人気	着別度数	勝率	連対率	複勝率	単回値	複回値
1番人気	1707- 1007- 690- 1890/ 5294	32.2%	51.3%	64.3%	77	83
2番人気	1009- 961- 742- 2582/ 5294	19.1%	37.2%	51.2%	80	83
3番人気	714- 775- 710- 3095/ 5294	13.5%	28.1%	41.5%	81	81
4番人気	520- 578- 619- 3577/ 5294	9.8%	20.7%	32.4%	81	76
5番人気	380- 488- 543- 3885/ 5296	7.2%	16.4%	26.6%	78	77
6番人気	276- 381- 499- 4135/ 5291	5.2%	12.4%	21.8%	79	79
7番人気	200- 307- 359- 4411/ 5277	3.8%	9.6%	16.4%	77	75
8番人気	131- 250- 312- 4539/ 5232	2.5%	7.3%	13.2%	66	77
9番人気	112- 148- 239- 4621/ 5120	2.2%	5.1%	9.7%	74	71
10番人気	97- 137- 165- 4546/ 4945	2.0%	4.7%	8.1%	89	72
11番人気	45- 87- 135- 4412/ 4679	1.0%	2.8%	5.7%	58	65
12番人気	49- 64- 104- 4164/ 4381	1.1%	2.6%	5.0%	73	70
13番人気	29- 45- 80- 3841/ 3995	0.7%	1.9%	3.9%	68	66
14番人気	15- 31- 51- 3579/ 3676	0.4%	1.3%	2.6%	41	54
15番人気	10- 21- 37- 3164/ 3232	0.3%	1.0%	2.1%	55	59
16番人気	6- 11- 10- 2484/ 2511	0.2%	0.7%	1.1%	60	46
17番人気	0- 2- 2- 478/ 482	0.0%	0.4%	0.8%	0	35
18番人気	0- 2- 2- 383/ 387	0.0%	0.5%	1.0%	0	29

集計期間：2017. 1. 5 ～ 2018. 7.29

スタンダードな馬券購入法に立ち返るのが、急がば回れの戦略になるかも知れません。スタンダードな馬券購入法ならばほぼほぼ馬券下手には陥らないワケで、その上で少しの知識とテクニックによってそれぞれの券種のデメリット部分（損する部分）を最小限に抑えられれば、基本的にはノーストレスな馬券ライフが送れるはずです。

そのスタンダードな馬券購入法とは、もし当該レースに本命馬として買いたい馬が1頭のみならばその馬の単複、他に紐で買いたい馬が複数いるならば本命馬から紐への流し馬券も。もし甲乙付け難い馬が複数いるならばそれらのBOX馬券を。その様に自身の予想に忠実に、それを無理なく反映する馬券購入さえしていれば、少なくとも馬券下手とはオサラバなのですから（予想が上手い下手はまた別な話として

表2・人気別・馬券妙味データ②

人気	着別度数	勝率	連対率	複勝率	単回値	複回値
1番人気	1664- 1001- 668- 1878/ 5211	31.9%	51.1%	64.0%	75	83
2番人気	1011- 927- 714- 2559/ 5211	19.4%	37.2%	50.9%	80	82
3番人気	714- 762- 695- 3040/ 5211	13.7%	28.3%	41.7%	81	81
4番人気	483- 549- 620- 3559/ 5211	9.3%	19.8%	31.7%	81	77
5番人気	372- 481- 526- 3832/ 5211	7.1%	16.4%	26.5%	84	80
6番人気	284- 388- 450- 4088/ 5210	5.5%	12.9%	21.5%	85	82
7番人気	187- 295- 379- 4343/ 5204	3.6%	9.3%	16.5%	79	79
8番人気	133- 226- 327- 4492/ 5178	2.6%	6.9%	13.2%	70	80
9番人気	117- 168- 237- 4579/ 5101	2.3%	5.6%	10.2%	75	79
10番人気	80- 130- 190- 4546/ 4946	1.6%	4.2%	8.1%	82	80
11番人気	68- 107- 150- 4416/ 4741	1.4%	3.7%	6.9%	83	84
12番人気	37- 72- 102- 4230/ 4441	0.8%	2.5%	4.8%	62	71
13番人気	28- 44- 61- 3863/ 3996	0.7%	1.8%	3.3%	61	62
14番人気	14- 24- 49- 3498/ 3585	0.4%	1.1%	2.4%	44	54
15番人気	15- 25- 29- 3076/ 3145	0.5%	1.3%	2.2%	45	58
16番人気	7- 14- 7- 2402/ 2430	0.3%	0.9%	1.2%	49	40
17番人気	4- 1- 3- 522/ 530	0.8%	0.9%	1.5%	101	44
18番人気	1- 1- 4- 408/ 414	0.2%	0.5%	1.4%	47	67

集計期間：2007. 1. 6 ～ 2008. 7.27

…）。

ただし、そこで障壁になってくるのは、上記で詳説しました〝現代オッズ構造〟による〝人気薄の単勝複勝馬券は買うだけ損問題〟です。

その単勝複勝馬券を他券種に置き換えて購入するワケですが、まず「単勝と同義である他券種は何ですか？」と聞かれれば、競馬中級者以上の方なら「馬単1着付け総流し」だと即答できると思います。同様に「複勝」ならば「ワイド1頭軸総流し」「三連複1頭軸総流し」です。

ただし、「単勝1点」と「馬単1着付け総流し」とでは、意味は同じでも最終回収率には少なからず差（単勝＞馬単総流し）が生じます。「複勝」と「ワイド総流し」の関係も同じで、それも最終回収率には少なからず差（複勝＞ワイド総流し）が生じます。

その元凶というか原因は、これまでの話と同様で、現代のオッズ構造では、常に二桁人気級の人気薄馬が過剰に買われすぎている事情と、全体的なベタ買い回収率の低下が挙げられます。だから、総流しによって【二桁人気級の過剰オッズ馬=低期待値馬】が多数買い目に入ってしまうと、全体回収率は大きく押し下げられてしまうのです。その上で的中率まで期待できない存在ですから、超高配当の魅力を除けば現実にはほぼ買って損になる存在になっています。

じゃあどうすれば良いのか？ですが…単純に一定以上の人気薄馬はバッサリ切り捨てれば良いのです。そうすれば（短期～中長期的に大部分では）「単勝1点＞馬単総流し」だったのが「馬単○人気馬まで流し＞単勝1点」へと楽に逆転します。

【超人気薄馬】→【人気薄馬】の予想で最終的な高回収率を狙うのは期待値計算上は至難の業なので、仮に大穴予想とはいえども馬券的には確率と期待値の面で優れる上位人気馬を（相手馬として）重宝する姿勢が必要不可欠だと思います。本来、単複馬券で何も問題ないのであればそれがシンプルイズベストになるはずなのですが、その券種が現に現代オッズ構造上不利になっているので、「単複とほぼ同義で、尚且つより回収率向上を目指せる買い目はコレだ」という趣旨です。

既に自分なりの馬券購入法をお持ちで、更にレベルの高い馬券購入法を身に着けようとこの本をご覧になられている皆様に、この様な原始的なツマラナイ馬券購入法を猛プッシュまでは致しませんが、（相手馬については）こんな上位人気馬に流すだけで間違いの無い回収率に至るという意外な事実を理解して土台にして頂ければ、あとはコレよりも更に上を目指せる策は幾らでもあるでしょう…「例1：上位人気馬にご自身の紐馬予想を組み込む」「例2：上位人気馬の中から序列を付けて強弱・取捨を行う」「例3：実は下位人気馬よりも上位人気馬の方が妙味ある…人気だからと言って上位人気馬を無暗に嫌わない」…何かしらお役立て頂けるモノはあるはずと思いますので、そうやって踏み台としてご自身の馬券戦略に繋げて頂ければ幸いです。

仮に初級者の方でもテキトーに上位人気馬重視の紐馬予想をすれば、それは〝不利な単複馬券購入時の回収率〟よりも、〝少し上手い人の穴馬予想の回収率〟よりも上回ってくる可能性が高いのです…下位人気馬は常に低期待値としましたが、逆に上位人気馬は常に高期待値なのです…基礎回収率（土台となる回収率）が高い後者の立場を生かした馬券購入を意識するだけでも妙味に繋がってくるはずです。

受付番号:0001　受付時刻:13:38　受付ベット数:24

受付内容

件数	場名	レース	式別	馬組	金額	的中
(1)	小倉(土)	8R	馬　連	01－09	200円	
(2)	小倉(土)	8R	馬　連	02－09	400円	
(3)	小倉(土)	8R	馬　連	03－09	100円	
(4)	小倉(土)	8R	馬　連	09－10	200円	
(5)	小倉(土)	8R	馬　連	09－13	100円	的中
(6)	小倉(土)	8R	馬　連	09－14	100円	
(7)	小倉(土)	8R	馬　連	09－15	500円	
(8)	小倉(土)	8R	馬　連	09－16	100円	
(9)	小倉(土)	8R	ワイド	01－09	800円	的中
(10)	小倉(土)	8R	ワイド	02－09	1,000円	
(11)	小倉(土)	8R	ワイド	03－09	400円	
(12)	小倉(土)	8R	ワイド	09－10	800円	
(13)	小倉(土)	8R	ワイド	09－13	300円	的中
(14)	小倉(土)	8R	ワイド	09－14	500円	
(15)	小倉(土)	8R	ワイド	09－15	1,300円	
(16)	小倉(土)	8R	ワイド	09－16	500円	
(17)	小倉(土)	8R	馬　単	09→01	100円	
(18)	小倉(土)	8R	馬　単	09→02	100円	
(19)	小倉(土)	8R	馬　単	09→03	100円	
(20)	小倉(土)	8R	馬　単	09→10	100円	
(21)	小倉(土)	8R	馬　単	09→13	100円	
(22)	小倉(土)	8R	馬　単	09→14	100円	
(23)	小倉(土)	8R	馬　単	09→15	200円	
(24)	小倉(土)	8R	馬　単	09→16	100円	

購入金額 8,200円　払戻金額 59,010円

number

06

久保和功

「推定3ハロン」を用いて、堅実無比な予想を披露している久保氏。特にGIレースなど、大レースにおける強さは特筆モノ。その時に繰り出す券種とは一体…⁉

profile

久保和功（くぼかずのり）…高校卒業後、京都大学に進学。京大卒業後は京大大学院に進むも、赤木一騎に師事し大学院を休学してJRDBに入社。赤木の英才教育の元、ひたすら現場修行に励む。その後、大学院を正式に中退して、JRDBの姉妹会社サイバーミリオンを立ち上げる。現在は、サンスポ関西で「推定３ハロン」を掲載している他、各メディアで活躍中。「推定３ハロン」シリーズ他、著書多数。

久保和功

number 06

あらゆる券種を状況に応じて使いこなすのも競馬の楽しさ！枠連とてまだまだ愛おしい！

久保氏の駆使している**予想理論**

今走における「テンの速い馬」及び「上がりの速い馬」を推察することで、激走馬を見抜く理論「推定3ハロン」を駆使。特別な計算式などを用いることなく、過去走を辿るだけで狙い馬を見つけることが可能な理論だけに、使い勝手が良く利用者も多い。特にこの理論は、GIレースなど究極の戦いのシーンで威力が倍増する。

当てるのが簡単と思われている馬券ほど厄介なものはない

私の場合、馬券の買い方は、レースや狙っている馬によって変わることがしばしばです。最初に、〝絶対買わない〟複勝馬券から説明させてください。複勝馬券は当てやすいといわれますが、連続して的中させるのは難しいのではないでしょうか？　1レース1頭の複勝を対象とし10レース購入したとして、何レース当たるのかということを考えてみてください。上手な人でも8レース当たれば上出来ではないでしょうか。例えば、18年1月5日〜19年6月30日の約1年半の開催において、単勝1倍台の馬の成績（平地のみ）は【553・257・130・

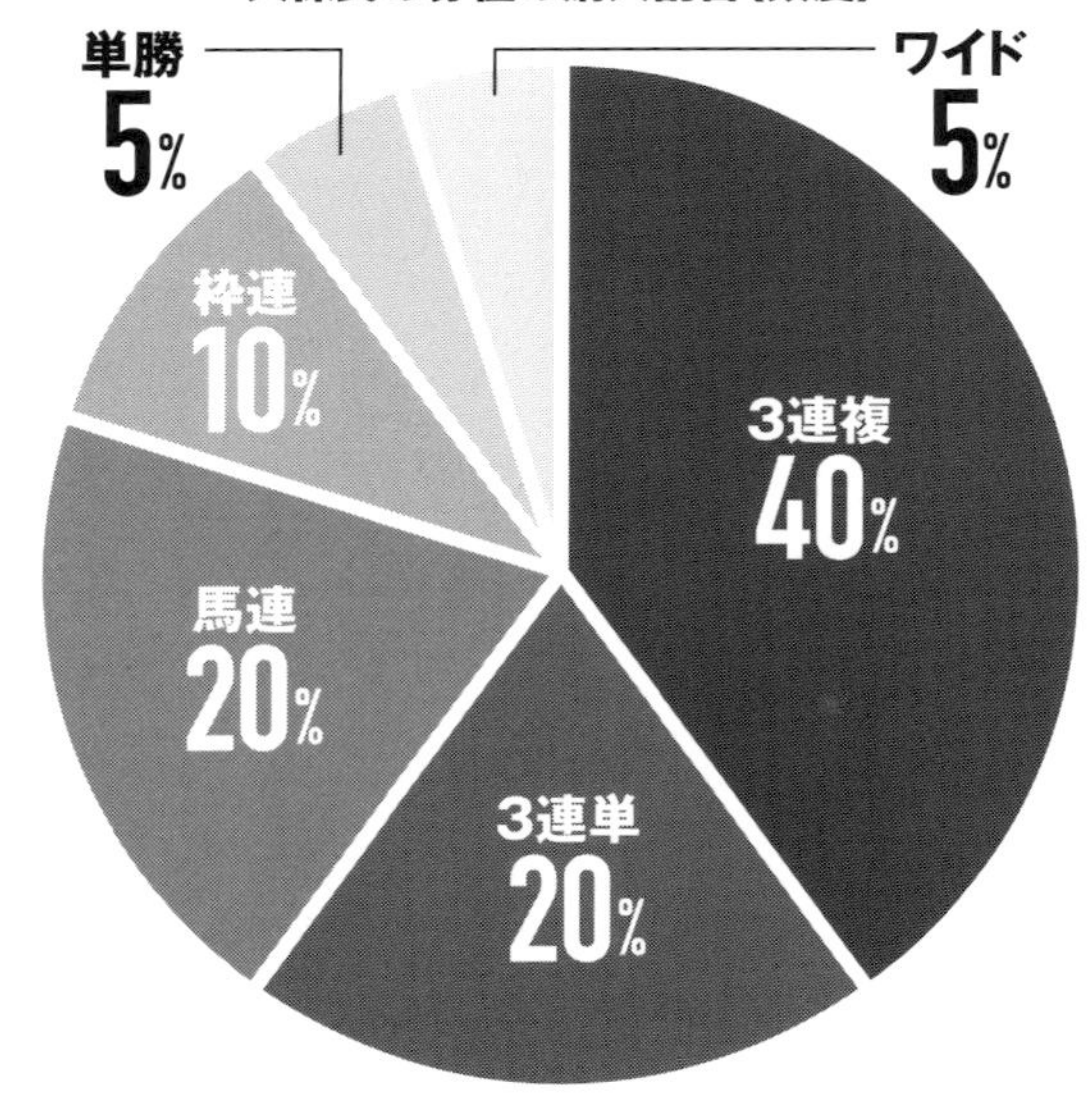

222】（勝率47・6％、連対率69・7％、複勝率80・9％、単回値76％、複回値88％）という具合です。ちょうど複勝率にして8割程度なんですよね。一見、堅そうに思える単勝1倍台の馬だって複勝率は80％程度しかありません。複回値の88％という数字は、複勝の払戻率である80％を超えているので、優秀な成績といっていいでしょう。しかし、買い続けていればマイナスになってしまいますし、複勝馬券の致命的な欠陥はたった1回のハズレで収支がマイナスになってしまうところです。

少なくとも本命サイドの馬の複勝はナンセンス。1度ハズレただけで収支がマイナスに転じてしまうのなら、2度ハズレてしまうとその次は3倍以上の複勝を当てなければいけなくなる計算です（均等買いと仮定）。複勝で3倍以上つく馬は、単勝オッズで10倍以上を示していることが予測されるので、狙いやすいとはいえない馬でしょう。

つまり、馬券はある程度の的中率をキープしなければ絶対に儲かりませんが、高すぎる的中率を必要とする券種は保険にすらならないのでは？というのが私の考え方です。もちろん、人気馬の複勝ではなく、穴馬の複勝を狙い続けるというのは戦略としてはアリかもしれません。しかし、穴馬を見つけるのは人気サイドの本命馬で堅い軸馬を探すよりも難航するもの。馬柱をただ眺めているだけでは、ポンポンと都合よく走る穴馬を見つけることはできないのです。時には自分では絶対に理解できない穴馬がいるのも事実。皆さんも1度は「こんな馬買えないよ～」と嘆いたことや、人の嘆きを聞いたこともあるはずです。厳しいことをいってしまうと下手な鉄砲は数多く撃っても、儲かるレベルまでは引き上がらないのではないでしょうか。

本書を読まれている読者の中には、重賞やGIレースを中心に馬券購入している方も多いことでしょう。14年1月5日の東西金杯から19年6月30日終了時点までに、重賞レースは707R施行されました。そのうち、「単勝万馬券の馬が勝利したレース数は?」と問われて即答できる人はいないと思いますが(苦笑)、実はコレ、たったの3レースしかありません。データ集計期間内における単勝万馬券馬の成績は【3・11・18・2015】という成績で、勝率は0・1%、連対率は0・7%、複勝率では1・6%しかありません。穴馬の定義は人によって違うと思いますが、口でいうほど穴馬の複勝を狙いつつ、的中率をキープするのは簡単なことではありません。ちなみに、各オッズ帯の成績を記しておきましょう。

・単勝10倍台【104・143・161・1424】(勝率5・7%、連対率13・5%、複勝率22・3%)
・単勝20倍台【28・53・62・879】(勝率2・7%、連対率7・9%、複勝率14・0%)
・単勝30倍台【28・33・41・623】(勝率3・9%、連対率8・4%、複勝率14・1%)
・単勝40倍台【5・15・30・465】(勝率1・0%、連対率3・9%、複勝率9・7%)
・単勝50倍以上~99・9倍【12・43・41・1361】(勝率0・8%、連対率3・8%、複勝率6・6%)

単勝30倍台の馬は単勝20倍台の馬よりすべての値で上回っており、単回値は137%と100%を大きく超えてくるのですが、複回値は95%。この95%という数字は買い方ひとつでプラスに転じる可能性を秘めていますし、単純なデータの値としては優秀です。しかし、穴馬の複勝を購入して儲けるのも一筋縄ではいかないということの裏付けともいえるはずです。とにもかくにも、複勝を買うというのはよほどのことがない限り必要ないと考えています。

3連単は断然人気馬を2着付けにすることで威力を発揮する

馬券を買う上ではさまざまな考え方があると思います。券種を先に決めてからオッズなどを考慮する場合、或いはその逆でオッズなどを見てから券種を選択する場合など、人によってさまざまではないでしょうか。私の場合は予想とオッズによって、組み立てる馬券が異なってくるというものです。先ほど単勝1倍台の馬の話をしたので付け加えると、この手の馬の美味しい馬券は3連単の2、3着付けです。単勝1倍台の勝率は約47％。つまり、2レースに1度しか勝ちません。複勝率が80％と高いということを考慮すると、2、3着になるケースを狙いたいというのがひとつの馬券の組み方だと考えています。とくに2歳の未勝利戦における単勝1倍台の馬は複勝率が80％後半を示すので、2、3着に負けて好配当というケースが目立ちま

2歳の未勝利戦における単勝1倍台の馬は複勝率が80％後半を示すので、2、3着に負けて好配当というケースが目立ちます。

す。

2歳ダートの未勝利戦における最大のポイントは「初ダート」馬です。「2歳戦なんか分からない！」「初ダート馬だって複数いるじゃないか！」という声が聞こえてきそうですが、そう難しく考えることはありません。芝で敗れていた馬でも、前に行っていた経験のある馬を狙うというのが初ダート戦における鉄則みたいなもの。また、人気を集めているのはダート戦で2、3着を繰り返している馬というケースが多いはず。初ダート馬を1着付けに、こうした上位人気馬で2、3着を繰り返しているような馬を2、3着欄におけば3連単は面白いほど当たることでしょう。

2歳未勝利戦かつ馬券が的中した例ということで、昨年のレースになってしまいますが、秋に入れば確実にこのパターンが増えてくるので、是非一例紹介させてください。ブログなどで目にした方もいると思いますが、分かりやすいパターンなので掲載させて頂きます。18年10月7日京都1Rは2歳ダート1400mの未勝利戦。圧倒的1番人気（1・7倍）に推されていたのがトーセンアミ。ダートに替わってから3着、2着というもの。ただ、着差は1秒4、0秒5と勝ち馬と接戦とかもの凄く惜しかった…という訳ではありません。軸としては堅そうですが、「初ダートの馬にやられてしまう公算が大」というのが事前の見立て。初ダートで5番人気（20・5倍）のマッシブアプローズ、7番人気（28・4倍）のヨハンらが、その逆転候補。そこで、2、3着にトーセンアミを据えるという3連単フォーメーション馬券を購入。ヨハンはアウィルアウェイという馬が勝ったレースである程度先行して競馬をしていた馬で、ダートでも先行力が活かせれば面白いはず。終わってみればそのヨハンが1着、2着にトーセン

2018.10.7　京都1R　2歳・未勝利

1着⑦ヨハン（7人気）
2着②トーセンアミ（1人気）
3着⑧デンコウハピネス（3人気）
枠連[2][7]2,150円
馬連②⑦2,060円
3連複②⑦⑧2,310円
3連単⑦②⑧24,730円

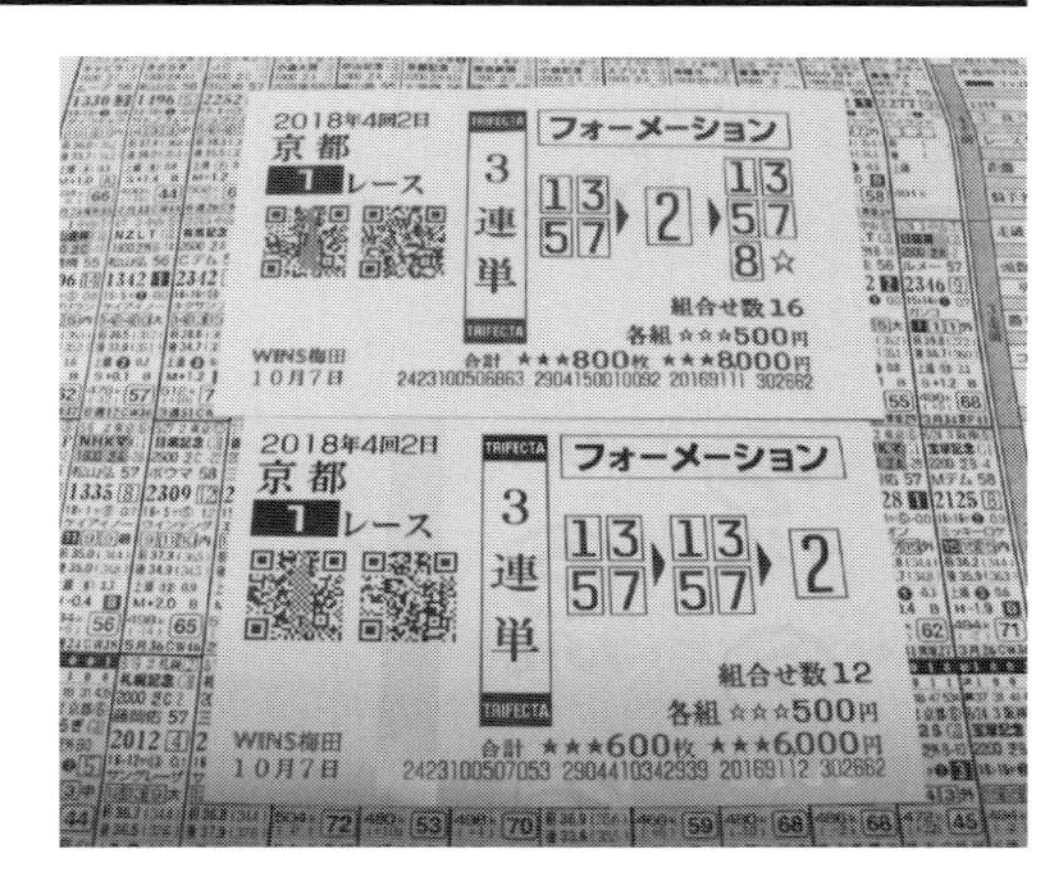

断然人気のトーセンアミが勝ち切れないと見越して購入された3連単フォーメーション馬券。トーセンアミが2着のため安めだが、3着であれば34380円の配当だった。

アミ、3着に3番人気（7・2倍）のデンコウハピネスで決着。3連単は2万4730円という結果になりました。1倍台に限らなくても、未勝利戦では「初ダート馬の激走」など変わり身を持った馬が勝ち上がる傾向にあります。その際、詰めの甘い上位人気馬は2、3着という単純な決め打ちをするだけでもオイシイ馬券が獲れるはず。

探してみると、この手の2、3着が似合う馬というのが驚くほどいます。トーセンアミは19年6月30日現在、まだ未勝利にいて【0・4・1・2】と2着4回。このレースの次々走となった11月18日京都1Rでも、単勝1・5倍に支持されましたが2着。1着が3番人気（14・9倍）に推されていたデンコウハピネス、3着に6番人気（47・4倍）のスイートミーティアで3連単3万8010円と好配当でした。

現役屈指の2着王の名に相応しいエタリオウ。GⅠでは2着も厳しくなっていますが、メンバーがさほど揃わない重賞でも2着という傾向が目立ちます。【1・7・0・4】という総合成績で着外の4回の内訳は新馬戦とGⅠ戦3鞍というもの。GⅠ以外のレースに出走してきたら黙って3連単の2着付けというのは戦略としてアリなはず。現時点で3歳未勝利に残っている馬で人気になる馬というのは、このように詰めの甘いタイプの馬が多くいます。カーブドシールという馬の通算成績は【0・2・3・3】で、2着2回は単勝1倍台に推されていたときのもの。トーセンオリンピア【0・4・1・4】、ナムラシェパード【0・4・1・5】、ブラッディムーン【0・2・2・1】、テイエムクロムシャ【0・4・1・5】といった辺りが単勝1倍台で2着になった経験のある3歳未勝利馬たちです。勝ち切れないタイプの馬は各クラスに何頭かはいるものなので、そういった馬たちにだけ絞って、3連単2、3着付けの馬券を買うのはアリではないでしょうか。

3連単は本来、超高配当が狙えるのが魅力のはず。あくまでも3連単馬券を的中させ、最低でも万馬券を獲ろうという意味で、このような単勝1倍台になりそうな人気馬を2、3着付けにして馬券を買うのは有力だと思っています。

枠連は併用する形でまだまだ使える券種

馬券を組み立てる上で、どの要素を重視するかによって構成が変わっていくというのが私のスタイルです。

そういった意味で枠連馬券はまだまだ捨て切れないし、有力な券種のひとつだと思っています。念のため、付け加えておくと、枠連で予想を配信するという意味ではありません。枠連は場合によっては保険にもなるし、馬連よりも配当が上回るケースも思った以上に起こる話でしょう。そういった意味では単なる保険の域に留まる馬券ではなく、使い方によっては武器ともなる馬券なのです。

19年5月19日京都5Rは枠連のストロングポイントが色濃く出たレースとなりました。私がこのレースで本命にしたのはスターオブバラード。私が主宰しているハイブリッド競馬新聞の指数上位だった馬です。同馬は1番人気（2・2倍）でしたが、2番人気（4・0倍）のメテオスウォームは堅いと思えない状況でした。ハイブリッド指数は3番目で、ここのところ掲示板を外す競馬を3度続けていて、しかも今走かららブリンカーを装着。ブリンカーなどの装着は変わり身を狙いたい馬が行うもの。人気馬がよりにもよって〝変わり身待ち〟なんていう状況ではせいぜい△に留めるべきですし、飛ぶ可能性も十分。過去に2、3着を複数繰り返していたことばかりが重視されて人気に推されてしまったのだと考えました。相手は3番人気（5・2倍）のホウオウアクセル。こちらもハイブリッド指数が40を超えていましたし、他のメンバーと比べると抜けている存在だと考えられたのです。

最終オッズですが、スターオブバラードとホウオウアクセルの馬連は700円、枠連にあたる3－4の組み合わせは670円の配当でした。たった30円程度の差なら枠連の方が馬連を買うよりもリスクが少ないというのは間違いないでしょう。しかも、代用品がフォローしてくれることもあるはず。

ちなみに、代用品とは枠連しかなった時代の名残りの競馬用語です。同じ枠に2頭、または3頭同居していて、買っていた馬は凡走したの

2019.5.19　京都5R　3歳・未勝利

1着⑦スターオブバラード（1人気）
2着④ホウオウアクセル（3人気）
3着⑨ケンブリッジウルス（7人気）
枠連③④670円
馬連④⑦700円
3連複④⑦⑨5,540円
3連単⑦④⑨19,690円

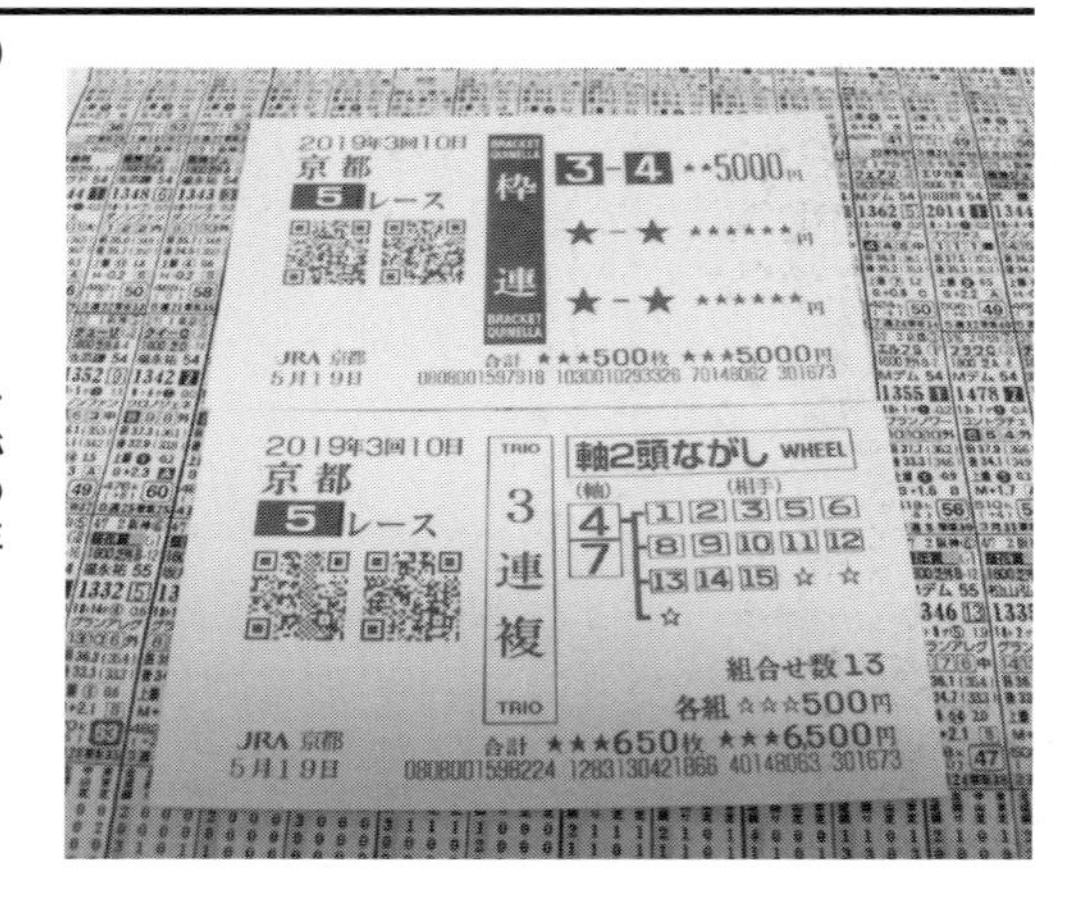

買いたい目の馬連と、同目が入っている枠連にさほどオッズの開きがないのであれば枠連勝負も一つの手。何より、当てることが精神衛生上良いことは間違いないのだ。

に、激走したのが同じ枠に入っていた馬だった場合を表す用語です。枠連時代は代用馬の走りに助けられた人も少なくないのです。

このレースでいえば、ホウオウアクセルと同居している6番人気（29・4倍）のスズカコンパスが走ったり、スターオブバラードと同枠の11番人気（194・6倍）のワンダーボーイが激走し、人気馬が凡走するケースが該当します。さすがにワンダーボーイの激走は厳しそうですが、スズカコンパスなら代用品に該当することはあっても不思議はないはずです。結果、代用品のお世話になることはありませんでしたが、馬連と枠連の配当差が30円程度なら枠連を買っていた方がリスクヘッジになるというのは理解して頂けると思います。

結果も記しておくと、1着が1番人気のスターオブバラード、2着がホウオウアクセル、3着に7番人気（40・8倍）のケンブリッジウル

01 亀谷敬正
02 双馬毅
03 馬場虎太郎
04 伊吹雅也
05 キムラヨウヘイ
06 久保和功
07 小倉の馬券師T
08 じゃい
09 高中晶敏
10 nige
11 卍
12 メシ馬
13 吉冨隆安
14 六本木一彦

スが入りました。

この時は、枠連以外にもスターオブバラードとホウオウアクセルからの3連複2頭軸流しを敢行。結果、5540円とまずまずの配当でした。このレースは1万1500円購入していましたが、枠連だけの的中でも3万3500円にすることができたのです。3連複との合計で6万1200円の払い戻しなら悪くないでしょう。枠連だけを買うレースはほとんどありませんが、他の券種と組み合わせると威力を発揮するケースが珍しくありません。

枠連は時にノーマーク馬による援護射撃がある

実は、この前の週にも枠連の的中が大きかったレースがあります。5月12日・東京11RヴィクトリアMです。私がこのレースで本命にしたのはノームコア。最終オッズは5番人気（9・4倍）で、中穴といっていいでしょう。私は本命馬の単勝オッズが5倍を超えるのであれば、必ず単勝は購入します。これがマイルールのひとつ。複勝は先ほども指摘しましたが単体では儲けることは至難の業なので他の券種に予算を回したいところ。単勝は馬単、3連単1着付けなどさまざまな馬券で代用することも少なくありませんが、本命にした馬が勝利したのに、馬券がハズれるのは避けたいところ。そういった意味でも、本命にした馬の単勝が5倍を超えるのなら必ず購入するようにしています。

他にプリモシーンが入っている5枠を本線にした枠連、相手を5頭にしてヒモを総流しにした3連複を購入。枠連を購入したのは、馬連と枠連のオッズ差が10倍も違わない点にありました。本来であれば、プリモシーンとの馬連が本線となるべきところですが、ヴィクトリアMは牝馬限定のGⅠ戦。思わぬ伏兵にやられることもあると想定すると枠連のバランスが取れているという結論です。このレースは首尾よく本命にしたノームコアが勝利、2着に4番人気（6・4倍）のプリモシーン、3着に11番人気（30・8倍）でクロコスミアというもの。クロコスミアはノームコアと同じ2枠に入っていた馬でした。

実際、結果をみれば枠連は2900円ですが、馬連は3700円。その差は800円。この差をどう考えるか。3着はノームコアと同じ2枠にいたクロコスミアです。仮にプリモシーンが勝利し、クロコスミアが2着でも枠連なら的中することが可能。その場合の馬連配当は約98倍ですが、クロコスミアは元々、予想上では無印にしていた馬。本命にしたノームコアが仮にこけて、それでも馬券が的中するのはラッキーといえるはずなので、馬連と枠連のオッズ差が少ない場合は、枠連を選択するのは立派な戦術です。

ノームコアとプリモシーンの2頭の馬連が万馬券を示していたのであれば、リスクを背負って枠連を買わずに馬連などを買う手もあったとは思います。結果論ですが狙った馬同士の1、2着なので、配当が少しでも安い枠連では（馬連に比べて配当が削られるから）もったいないと思うかもしれません。それは馬券に対するスタンスの違いと言っていいでしょう。あくまでも保険としての役割を期待して購入するのが枠連のひとつのメリットです。また、枠連を購入する際は同枠に入った馬や超人気薄馬の連対を警戒はしていますが、基本的に軸とした馬が走らず代用品の決着はないと判断しているのも、枠連を買う条件になると思います。もし、軸馬が来ても相手が混戦だと考えて馬券を購入する

2019.5.12　東京11R　ヴィクトリアマイル

1着④ノームコア（5人気）
2着⑨プリモシーン（4人気）
3着③クロコスミア（11人気）
単勝④940円
枠連2 5 2,900円
馬連④⑨3,700円
3連複③④⑨35,490円
3連単④⑨③175,040円

単勝、枠連、3連複のトリプル的中。ノームコアと同枠のクロコスミアが3着と激走を果たし、代用馬券も十二分に有り得た展開に。

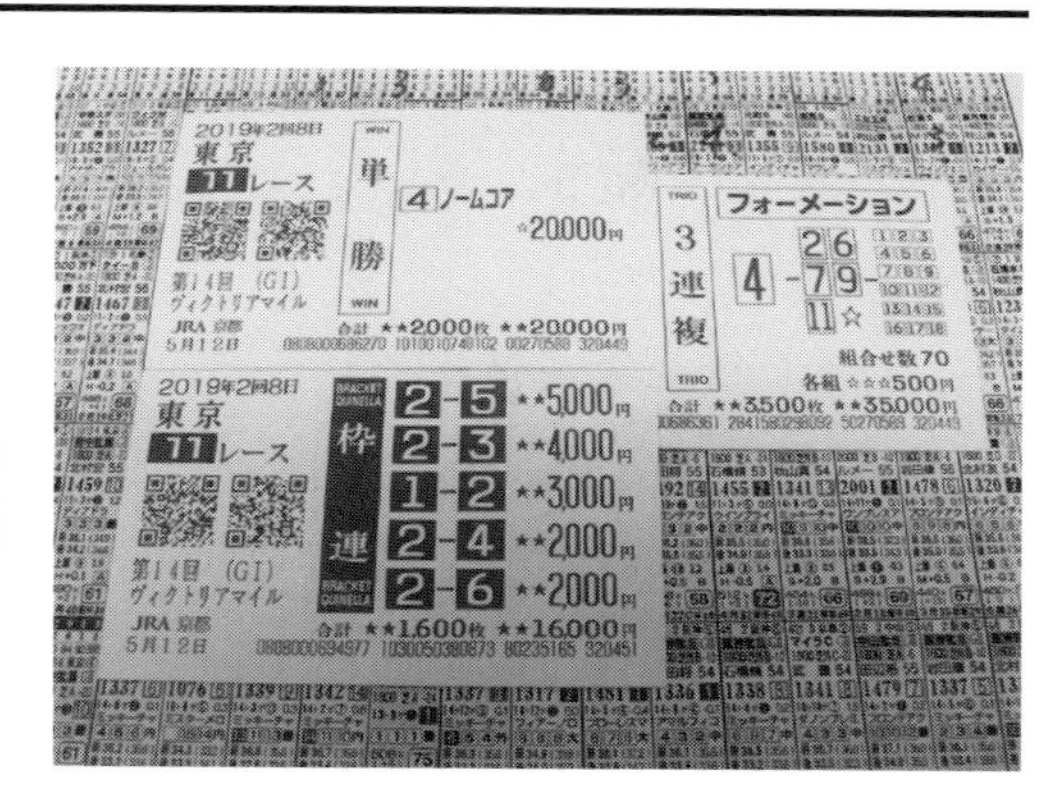

はず。馬連総流しを敢行することでしょう。多分、この2頭で決まるだろうけど、念のため用心深く馬券を組み立てた際に役立つのが枠連なのです。

他の券種と組み合わせていると、枠連は点数が絞れるので使いやすいというのも利点のひとつではないでしょうか。3連複総流し、馬連総流し、これに単勝といったようにのべつ幕無しに馬券を購入していると、投資金額は膨らみがちで当たっても迫力が出ない可能性もあります。枠連を10点も20点も買う人は多くはないはずなので、他の券種と組み合わせた際は点数が絞れるというメリットがあります。

また、ゾロ目が警戒されるレースでも枠連を買うメリットはあるかもしれません。5－5や4－4といった枠のゾロ目決着の際、馬連オッズを上回っていることが珍しくないからです。

ほとんどの方が馬連を中心に購入されているので、売れ行きの少ない枠連とはオッズの歪みを生んでしまうことがあるのは、皆さんも目にしたことがあるでしょう。

19年1月5日～19年6月30日までのデータで、枠連がゾロ目となったのは103レースありました。このうち51レースで枠連の配当が馬連の配当を上回っています。これだけを見ると、馬連でいいんじゃないかと考えがちですが、配当が30倍未満となるレースは、枠連のゾロ目を購入していた方が10円でも高くなる傾向が見受けられました。一方で2頭の組み合わせが万馬券となる際は、馬連を購入していた方が枠連を上回るケースが多いです。少頭数レースも枠連のゾロ目が馬連の配当を上回ることが少なくありません。

枠連が馬連の配当を大きく上回るケースは意外とある

枠連の配当が馬連を大きく上回ったレースの例としては18年3月17日若葉Sが挙げられます。このレースは圧倒的1番人気（1・2倍）のタイムフライヤーが5着に敗れました。2番人気（6・7倍）のダノンフォーチュンも着外となり、12頭立てのレースなのにも関わらず、大波乱となったレースでした。

1着となったのは8番人気（45・0倍）のアイトーン、2着が3番人気（15・8倍）のダブルシャープ、3着が11番人気（334・4倍）のロードアクシスという決着。アイトーンとダブルシャープの馬連は圧倒的1番人気馬が飛んだこともあり、2万1220円という万馬券決着。馬連と同じ意味を持つ、枠連の配当は3万1770円と1万円以上も配当差があったレースとなりました。

2018年 3月17日(土) 1回阪神7日 天候：晴 馬場状態：良
【11R】若葉S
3歳・オープン(馬齢) (混)(指定) 芝・内 2000m 12頭立

着	枠	馬	馬名	性齢	斤量	騎手	着差	通過順位	上3F	人	単勝
1	6	7	アイトーン	牡3	56	国分恭介		01-01-01-01	35.3	8	45.0
2	6	8	ダブルシャープ	牡3	56	和田竜二	1 1/4	10-07-07-07	34.9	3	15.8
3	3	3	ロードアクシス	牡3	56	酒井学	1/2	04-04-04-03	35.3	11	334.4
4	8	11	タニノフランケル	牡3	56	幸英明	頭	02-02-02-02	35.5	4	17.3
5	8	12	タイムフライヤー	牡3	56	ルメール	1	09-10-10-10	34.9	1	1.2

単勝 ⑦4500円
複勝 ⑦2850円/⑧1020円/③11720円
枠連 ⑥⑥31770円
馬連 ⑦⑧21220円
ワイド ⑦⑧3560円/③⑦34160円/③⑧20960円
馬単 ⑦⑧47660円
3連複 ③⑦⑧642490円
3連単 ⑦⑧③4910630円

同じ目の枠連と馬連の配当で1万円以上の差がついた特異なレース。オッズ情報が取得しやすくなった現代においても、まだまだこういう現象は起きるのである。

メインレースとはいえ、土曜日の3歳限定のOP特別で売れ行きが低調だったことや、そもそも波乱レースとは捉えられておらず、人気薄馬同士の決着が予測されていなかったことも、この配当差に繋がったのだと思います。しかも、12頭立てと頭数も手頃。12頭立てなら枠連のゾロ目は5－5、6－6、7－7、8－8の4点。1、2番人気馬が入っていなかった6枠のオッズは気にする人も少なかったはず。ただでさえ、販売シェアの少ない枠連でかつ人気薄の目のオッズは誰も注目していなかったのでしょう。馬連で購入しようと思っていた目がゾロ目に該当する場合、オッズをチェックしておくのがベターかもしれません。同じ意味を持つ的中でも10円、20円ならいざ知らず、1万円も違うのではもったいないといわざるを得ません。

2019年 3月23日(土)　2回阪神1日　天候：曇　馬場状態：良
【9R】君子蘭賞
3歳・500万下(馬齢)　(牝)(特指)　芝・外 1800m　11頭立

着	枠	馬	馬名	性齢	斤量	騎手	着差	通過順位	上3F	人	単勝
1	6	7	フェアリーポルカ	牝3	54	和田竜二		06-04	34.8	2	4.9
2	6	6	サムシングジャスト	牝3	54	松山弘平	1/2	07-06	34.8	8	44.2
3	2	2	ビックピクチャー	牝3	54	福永祐一	1 1/2	07-08	34.8	3	7.8
4	1	1	ラフェリシテ	牝3	54	ルメール	2 1/2	04-04	35.5	6	9.5
5	8	11	シトラスノート	牝3	54	岩田康誠	1 1/2	10-10	35.2	7	14.0

単勝　⑦490円
複勝　⑦180円/⑥810円/②220円
枠連　6 6 11300円
馬連　⑥⑦8700円
ワイド　⑥⑦2130円/②⑦540円/②⑥3060円
馬単　⑦⑥16090円
3連複　②⑥⑦14260円
3連単　⑦⑥②76280円

以前ほどはないだろうと思われる配当面における枠連>馬連の現象だが、19年も発生している。当然、発生のタイミングはゾロ目の時が圧倒的なので、オッズはしっかり確認しておきたい。

19年も1万円ほど差がつきませんでしたが、3月23日阪神9Rでは1着が2番人気（4・9倍）のフェアリーポルカ、2着が同枠だったサムシングジャストで決着。枠連は1万1300円でしたが、馬連は8700円というもの。万馬券と万馬券未満では払い戻しはもちろん響きも違います。

枠連を主体に馬券を買っている訳ではありませんし、このご時世なら3連単、3連複ベースの予想となるのは確かですが、自分で馬券を買う際は結論が出ている複勝以外を上手く組み合わせていこうと思っています。組み合わせや券種選択を考えているだけでも馬券力はアップすると思いますよ。

number

07

小倉の馬券師T

ギャンブルの本質を見抜き、競馬の真理を説いた著書『馬券師バイブル』で一躍有名になった小倉の馬券師T氏。氏が語る券種の極意とは?

profile

小倉の馬券師T…長い負け組生活の中から、馬券で勝つための真理を見出し、数々の理論をブログで発表。12年に『競馬王』にて競馬の常識を逆手に取った馬券術「休み明けパラドックス」の連載を開始し、14年には単行本「勝ちたい奴は休み明けを買え!」(小社刊)が出版され好評を呼ぶ。18年に自身2冊目となる著書「馬券師バイブル」が発売され、ロングヒットを飛ばしている。

小倉の馬券師T

number 07

少数派も思わず歓喜!?「単勝こそ最強」を証明する3つのメリット

小倉の馬券師Tの駆使している

予想理論

世間一般に蔓延っている常識に囚われることなく、膨大なデータの中から本当に使えるものだけを抽出し採用。また、個々の馬の特徴などをレースVTR等を徹底的に見ることで把握して活用。近走で不利を受けて負けた馬や、恵まれて勝った馬などをメモし、次走出走時に条件に合ったら狙う戦略を取っている。

まずは単勝の優位性を知る

どうも、小倉の馬券師Tです。皆さんは、普段、どんな券種を活用していますか？　3連単や3連複ですか？　私がメインに据える券種はズバリ『単勝』です。単勝を買う理由は、主に、以下にあげる3点のメリットが考えられるからです。

①払戻率の高さ
②一点集中
③思考エネルギーの温存

【単勝のメリット①】払戻率の高さ

単勝を買う最大のメリットは、＊払戻率の高

小倉の馬券師T氏の券種の購入割合（頻度）

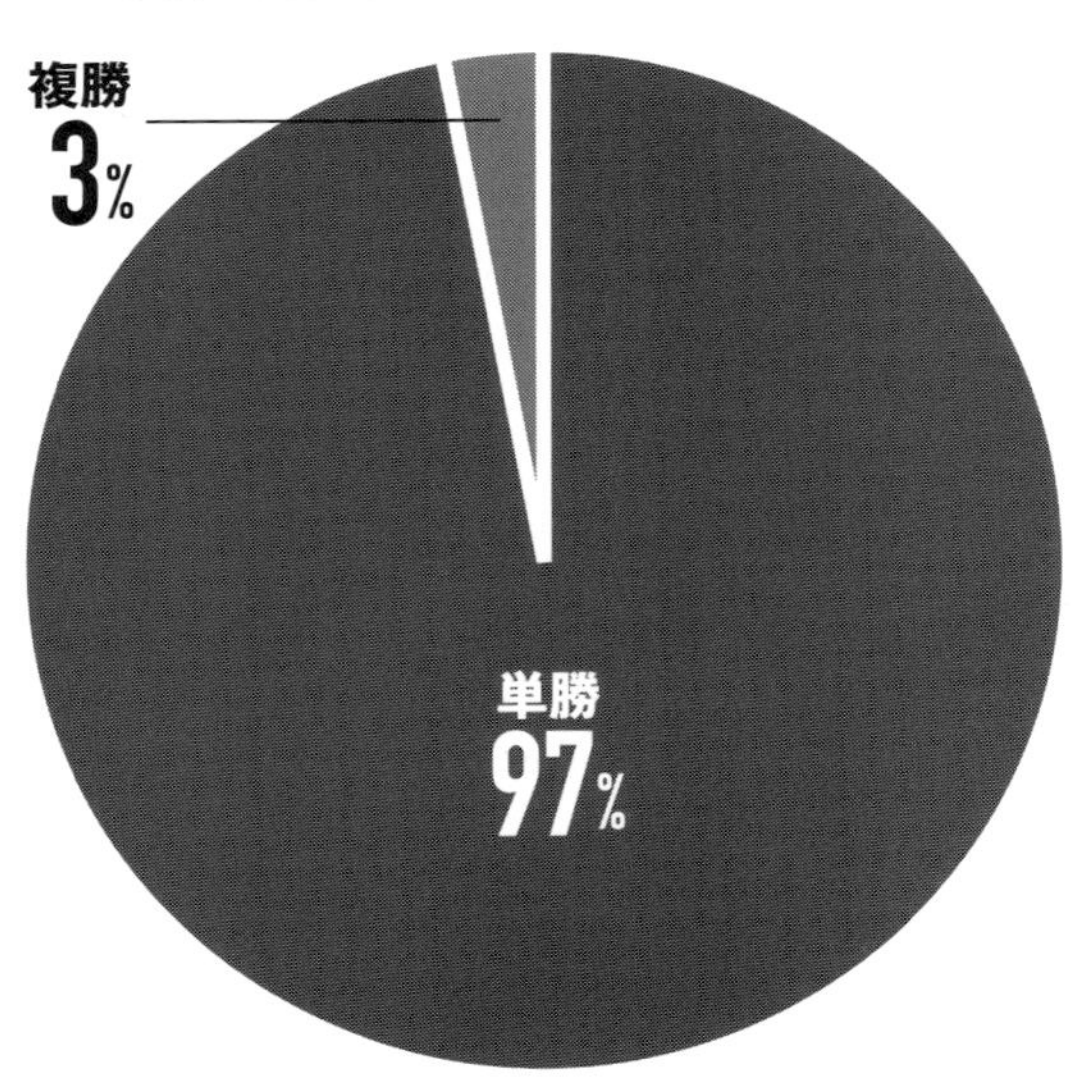

データ1　券種ごとの払戻率

券種	単勝	複勝	枠連	馬連	ワイド	馬単	3連複	3連単	WIN5
払戻率	80.0%	80.0%	77.5%	77.5%	77.5%	75.0%	75.0%	72.5%	70.0%

※09年7月〜19年6月末までの10年間データ

さです。単勝の払戻率は80％。これは数ある券種の中でも、複勝と並ぶ最も高い払戻率となっています。3連単の払戻率は72・5％なので、その差は7・5％。3連複と比較しても5％の開きがあり、決して小さくはない差です。

この払戻率の差は、動かし難い構造的なモノで、長期的にみれば、確実に回収率に影響を及ぼします。今現在、最も売れている主流の券種は3連単ですが、日頃、3連単をメインの券種に据えている人が、単勝メインに切り替えるだけで、7・5％もの回収率を底上げできる可能性があります。

「7％程度の違いなんて、大したことはない」と思われるかもしれません。しかし、競馬は（控除率の高さを考えると）回収率はよくて120％の世界。仮に、年間を通してよい予想ができたとしても、100％を少し超えるくらいが、現実的な数字です。実際問題、回収率100％超えのハードルはプロの予想家にとっても高いものです。

この現実を直視すると、7・5％の回収率の違いはバカにできません。仮に回収率100％のラインがスレスレで際どい場合、7・5％違うと、年間の収支が、プラスかマイナスか、天国か地獄かの決定的な違いをもたらします。普段、選択している券種の違いが収支の分水嶺となり、まるで違う結果をもたらすのです。

＊払戻率…胴元（JRA）が、売り上げからテラ銭を控除した後、どれだけ競馬ファンに配当として還元するかを示した数字。仮に控除率が２０％なら払戻率は８０％になる。

単勝は儲からない？

3連単は破壊力があるのに対し、単勝は配当が低く、あまり儲からないイメージがあります。3連単は、しょっちゅう万馬券が飛び出しているのに対し、単勝万馬券は稀。頻繁には発生しません。

しかし、3連単で高配当を的中させたと言っても、結局、『＊レース単位の回収率』でみれば3倍や4倍ぐらいだった、ということも多いです。

一方、単勝は（基本）1点なので、的中すれば、投資した金額にオッズを掛けた数字が、丸々配当として受け取れます。レース単位でみれば、単勝だから儲けが少ない、ということは決してありません。むしろ、払戻率が高い分、単勝の方が破壊力があると言えるのです。

戦術の基本は、少しでも『自分に有利な状況で戦う』こと。長い目でみると（優遇されている）単勝をメインの券種に据えることで、回収率を底上げできることは頭に入れておいて損はありません。

【単勝のメリット②】1点集中で注目馬をストック

単勝を買う2つ目のメリットは1点集中です。レースを観る際、単勝を買った馬1頭に集中すればいいので、その馬がどんなレース内容だったか？ を細部にわたって観察できます。次走で狙えるかどうかの分析ができ、『注目馬』を発見しやすくなるのです。

仮に〝人気薄の馬〟の単勝を狙って、『不利』があって凡走したとしましょう。この場合、凡走したその穴馬は、次走では大抵の場合、超人気薄となり、ほとんどの競馬ファンからは見向きもされません。人気薄の馬が受けた不利を、いちいちチェックする人は稀だからで

＊レース単位の回収率…そのレースで投資した“総額”に対するリターン。3連系を的中させるためには、資金を分散し、手広く馬券を買う必要があります。高配当の組み合わせ1点に100％の資金を投下することは、普通ならまずないでしょう。

す。ところが、単勝で狙っていた人はじっくりと観察して、不利があったこともよく分かっているので、次走で臆せず狙うことができます。

これが、3連単など単勝以外の券種だと（複数の馬に注意を払わなければならず）どうしても視線が分散してしまいがちです。馬券が的中したかどうかに気を取られ、レース内容をジックリ観察する余裕がない。せいぜい軸にした人気馬のレース内容をおぼろげに記憶している程度ではないでしょうか。

自分の注目馬を発見するためにも、単勝は有効です。1点集中で、次に向けての布石を打つことができるのです。

3連系は難しい

そもそも3連単など3連系の馬券は、難易度が高いです。競馬評論家の故・清水成駿さんは「3着は、いらない馬がくる」とおっしゃっていました。とても狙えないような馬でも、展開等に恵まれれば、3着ぐらいなら突っ込んでくることもある。クビ差、ハナ差の接戦が多い競馬で、1着→2着→3着をキレイに順番に言い当てるのは高難度で、至難の業と言えます。的中するかは、実力だけではなく、運の要素も絡んできます。

一方、1着になる馬は、それなりに走る根拠を持った馬がほとんど。きちんと理にかなった予想さえできれば的中に近づきます。

【単勝のメリット③】思考エネルギーの温存

当然ですが、単勝は（対抗やヒモなどの）相手を考える必要がありません。どの組み合わせに、どれくらいの金額を割り当てるかという資金配分も不要です。これはバカにできない大きなメリットです。なぜなら、◎の相手や、資金配分を考える作業は、思いの外、時間と労力を削られるからです。この作業が無ければ、その分のエネルギーを予想に当てることができる。

単勝は迷いがありません。迷いがない分、思考のエネルギーを無駄に浪費せずに済みます。アップル社の設立者、故スティーブ・ジョブズ氏が、毎日同じ服装（黒のタートルネックにジーパン）で活動していたのは、服装で迷う必要がない分、余計な思考エネルギーを浪費せずに済むメリットがあったからだと言われています。普段から単勝1本と決めておけば、資金配分などの煩わしい決断に頭を悩ます必要がなくなり、思考エネルギーを丸々、予想にぶつけることができるのです。

単勝のデメリット

単勝のデメリットは、1着以外は紙くずになってしまう点です。2着でも3着でもハズレ。単勝以外の券種だったら的中していたかも知れない着順で不的中になるのは、何とも言えない切なさがあります。

しかし、「1着以外は無い」と腹をくくれば、へんに意気込んだり、過度な期待をせずに、長期的な視野でレースに挑むことができます。「絶対に当てるぞ」と点数を広げて、外れたときに甚大なダメージを受けることは少なくなります。身の丈に合った一定の投資額を保ち、「何レースに一度か的中すればいい」という気長な予想スタンスへ自然とシフトすることになります。

複勝との併用は有効か？

単勝と言えば『単・複』という言葉があるように、複勝との併用を考える方も多いと思います。仮に狙い馬が2、3着になり単勝は外れたとしても、保険で買った複勝が的中すれば安定度は増す。しかし、私は複勝との併用は、あまりオススメはしません。

複勝を併用すれば、確かに的中率は上がるのですが、（長期的にみると）回収率は落ちる可能性が高いです。なぜなら、複勝は配当が低く、回収率を押し上げるパワーが弱いからです。

例えば、単勝5番人気の場合、単勝の配当が平均で1122円つくのに対し、複勝の配当は平均で『299円』しかつきません。単勝との併用だと、（資金を分割するため）実質的な配当は更に低くなります。これだと、大して保険にもならず、さらに単勝の破壊力も大幅に削がれてしまいます。3倍未満の低配当では、リターンそのものが低く、長期的に利益を出すことは難しくなります。回収できない複勝に資金を投じるのであれば、それを全て単勝に振り向けた方が、長期的には儲けやすいのです。

複勝の場合、人気馬が3着内に好走すれば（全体的に）配当は低くなります。逆に、人気馬が3着外に凡走すれば配当は跳ね上がる。人気馬に投じられた（多額の）馬券の代金の行方、その大きなお金が人気馬に流れるのか否かによって、配当が変わる訳です。

もし複勝を併用するのであれば、（単勝オッズが25倍を超えるような）『超人気薄の馬』を狙う場合が良いです。超人気薄の場合、1着になる確率は極端に低いです。どれだけ穴の要素が揃っていても、その超人気薄のオッズがついている時点で、1着になる率は低い。一方、これだけの人気薄なら、複勝の配当は高くなり、回収できる水準にまで達します。超人気薄の場合、1着よりも2、3着の方が多いので、単勝

データ2　人気別平均配当

単勝人気	1人気	2人気	3人気	4人気	5人気	6人気	7人気	8人気	9人気	10人気
単勝配当	241円	421円	608円	837円	1122円	1496円	2006円	2689円	3333円	4388円
複勝配当	131円	164円	200円	242円	299円	369円	467円	602円	743円	945円

※09年7月〜19年6月末までの10年間データ

1本だと効率が悪いです。せっかく超人気薄の馬が馬券内に激走したのだから、それを利益に変換しない手はありません。

そこで、（超人気薄の馬に限り）単勝に加えて複勝の購入もアリとします。たとえば、単勝オッズ25倍なら、単3、複7の割合で購入する、といった具合です。そして、低人気になるにつれて、単勝の比率を下げ、複勝の比率を上げていきます。こうすることで、単勝の破壊力を享受しつつ、複勝で確実に利益を出すことができます。

人気馬は避ける

単勝オッズが3倍を下回る人気馬は、リターンが低いため、回収しづらくなります。したがって、3倍を切る人気馬の単勝で勝負することは、極力避けるべきです。もし、購入するのであれば、よほど自信があって、負ける要素が見当たらないケースに限ります。とっておきの自信馬のみGOサインを出すのです。この場合、購入額を普段より増やすことでリターンの低さをカバーします（購入額を増やすと言ってもせいぜい普段の2倍程度にとどめる）。

単勝オッズが3倍以上〜4倍未満のケースでも、ある程度は、自信のある馬に限定した方がよいでしょう。人気馬は基本『見』のスタイルで、その人気馬が凡走し、人気を落とした次走で狙う方が賢明です。

■人気馬は基本『見』。勝負は、よほど自信の

あるときのみ

たいして自信が無いにもかかわらず、人気馬で勝負していると、それが年間の収支の足を引っ張ることになります。人気馬は金額を上げて勝負することが多いので、（年間を通した）全投資額に対する『人気馬の比重』が大きくなり、仮に人気薄の単勝が的中しても、回収率を押し上げる効果が薄くなります。普段、人気馬で太く勝負しているので、太く勝負していない人気薄の単勝は相対的に爆発力が落ちてしまうのです。

単勝の多点買い

危険な人気馬が複数いるときに、『穴の単勝多点買い』が有効なケースもあります。上位人気がイマイチ信用できず、かつ、穴で面白そうな馬が複数いるときは、その穴馬のどれかが勝つことも多い。それぞれの穴馬は、単勝1点で勝負するまでの自信は持てないものの、「数頭のうち1頭は走りそうだな」というケースで、単勝多点買いを活用するのです。この場合、普段の投資額をそれぞれの馬に丸ごと投入するのではなく、分割して投入します。たとえば、目ぼしい穴馬が3頭いるときは、普段の投資額を3分割して、3頭セットで一点の単勝とみなします。分散投資のような買い方です。

ただし、これは例外的な買い方で、普段は、1点で勝負できる水準を満たした馬を、一定の金額で1本釣りするのが基本です。（※水準を満たした馬であれば、同じレースで複数の馬の単勝を普段の金額で購入しても構いません）

勝ち切れる馬を狙う

単勝で狙うからには、1着になりやすい馬

を選択すべきです。たとえ能力が上位だとしても、そのクラスに何戦もとどまっているような馬は単勝向きではありません。19年から降級制度が廃止され、昇級すると頭打ちになるような馬は積極的に勝とうとはしないでしょう。そんな勝ち切れない馬を狙っていては、「惜しかった」ばかりで的中に至らず、フラストレーションが溜まる一方です。

では、どんな馬が勝ち切れるのか？　ひとつは単純に近走で1着が多い馬です。近5走の成績が【0－2－3－0】のような馬よりも、【3－0－0－2】のような馬の方が勝ち切れます。ただ、1着が多い馬は必然的に人気馬が多くなるので、期待値は低めです。

条件好転馬と逃げ馬

勝ち切れる馬は、『条件好転馬』と『逃げ馬』です。この2つが、単勝で勝つための切り札となります。

条件好転とは、前走に比べて、条件が良くなること。苦手な条件や、不利な条件から一転し、その馬にとって走りやすい条件に替わることです。たとえば、ずっと不向きな距離を使われていた馬が、適距離に戻った場合、（距離が）条件好転していると言えます。例をあげると、19年のNHKマイルカップを制したアドマイヤマーズがそうです。同馬は当時、1600mで4連勝後→1800mと2000mという長めの距離を使われ人気を下回る着順→再び1600mに戻って勝利という戦歴を刻みました。このように適距離に戻るパターンはなかなか強力で単勝向きと言えます。

条件好転は、（距離の）他に、トラック替わり（芝⇕ダート）、枠、コース、馬場（タフ⇕高速）などがあります。悪い条件→良い条件のギャップが勝ち切る爆発力を生むのです。

単勝向きの実例

単勝狙いを実例で解説していきましょう。私は19年のユニコーンSで、初ダートのワイドファラオに◎を打ちました。同馬はまさに単勝向きの馬でした。

当時、ワイドファラオは芝レースを5戦ほど使われ、ダートはまだ一度も走ったことがありませんでした。通常、このような初ダート・初芝の馬は狙いづらいモノです。なぜなら、そのトラックに対する適性は、実際に走ってみなければ分からない未知な面が大きいからです。一か八かという側面がある。ですが、今回に限れば、「初ダートでも高い確率で走ってくるだろう」と確信が持てました。

初ダートでも走ると踏んだ理由は、関係者の(過去の)談話と血統からです。まず、血統面で言うと、本馬の父ヘニーヒューズは完全にダート向きの種牡馬で、その産駒は、当時、芝8勝に対し、ダートは109勝。芝の10倍以上もの勝ち星をダートであげていました。

また、陣営はもともと本馬を『ダート向き』とみていたものの、母が芝でも走っていたという理由から、馬主の手前もあり、不承不承ながら芝レースを走らせていた経緯がありました。4走前に騎乗した福永騎手も「1回、ダートを走らせてみたい気持ちはあります」とコメント。関係者は「ダートならもっと走るのでは」という思いを募らせていたに違いありません。

前走のNHKマイルカップ(9着)は、前半3ハロン『33・9秒』のハイペースを先行。手応えよく直線に向き、ギリギリまで勝負の輪に加わって大いに見せ場を作っていました。9着と言っても着差は0・4差。走破タイムは同日の準オープンと0・2秒遅いだけなので、時計

2019年 6月16日(日)　3回東京6日　天候：晴　馬場状態：重
【11R】ユニコーンS
3歳・オープン・G3(別定)　(国際)(指定)　ダート 1600m　15頭立

着	枠	馬	馬名	性齢	斤量	騎手	タイム	着差	通過順位	Ave-3F	上3F	人	単勝
1	1	1	ワイドファラオ	牡3	57	福永祐一	1.35.5		01-01	35.0	37.1	3	6.6
2	5	8	デュープロセス	牡3	56	M. デム	1.35.5	頭	07-05	35.4	36.5	2	3.0
3	6	11	ダンツキャッスル	牡3	56	幸英明	1.36.0	3	03-03	35.2	37.3	6	17.9

LAP　12.3-10.5-11.1-11.9-12.6-12.3-12.0-12.8
通過　33.9-45.8-58.4-70.7　　上り　72.7-61.6-49.7-37.1
平均　1F:11.94 / 3F:35.81
単勝　①660円　複勝①280円/⑧150円/⑪400円

的には十分走っていました。

NHKマイルカップの敗戦もあり、ようやく矛先はダートへ向けられ、待望のダート替わりとなりました。

当時、（前日の）土曜にまとまった雨が降り、日曜もある程度、締まった馬場が想定されました。もともと東京は軽いダートですが、雨の影響で高速化すれば、芝レースを走っていた本馬に有利に働きます。

また、今回は1番枠を引きましたが、本馬はスタートセンスが抜群で、極端に揉まれたり、砂を被ったりする心配はありませんでした。初ダートの不安より、ダート替わりで大幅にパフォーマンスを上げる期待の方がはるかに大きかったのです。

今回のケースでは、狙い馬のワイドファラオが、芝よりもダート向きであると仮定して、その前提のもと本命を打ちました。したがって、もし、その前提が崩れた場合、大敗することも考えられます。しかし、裏を返せば、その前提さえ正しければ、ダート替わりによる大幅なパフォーマンスの上昇が見込める。勝つか大敗するかという、単勝向きの馬と言える訳です。

逃げ

条件好転の他に、もうひとつ単勝に適した馬が『逃げ馬』です。逃げ馬は、勝ち切るパワーを秘めています。逃げ馬ばかりを買い続けることができれば、プラス収支になることをご存知の方も多いと思います。そう、今走で逃げた馬の回収率は単・複とも100％を大きく超えます（次頁データ参照）。逃げると、敵から逃れる馬の本能を呼び起こすのか、2番手以降の脚質と比べると、明らかにラストの粘りが違います。逃げ脚質は、単勝向きの脚質と言えます。

ただし、前走で逃げた馬を狙う際は、今走も逃げる公算が大きい状況に限ります。前走で気分良く逃げて好走した馬が、逃げられないと散々な結果に終わることが多いからです。

19年の毎日杯で私が狙い撃ったのは、逃げ馬のランスオブプラーナでした。決め手となったのは『スローの単騎逃げが見込めるメンバー構成』だったこと。13頭立ての少頭数だった上、逃げ・先行馬も極端に少ない。（前走で）先行した馬は（本馬を除いて）4頭。その4頭のうち、1頭は地方のダートで先行していた馬で、芝で先行できるかは未知数でした。残りの3頭は3頭とも、前走、スローで先行した馬。どう厳しく見積もってもテンに速くなることは考えづらい状況でした。

加えて、引き当てた枠は1番枠。通常、1番枠は逃げ馬にとって、出遅れるとリカバーし辛い為あまり良い枠ではないのですが、このランスオブプラーナはスタートセンスが抜群で、同馬にとって1番枠は絶好と言える好枠でした。

開幕週の馬場で、かつスローの単騎逃げが見込めるメンバー。ロスなく運べる内枠。これだけお膳立てが整えば、単勝で狙う価値は十分だ

データ3　脚質別成績

	勝率	連対率	複勝率	単回収率	複回収率	総数
逃げ	18.4%	30.9%	40.0%	199%	140%	36096
4角2番手	14.6%	28.9%	39.7%	132%	126%	48683
4角3番手	11.6%	23.9%	35.6%	104%	112%	39795

※09年7月〜19年6月末までの10年間データ

2019年 3月23日(土)　2回阪神1日　天候：曇　馬場状態：良
【11R】毎日杯
3歳・オープン・G3(別定)　(国際)(特指)　芝・外 1800m　13頭立

着	枠	馬	馬名	性齢	斤量	騎手	タイム	着差	通過順位	Ave-3F	上3F	人	単勝
1	1	1	ランスオブプラーナ	牡3	56	松山弘平	1.47.2		01-01	36.5	34.3	3	5.1
2	2	2	ウーリリ	牡3	56	福永祐一	1.47.2	クビ	03-04	36.6	34.0	2	4.6
3	8	13	ヴァンドギャルド	牡3	56	ルメール	1.47.4	1 1/4	12-10	36.8	33.9	1	3.2

LAP　12.9-11.5-12.1-12.2-12.0-12.2-11.2-11.2-11.9
通過　36.5-48.7-60.7-72.9　　上り　70.7-58.5-46.5-34.3
平均　1F:11.91 / 3F:35.73
単勝　①510円
複勝　①150円/②160円/⑬130円

逃げ馬を狙う場合、「今回逃げるかどうか」が最重要事項。厩舎コメントには必ず目を通しておきたい。

ったと言えます。

このように、逃げ馬を狙うときは『バレバレのスロー』で、単騎逃げが見込めるシチュエーションがベストです。同型のテンの速さをチェックし、厩舎コメントから「今回、逃げるかどうか」の動向を注意深く探りながら「100％逃げる」と確信が持てたときに、思い切った勝負に出るのです。

3連単が全盛の時代に今さら単勝かと思われるかもしれませんが、1着になる馬を予想する行為は、競馬予想の本質です。シンプルに勝てば的中、負ければ不的中。勝てる1頭を選び抜く過程で、予想力も鍛えられます。

もし、他の券種で苦戦を強いられているのであれば、単勝という競馬予想の原点に立ち返るのも悪くありません。

number

08

じゃい

誰もが認める最強ギャンブラー芸人・じゃい氏。図抜けた博才の裏には、常に高めを狙う貪欲な姿勢と、ストイックなまでのルールがありました!

profile

じゃい…テレビでお馴染みのお笑いトリオ・インスタントジョンソンのメンバー。パチプロだった祖父の遺伝子かギャンブルは全般的に得意で、TV番組の収録で100万円を払い戻したことがあるほどの勝負強さを見せる。WIN5では3775万円、4432万円の的中実績あり。著書に「稼ぐギャンブル」(太田出版)、「ギャンブルのセオリー」(小社刊)、「勝てる馬券の買い方」(小社刊)他。ツイッターはhttps://twitter.com/injonjay

じゃい　number 08

トリプル馬単&WIN5では常に〝独り占め〟を意識して買い目を構築せよ！

じゃいさん激賞！
今一番アツい券種とは？

——じゃいさんは弊社で「勝てる馬券の買い方」という本を出していて、その本の中でたっぷりとご自身の馬券の買い方について語ってくれていますが、とても反響の大きい本です。

じゃい　みんな馬券の買い方で悩んでいるんですね（笑）。

——じゃいさんのようにバンバン当てられないまでも、少しでも近づけたら…と思っている読者は多いかと思います。今回はそういった読者のために、じゃいさんが普段買っている券種について色々とお聞きしていこうと思います。

じゃい　面白い企画ですね。割と券種の好みっ

じゃい氏の券種の購入割合（頻度）

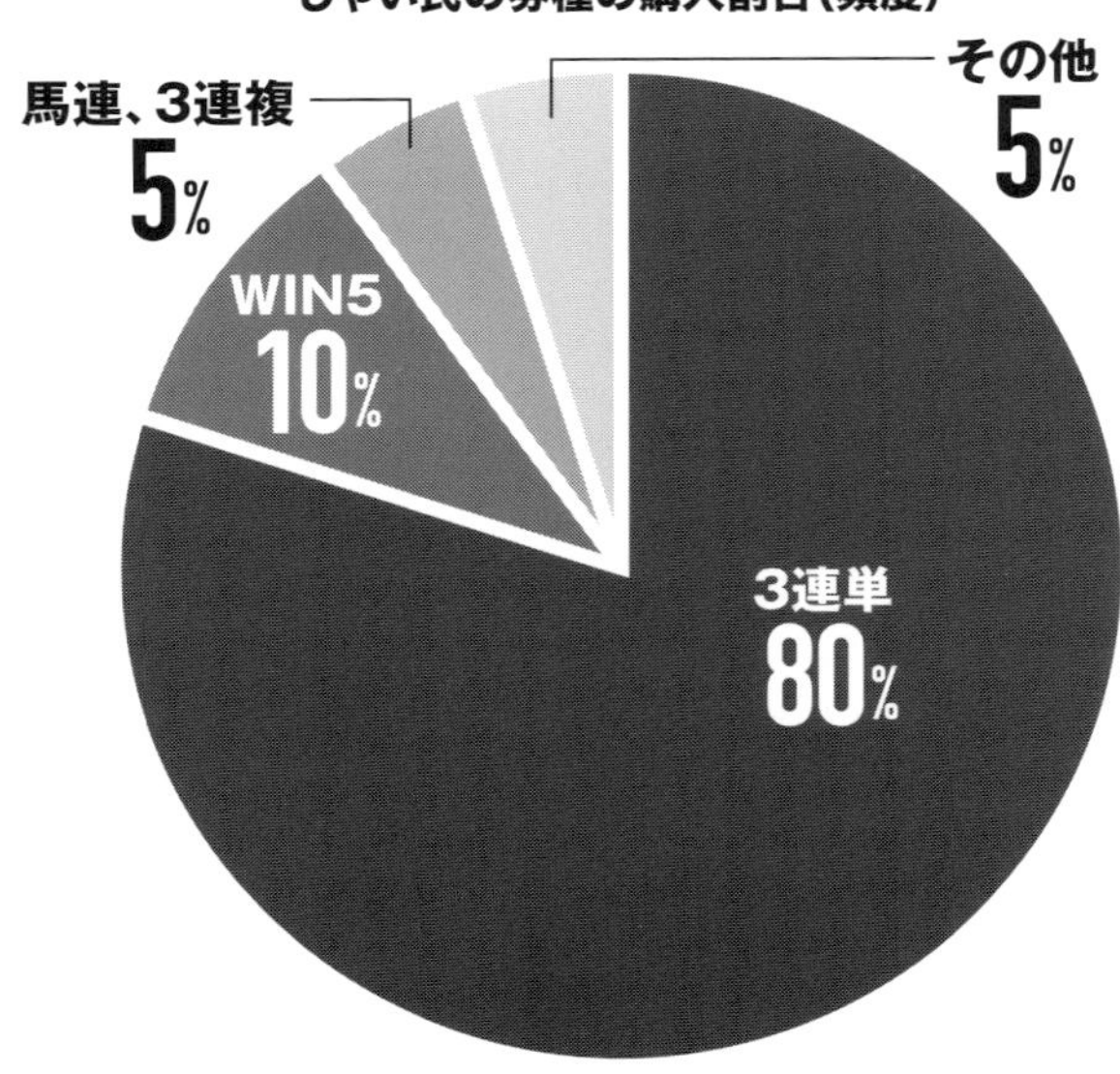

じゃい氏の駆使している予想理論

「競馬予想で一番大事なのはオッズ」と言い切っており、危険な1番人気がいるレースや、美味しい穴馬が潜んでいるレースを選んで、そこで3連単勝負を仕掛けることを身上としている。普通の人とは逆の発想をもつことで、これまで数多くの高配当を仕留めてきている。

てバラけるものですか？

――そうですね。３連複が多いですが、皆さんこだわりの強い券種もあって面白いですよ。どうしても馬券の買い方って凝り固まってしまいがちというか、なかなか人の買い方って見る機会や教えてもらえる機会がないですからとても勉強になります。

じゃい　へぇ～。僕が今一番嵌まっている券種はトリプル馬単かな。あれ、一番面白い馬券ですよね。

――…え？　ちょっと待ってください。じゃいさんと言えば３連単とＷＩＮ５ですよね。事前アンケートでも購入割合の80％が３連単って答えてくれていますが…。

じゃい　まぁ中央競馬ではそうですよ。でも一番熱いのはトリプル馬単でしょ（笑）。

――確かに購入割合と熱い券種では話が違ってきますが…。じゃあ想定外ですが、せっかくなのでトリプル馬単の話からしていきましょうか（笑）。

じゃい　トリプル馬単の何がいいって言えば、キャリーオーバーが連発するところですよね。それだけ難しいとも言えますが、言い換えれば独り占めのチャンスがしょっちゅう発生しているということですから。

――独り占めですか！　さすがにＷＩＮ５で高額配当を何度も当てているじゃいさんは発想の規模が違いますね。でも確かに、トリプル馬単って３回に１回くらいの割合でキャリーオーバーが発生しているんで、ＷＩＮ５のキャリーオーバー発生率とは比べ物になりません。

じゃい　そうなんですよ。だから常にワクワクさせられる。

――ちなみにトリプル馬単は南関東４場と門別

01 亀谷敬正
02 双馬毅
03 馬場虎太郎
04 伊吹雅也
05 キムラヨウヘイ
06 久保和功
07 小倉の馬券師T
08 じゃい
09 高中晶敏
10 nige
11 卍
12 メシ馬
13 吉冨隆安
14 六本木一彦

で発売していますが、どの場の時に買われているんですか？

じゃい　全部買いますよ。南関東4場も門別も。ただ、基本的にはキャリーオーバーが発生した時しか買いません。門別はキャリーオーバーが発生してもさほど大きな金額にはなりませんけど、その分、頭数も少なくて当てやすい魅力はありますね。

――一方、南関東の場合、元々の売り上げが多い上に、一度キャリーオーバーが発生すると、翌日以降、だいたい3倍前後の割合で売り上げが増えていきますからね。難しい反面、配当的魅力が凄いです。

じゃい　そう。やっぱり僕みたいに、「キャリーオーバーが発生した時だけ買う」って人が多いせいか、金額の増え方が半端じゃないですよね。だからキャリーオーバー額が数千万を超えることがザラにある。でも、そういう時って、みんな日和った予想をするから、人気馬が飛ぶと美味しくなるんですよ。

――確かにそうですよね。ちなみにトリプル馬単では大体どれくらいの金額を買うんですか？

じゃい　門別の時は1万円くらいですけど、南関東の時は3～6万円くらい買いますね。

――最近、どこかで大きいのを当てました？

じゃい　昨年の12月24日の浦和開催の時かな。1400万当てましたよ。

――めちゃくちゃ簡単に言うじゃないですか（笑）。この時はいくら買っていたんですか？

じゃい　48000円です。50円購入（5口分）なので、960点買いですね。

――結果を振り返ってみると、1レース目（浦和10R葉牡丹特別）が1番人気→2番人気という組み合わせ。2レース目（浦和11Rゴールドカップ）が2番人気→3番人気という組み合わせ、そして3レース目（浦和12R千両特別）が

2018年 12月24日　浦和トリプル馬単　結果

2018年12月24日
浦和　トリプル馬単　セレクト (240組)

10R フォーメーション	1着:2 2着:1, 6, 10	(各 50円) 12,000円
11R フォーメーション	1着:2 2着:1, 3, 4, 5, 6, 7, 8, 11	
12R フォーメーション	1着:1, 2, 3, 4, 5, 6, 8, 9, 10, 12 2着:7	

2018年12月24日
浦和　トリプル馬単　セレクト (240組)

10R フォーメーション	1着:2 2着:1, 6, 10	(各 50円) 12,000円
11R フォーメーション	1着:1, 3, 4, 5, 6, 7, 8, 10 2着:2	
12R フォーメーション	1着:1, 2, 3, 4, 5, 6, 8, 9, 10, 12 2着:7	

2018年12月24日
浦和　トリプル馬単　セレクト (240組)

10R フォーメーション	1着:2 2着:1, 6, 10	(各 50円) 12,000円 的中 14,248,495円
11R フォーメーション	1着:1, 3, 4, 5, 6, 7, 8, 10 2着:2	
12R フォーメーション	1着:7 2着:1, 2, 3, 4, 5, 6, 8, 9, 10, 12	

滅多に見ることのできないトリプル馬単の1000万超の的中画像。最終レースで11番人気が絡んだこと、そして何よりキャリーオーバーの額がモノをいった。

50円購入時の払戻金（参考）	2-10,5-2,7-8	14,248,495円
発売口数(一口10円)		6,032,573口
返還口数(一口10円)		0口
一口(10円)当たりの払戻金 (総当選口数)	2-10,5-2,7-8	2,849,699円 (27口)
次回へのキャリーオーバー金額		0円

12月24日(月)	浦和	第10回1日目	50円（5口）以上	10R	2 - 10 (1人) (2人)	11R	5 - 2 (2人) (3人)	12R	7 - 8 (3人) (11人)	27口 2,849,699円	14,248,495円

14,248,495円

3番人気→11番人気という組み合わせだったんですね。

じゃい 割と最初の2レースは普通の結果だったんですよ。それで最後のレースは勝った馬からの馬券を持っていて、2着が2頭で写真判定になったんです。僕は相手を両方持っていたんですけど、方や11番人気で、方や4番人気だったんで、「人気薄の方で頼む！」って感じでした。

――そうしたら、まんまと11番人気の方が2着で1400万超と！ やっぱりじゃいさん、凄い。

じゃい 4番人気の方が来ても100万くらいにはなっていたのかも知れませんけど、でもこれは思っていたより配当がつきましたね。

――じゃいさんはトリプル馬単を買う時、どのような買い方をされているんですか。しっかりと狙い馬を決めるイメージがあるので、やっぱり流しが基本でしょうか？

じゃい そうですね。2頭を軸にすることが多いですね、例えば5番と8番という気になる馬が2頭いたら、フォーメーションで1着のところに5番と8番を塗って、2着のところには5番と8番を含めた10頭とかを選ぶ。後は裏目で5番と8番を2着にして1着には5番と8番を抜いた10頭の目を塗る。

――トリプル馬単の対象3レースをすべてそのやり方で買うんですか？

じゃい いや、それだと点数が増えてしまうので、少なくとも1レースは絞った買い目にしますよ。3点とかで済ますレースもあります。

――でも、このじゃいさんが的中したレースも、1レース目、2レース目は、比較的当てやすい決着じゃないですか。3レース目だけが荒れただけなので、頑張ろうと思えば当てられるんじゃないかという気にさせてくれますよね。

じゃい　トリプル馬単は特にそうかも知れませんけど、断然の1番人気が飛ぶだけで、一気に脱落して配当が跳ね上がるので、その点で美味しいんですよね。だから2番人気→3番人気で決まっても、配当が跳ね上がることがあるんですよ。

――じゃいさんは、WIN5に関しても、〝断然の1番人気がいる時の2番人気の重要性〟を説いています。これはトリプル馬単にも通用する教えなんですね。

じゃい　トリプル馬単にしても、WIN5にしても、危険な1番人気がいた場合は、その馬が飛ぶケースを想定してしっかり予想した方が良いですよ。

――とはいえ、なかなか素人には「危険な1番人気」を見抜くのは難しいです。どんな馬を危険な1番人気と見立てればいいんでしょうか？

じゃい　僕の中では、押し出された形になっている1番人気が危ないと思います。例えば、前走で凄く派手な勝ち方をした馬とか、血統が凄く良い馬とか、あまりレース内容と関係なく評価されているような馬ですね。そういうところで真の実力馬や、穴馬を見つけ出せると一気に他の人たちを出し抜くことができるわけです。

トリプル馬単にしても、WIN5にしても、危険な1番人気がいた場合は、その馬が飛ぶケースを想定して予想した方が良いですよ。

トリプル馬単という名前ではありますけど、馬単を買っている感覚なんてありません。あくまで3レースセットで考えていますし。

――人気馬が飛ぶと、ごそっと人数が減りますからね。

じゃい ただ、無理することはなくて、トリプル馬単やWIN5だったら、どこか一つでそういったレースをしっかり拾えればいいんです。すべて穴で当てるのは難しいですから。

――ちなみになんですが、トリプル馬単って、半ば強制的に馬単の予想を3レース分させられるわけじゃないですか。その影響というか、鍛錬のためというか、トリプル馬単を買うようになってから、中央競馬でも馬単を買う回数が増えた…なんてことはありませんか?

じゃい ないですね。トリプル馬単という名前ではありますけど、馬単を買っている感覚なんてありませんから。あくまで3レースセットで考えていますし、1つだけ当たっても意味ないわけですし。だって、WIN5だって単勝を買っている感覚はないでしょ? WIN5の世界だと単勝10点買いとか異常なことをしますけど、普段は絶対にしませんから(笑)。

――確かにそうですよね。愚問でした(笑)。

3連単での必殺購入パターン

――ではここからは話を中央競馬に移していこ

01 亀谷敬正
02 双馬毅
03 馬場虎太郎
04 伊吹雅也
05 キムラヨウヘイ
06 久保和功
07 小倉の馬券師T
08 じゃい
09 高中晶敏
10 nige
11 卍
12 メシ馬
13 吉冨隆安
14 六本木一彦

うと思うんですが、じゃいさんは一日何レースくらい馬券を購入されるんですか？

じゃい　最近は予想する時間がなくなってきちゃって、一応、全レースに目を通すんですが、買うのはだいたい4～5レースですね。

――それらのレースは殆ど3連単で勝負されているということなんですね？

じゃい　そうですね。単勝もたまに買いますけど、人気馬が飛びそうで、且つ人気の盲点になっているような狙い馬がいた時とかだけなので。あと馬連は相手が絞れそうな時だけですね。ただ、極力、資金は自信のあるレースに寄せて、3連単で勝負するようにしています。

――ズバリ、お聞きしますが、3連単の魅力は何でしょう？

じゃい　単純に夢を追っている部分はあると思います。一撃で1000万を超えられる馬券って、やっぱりWIN5と3連単くらいしかないじゃないですか。他のギャンブルを見ても、なかなか一撃1000万なんてないですよ。あと、WIN5は週一回しかチャンスがありませんけど、3連単はいくらでも買えるチャンスがあって、しかもレースを選べるわけですから。そういった意味ではやっぱり魅力的です。

――上位に来る馬の着順は勿論、来ない馬もしっかり見定めるじゃいさんにとって、一番シックリくる馬券でもあるということでしょうか。

じゃい　それはあると思います。例えば、「3連複2頭軸」とか「3連単2頭軸」って、「ワイド馬券で代用できる」と言う人がいるんですけど、逆もまた然りで、ワイド馬券って「3連単2頭軸マルチ」と同じじゃないですか。ただ、僕の場合、要らない馬をしっかり消していくタイプなんで、その分は控除されるから、結局3連単2頭軸の方が得じゃないかって思うんですよ。

――トリプル馬単の時は軸馬を2頭くらい決めてそこから買うというお話でしたけど、3連単も基本は同じスタイルなんでしょうか?

じゃい そうですね。軸を決めて、その馬を何着まで塗るのか。1着だけで大丈夫なのか、2着まで塗るべきか、負けるとしたらどの馬に負けるのか、完全に切れる馬はどれか、とか。総合的に判断して買います。マルチを買う場合もないわけではないですが、そういう時は相手が極端に絞れるときだけです。

――じゃいさんの著書である「勝てる馬券の買い方」の中で、特注レースは2~5万円入れると書いてありましたが、そういった特注レースの中での最近のヒットレースを教えてもらえますか?

じゃい 去年のレースになっちゃうんですが、年末の阪神カップは3連単34万5820円を当てています。

――この日を200円買って、70万弱の払い戻しですね。この時はどのような買い方だったんでしょうか?

じゃい これは②ミスターメロディ(2番人気)と③ダイアナヘイロー(11番人気)の2頭軸から買ったレースですね。

――人気馬と人気薄という組み合わせですね。

じゃい ダイアナヘイローは不当評価ですよね。阪神カップって粒ぞろいになりやすくて、特にこの年は有力馬が多かったこともあって人気の盲点になっていました。

――ここはマルチではなく、削っていたわけですね。

じゃい ②ミスター→③ダイアナ→流し、③ダイアナ→②ミスター→流し、②ミスター→流し→③ダイアナ、③ダイアナ→流し→②ミスター

2018年12月22日(土) 5回阪神7日 天候：曇 馬場状態：稍重
【11R】阪神カップ
3歳以上・オープン・G2(定量) (国際)(特指) 芝・内 1400m 16頭立

着	枠	馬	馬名	性齢	斤量	騎手	タイム	着差	通過順位	上3F	人	単勝
1	2	3	ダイアナヘイロー	牝5	55	菱田裕二	1.21.1		01-01	34.9	11	38.3
2	1	2	ミスターメロディ	牡3	56	C.デム	1.21.2	1/2	02-02	34.8	2	6.0
3	3	5	スターオブペルシャ	セ5	57	杉原誠人	1.21.5	1 3/4	11-11	34.5	12	46.3
4	1	1	ダイメイフジ	牡4	57	酒井学	1.21.7	1 1/4	07-05	34.9	10	37.9
5	8	15	ジュールポレール	牝5	55	M.デム	1.21.7	ハナ	13-14	34.6	1	3.7

単勝 ③3830円
複勝 ③780円/②270円/⑤860円
枠連 1 2 4610円
馬連 ②③10160円
ワイド ②③2340円/③⑤7660円/②⑤3180円
馬単 ③②25640円
3連複 ②③⑤50850円
3連単 ③②⑤345820円

受付番号 照会結果一覧

受付番号	0006
受付時刻	10:30
受付ベット数	99
購入金額	19,800円
払戻金額	691,640円

投票内容

(1) 阪神（土）11R 3連単フ 33組 各200円
(2) 阪神（土）11R 3連単フ 33組 各200円
(3) 的中 阪神（土）11R 3連単フ 33組 各200円

の4通りの2頭軸流し馬券です。

——狙い馬2頭の内どちらかが必ず勝つという明確な意思のもと、買い目が削られていますね。

じゃい　あともう一つ、これも年末のレースなんですけど、ギャラクシーS。こっちは3連単700倍だったんですけど、1000円持っていたので70万円になりました。

——奇しくもさっきと同じくらいの払い戻しになっていますね。ただ、さっきのレース同様、こっちも人気薄の馬が頭で来ているので、3連単配当は跳ね上がっています。

じゃい　3連複配当の10倍になっていますから、これは3連単で正解ですね。

——こちらの馬券はどの馬が軸だったんでしょうか?

じゃい　③ナムラミラクル（3番人気）と④ユラノト（1番人気）です。

——なるほど。先ほどのケースとは違い、人気馬と人気馬の組み合わせだったんですね。

じゃい　ここは②ユラノトを1、2着に固定した流し馬券です。

——②ユラノトは3着以下にはならないと。

じゃい　そうです。なので、買い方は④ユラノト→③ナムラミラクル→流し、④ユラノト→流し→③ナムラミラクル、③ナムラミラクル→④ユラノト→流し、流し→④ユラノト→③ナムラミラクルの4通りです。

——ということは、買っているパターンの中の一番高めで決まっているんですね。

じゃい　この⑨ゴールドクイーンがハナ差残って勝ったことはかなり大きいですよ（笑）。

じゃいさんの代名詞・WIN5の今年の調子は?

——じゃいさんの話をお伺いしていると、今の

2018年12月23日(祝)　5回阪神8日　天候：小雨　馬場状態：稍重

【12R】ギャラクシーS

3歳以上・オープン(別定)　(国際)(特指)　ダート 1400m　16頭立

着	枠	馬	馬名	性齢	斤量	騎手	タイム	着差	通過順位	上3F	人	単勝
1	5	9	ゴールドクイーン	牝3	54	古川吉洋	1.21.5		01-01	35.8	8	27.4
2	2	4	ユラノト	牡4	57	坂井瑠星	1.21.5	ハナ	04-04	35.4	1	3.4
3	2	3	ナムラミラクル	牡5	56	藤懸貴志	1.22.0	3	10-09	35.2	3	4.9
4	3	6	バイラ	牡3	55	吉田隼人	1.22.0	ハナ	13-14	34.7	12	88.0
5	8	16	ショコラブラン	牡6	57	北村友一	1.22.0	クビ	04-04	35.9	11	72.3

単勝　⑨2740円
複勝　⑨500円/④160円/③180円
枠連　2 5 660円
馬連　④⑨5960円
ワイド　④⑨1740円/③⑨1980円/③④330円
馬単　⑨④15170円
3連複　③④⑨7040円
3連単　⑨④③71740円

受付番号　照会結果一覧

受付番号	0025
受付時刻	16:11
受付ベット数	32
購入金額	32,000円
払戻金額	717,400円

投票内容

(1)	阪神（日）12R 3連単1･2着ながし	04→03→8頭 各1,000円
(2)	阪神（日）12R 3連単1･3着ながし	04→8頭→03 各1,000円
(3)	阪神（日）12R 3連単1･2着ながし	03→04→8頭 各1,000円
(4) 的中	阪神（日）12R 3連単2･3着ながし	8頭→04→03 各1,000円

最近のＷＩＮ５は、安めばかり引いています。今年も何本かは当ててますけど、まだ大きいところを当てていませんから。

レースに限らず、高め、高めをツモっている印象があります。

じゃい　そんなことないですよ。例えばＷＩＮ５なんか、最近は安めばかり引いています。今年も何本かは当ててますけど、まだ大きいところを当てていませんから。

——そうなんですか？　それは意外です。

じゃい　これも昨年末の話なんですけど、ＷＩＮ５の発売金額が30億を超えた時があったじゃないですか。

——ホープフルＳの日ですね。有馬記念の時に的中者が出なくて、６億近くがキャリーオーバーした時です。

じゃい　そうです。あの時、収録だったんですけど、１レース目から４レース目まで的中して、リーチになったんですよ。しかも僕は最終レースで、１頭だけ削ってあとは何が来てもＯＫという状態。

——あぁ、もうほぼほぼ当たり確定じゃないですか。後は「なるべく人気薄が来い！」という状態ですね。

じゃい　そうなんですよ。激アツじゃないですか。ところが最終レースでよりによって１番人気のド本命が来て、結局キャリーオーバー分が

01 亀谷敬正
02 双馬毅
03 馬場虎太郎
04 伊吹雅也
05 キムラヨウヘイ
06 久保和功
07 小倉の馬券師T
08 じゃい
09 高中晶敏
10 nige
11 卍
12 メシ馬
13 吉冨隆安
14 六本木一彦

キャリーオーバー！	599,802,210円

発売票数	34,993,422票
発売金額	3,499,342,200円

	1レース目	2レース目	3レース目	4レース目	5レース目
発走時刻	15:05	15:30	15:45	16:05	16:25
レース	阪神10R フォーチュン	中山11R ホープフルS G1	阪神11R ベテルギウス	中山12R ベストウィッ	阪神12R ファイナルS
勝馬	10 シンギュラリティ	5 サートゥルナーリア	10 ロードアルペジオ	3 レジーナドーロ	7 フィアーノロマーノ
単勝人気	1番人気	1番人気	1番人気	2番人気	1番人気
残り票数	11,710,318票	5,728,175票	1,394,322票	379,035票	115,874票

・「発売票数」「発売金額」は、概ね30分おきに更新いたします。
・発走時刻の変更等により、レース順序が変わることがあります。
・「残り票数」はレースの確定順で表示されます。

的中馬番	10-5-10-3-7
払戻金	29,330円
的中票数	115,874票

超高額配当的中…とはならなかったが、リーチをかけてなおかつほぼほぼ何が来ても良い状態。途中で降りることのできない壮大なコロガシ馬券。それがWIN5である。

あったのに、配当は3万にも満たなかったんですよ。アシスタントの女性が2400円くらいの投資でしっかり当てているのに、僕なんてもうトリガミもトリガミですよ（笑）。

——最終レースは結構、際どかったんですか？

じゃい　いや、全然。勝ち馬の完勝（笑）。

——あらら。そういうこともあるんですね。

じゃい　まぁ救いは、最後のレースを多点買いしていたところですね。一応、ワクワクできましたから。

——確かに。その時点では、それこそ〝独り占め〟とまではいかないまでも、超人気薄が突き抜けてくれれば数百万の払い戻しは期待できたわけですからね。

じゃい　そうなんですよ。トリプル馬単と違って、WIN5の場合、最終レースを安心して観れる時があるのがいいんですよね。

――ちなみにトリプル馬単とWIN5ってどちらが予想に時間がかかりますか?

じゃい　ん～。体感的にはWIN5ですかね。やっぱり5レース分なんで。ただ、これでも予想の時間はだいぶ短くなったと思います。実際、WIN5は最近、1パターンでしか買ってないので。

――何パターンかにすると、その分、相当時間がかかりますもんね。

じゃい　本当はパターンAだと1レース目を買い目1頭に絞るとか、パターンBは1番人気を入れないパターンとか、色々緻密にやった方がいいんでしょうけど…。

――弊害はありますか?

じゃい　いや、過去に当てた高額配当の時とかも1パターンだったので弊害はないですけどね。ただ、今年に関して言えば、WIN5はマイナス収支なんで、何とか一本でも大きいところを取りたいです。多分、どこかで取れると思うんですけど…(笑)。

――獲れる自信があるところが凄い! ではまたニュースとかで、〝じゃいさん的中〟の情報が流れてきそうですね。楽しみにしています!

number

09

高中晶敏

緻密な調教分析に相反する大胆不敵な馬券勝負で、「西に高中あり」と言わしめる、豪傑馬券師・高中晶敏氏。彼の身上とする勝負馬券とは一体——?

profile

高中晶敏(たかなかあきとし)…兵庫県出身。叔父に手を引かれ幼少の頃から阪神競馬場に出入りしていた経験をもつ。今でもその頃からの人脈が繋がっており、彼の元には自然と様々な情報が寄せられる。予想をする際のファクターはもっぱら「調教」で、今は自身で考案した「高中式理論」を元に導き出した本命馬からの馬券で、高額払い戻しを連発している。http://takanakashiki.cocolog-nifty.com/blog/

高中晶敏

number 09

レースタイプを見極めた上で単勝&馬連&3連複のトリプルアタック!

高中氏の駆使している

予想理論

「馬の調子の良し悪しはすべて調教タイムに現れる」と考えており、予想をする際の主なファクターは調教。今は主に、自ら考案した「高中式理論」から弾き出された調教指数を武器に購入馬券を構築。単勝、馬連、3連複といった券種をメインに、本命サイドに太く張るスタイルで超高額払い戻しを実現させている。

男・高中は単勝馬券にズドンが馬券の基本形

——高中さんといえば、過去に「3連複」に関する考察の馬券本を書かれていましたよね。そのイメージがあったので、券種としては3連複をメインに据えているのかと思っていました。

高中(以下、高) その本の中でも書いてはいたんですが、実は馬券の基本は単勝なんです。スタイルとして、まずそのレースでもっとも調教で動いている馬の単勝を購入します。調教で動いている馬=能力のある馬。つまり、勝てる可能性が高い馬だという認識です。さすがにオッズが3倍未満となるレースでは買わないケースもありますが、基本的には単勝と他の馬券を

高中氏の券種の購入割合(頻度)

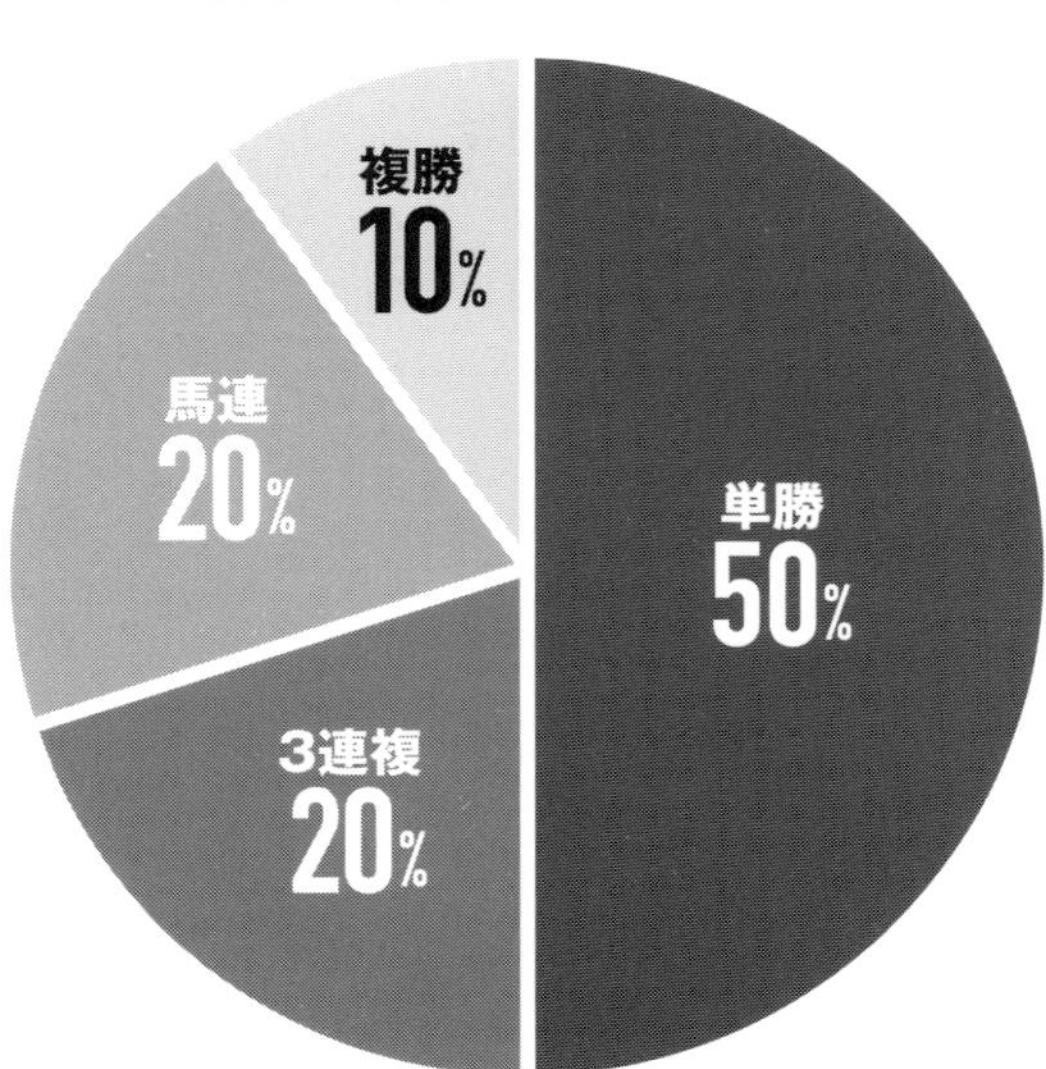

組み合わせるというケースが多いですね。

――ブログを始められた当初は複勝も積極的に買われていたようにお見受けしましたが。

高　今も複勝を買うレースはありますよ。ただ、それこそ1倍台前半となるようなレースは買い辛い。1倍台の複勝を当てても、単勝と同額の投資では元本割れしてしまいますからね。複勝を買わない代わりに、3連複か馬連を買うことを考えています。

――複勝と違って3連複、馬連となると一気に的中のハードルが上がりませんか?

高　単複を両方購入する際、単3：複7というように配分したりすると思うんですが、これだと単が決まった場合に後悔するケースに遭遇してしまいます。仮に単勝10倍、複勝2倍だった馬がいたとして、単勝を3000円、複勝を7000円購入したとしましょう。1着になったら、総額の払い戻しは4万4000円。1万円を投じても5万円にすらならない。複勝だけの的中なら1万4000円。こうなってくると、「馬券を買わなくてもいいのではないか?」という気になってしまいます。ただ、理想は2倍つけば、単勝と同額買っていてハズレてもチャラ。仮に少しトリガミ（馬券を獲っても損すること）だったとしても、保険という意味では役立つこともありますね。まぁその辺りは軸馬のオッズ次第かと。

――複勝だけじゃ刺激が薄いですもんね……。

高　刺激も薄いですし、あまりにも低い倍率のオッズでは、馬券を買うリスクの方が高いんじゃないでしょうか。仮に賭ける金額を上げたとしても、単3：複7という割合で購入していると、穴馬の単複でも的中させない限り、投じた金額の5倍にならないレースが大半だと思います。基本的には単複同額で、単が当たらなくても儲かるようなオッズ帯の馬を軸にしたいです。そういったオッズに及ばない場合は複勝以外の馬券でケアするように考えています。

――馬券に何を求めるのかということですね。

高　私の場合は、「高中式調教理論」という予想術の実践検証という部分は正直あります。調教で動くタイプの馬＝能力のある馬ということを証明したい。でも、馬券をしっかりと当てて儲けたい、いや、儲かると思ってガンガン馬券を買っています。やっぱり、口先だけで理論を喋る奴は信用できへん（笑）。よく「高中さんは何であんなに馬券を買うんですか？」と聞かれるけど、〝自分の予想理論が正しいのであれば絶対に儲かる〟というのは心の底から思っていますからね。馬券で負ける際は、自分でも痛い金額を賭けているのは間違いないですから。

――確かに1日5～6レース購入されている訳ですから、土日で延べ金額は100万円近くになることもあるって訳ですね……。

高　いやいや、そこまではいきませんが、数十万円にはなりますね。だから、馬券を買う際は当たり前だけど真剣。逆説的になりますけど、これだけ馬券を買っているんだから、儲かる上限が決まっている複勝馬券は、軸に抜擢しようとした馬のオッズ次第で判断します。

高中が3連単で勝負をしない3つの理由

――ところで、高中さんの場合、同じ資金を使うのであれば、3連単とかでガンガン買うというのも一つの手ではないですか？　一般的な競馬ファンは、1点100円でも点数の広がりやすい3連単は買い辛いところがありますけど、高中さんなら3連単重ね買いも可能のように思います。

高　私が用いている馬券術（調教）の性質上、

01 亀谷敬正
02 双馬毅
03 馬場虎太郎
04 伊吹雅也
05 キムラヨウヘイ
06 久保和功
07 小倉の馬券師T
08 じゃい
09 高中晶敏
10 nige
11 卍
12 メシ馬
13 吉冨隆安
14 六本木一彦

3連単とは合わないというのがまず大きな理由のひとつですね。正直、調教で全く動いていない馬が、3着に入ることは珍しくありません。そもそも、1~3着のうち1頭は自分の予想術では炙り出すことのできない馬だったりするもの。最近は外厩から帰ってきて10日前ルールぎりぎりでの出走もありますし、情報が全て公開されている訳ではないので、追い切りの動きをウォッチし辛い部分もあります。

——外厩の登場は、色んな意味で頭を悩ませますよね。調教派にとったらなおさらかも知れません。

高　あと、細かくデータを調べて、このパターンは走るとか走らないとかを分析して、馬券を組み立てる時間がないというのがもうひとつの理由です。調教をメインの予想ファクターにしていると、レースによっては人気薄の馬がピックアップされることも珍しくありません。仮に10番人気の馬を軸にしようと思ったのなら、無理に3連単を買う必要がないんじゃないでしょうか。

——それは言えますね。

高　あとは〝運〟の問題！　馬券の買い方を問われている本で〝運〟を持ち出すのはどうかと思いますけど、ハナ差で着順が変わることは珍しくもなんともないでしょう？　500キロ近い馬が60キロ以上のスピードで1キロ以上の距離を走って、最後は数十センチあるかないかという結果に終わることも少なくない。同着だって年に何レースかは必ずあります。となると、3連単を買って、わずかな差でハズレるのは精神的にもよろしくないでしょう（笑）。軸馬が勝つつもりで馬券を買っていますが、とりあえず3着以内に入れば何らかの馬券を当てたいというのが3連単を買わない理由でもあります。

——確かに、軸馬に自信があった時に、1着固

「軸馬が3着に落ちろ!」と願うのも嫌ですからね。3連複であれば、とにかく3着以内、できれば1着という感じで応援できますし。

定だけの馬券を買っていたとして、ハナ差の2着で何も当たらないというのは誰もが嫌ですもんね。軸馬が1着になれば必ず儲かるという意味で単勝を購入しているのであれば、3連単を一緒に購入する必要はないかも知れませんね。ただ、3連複を購入するのなら3連単1頭軸マルチじゃダメなんでしょうか。

高 3連単のマルチ馬券は点数が広がり過ぎてしまうのが欠点ですよね。1頭軸相手6頭で90点、7頭なら126点、8頭なら168点というように、相手の頭数をどこまで広げて買うのかという問題があります。10番人気馬を軸にしたとして、相手7頭の中に2、3着馬が入らなかったらショックが大きすぎます。誰もが体感しているし経験あると思いますけど、最後に迷って切った馬に割り込まれてしまうということはよく起こる話。そういった意味では運の要素が強いのも3連単馬券の特徴だと思います。

――1頭軸マルチで買えたとしても相手6頭位(90点)が限界ですもんね。

高 軸馬が1番人気だったとして、相手にも入れている8番人気、9番人気の3頭がゴール前競っていたとして、「軸馬が3着に落ちろ!」と願うのも嫌ですからね。3連複であれば、とにかく3着以内、できれば1着という感じで応援できますし。

調教理論が通用しないレースでこそ3連複馬券が生きてくる

――さて、それでは高中さんにとっての大本命とも言える券種・3連複の買い方について教えてください。

高　はい。まず、繰り返しになりますけど、軸としている馬は基本的に勝ち負けが期待できる馬です。なので、「単勝を買いたい！」と思うような馬を軸にしないといけません。それは券種が違っても同様です。たまに極端な人気薄の馬が浮かび上がって、3着に入ってくれれば御の字と思うこともあるでしょう。ただ、そういった馬を軸にしても、差のない4、5着で終わってしまうこともある。極端に人気薄の場合は、3着程度に来てくれればOKという意味が含まれているのは確かですが、それでも基本は勝ち負けが期待できる馬を買わないといけません。その上で、3連複か馬連かを選択するという作業に移ります。3連複を選択する条件は、相手馬もあっさり決まれば3連複総流し、確固たる相手馬が分からなかった際や難解な場合は馬連総流しというイメージです。

――難解な場合は3連複ではなく馬連なんですね？

高　あとは極端に人気を集めている時ですね。そもそも人気に関わらず単勝を買いたい馬を軸にしています。そういった意味では馬連は妥協の産物（笑）。人気馬で複勝が買えないケースは馬連を選択するケースもありますね。「馬連を買ったら3連複を買わない」とか、「3連複を買ったら馬連は買わない」ということでもありません。併用して購入することもあります。

——単勝を購入して、馬連、3連複を併用するというのは効率が良くなさそうにも思えてしまうのですが…。しかも、高中さんは3連複でも馬連でも総流しされることが多いですよね？

高　もっと言ってしまうと、荒れそうなレースで配当妙味のある馬を軸にしているということですかね。これはあくまでもデータを調べた訳ではないですし、今までの経験や体感からきているものなんですが、荒れやすいレースは以下の通りだと思っています。

・2、3歳戦

・牝馬限定戦

・何が起きてもおかしくはないレース

この条件に当てはまるレースは相手を絞ってもいいことがない。さっき、リスクの話をしましたけど、競馬は100％のないギャンブル。ならば、少しでも荒れそう（もしくは波乱含みとなりそう）なレースで、能力のある馬を軸にすればいいというのは理屈として間違っていませんよね？　となれば、そういったレースで総流しを敢行し、それこそ運の要素に任せる部分があってもいいと思います。

——確かに2、3歳戦などは調教だけでは分からない馬もいますしね……。

高　出走数もそれほど多くないので馬の個性が掴めていないことも珍しくありませんからね。芝からダートへの変更や、その逆パターンに対応して、思わぬ激走を見せるシーンは毎年あります。牝馬限定戦も同様のことがいえて、春先であればフケなどもあり体調が安定しないなんて話はよくあります。つまり、調教で動いている＝能力があって馬券の買いたい馬がこうしたレースに出走しているのがベストなわけです。

単勝・馬連・3連複のトリプルアタックのメリット

――3連複を購入する際はどのように買われることが多いのでしょうか?

高　基本的には軸馬を見つけて、相手が4、5頭以内前後ならフォーメーション馬券。相手も1頭だなと絞れれば2頭軸流しが多いですね。もちろん、基本的には総流しとします。後は単勝が決まるかどうかというのが大儲けに繋がるか否かの分岐点になりますね。あと、単勝、馬連が決まらなくても3連複だけでチャラとか少し儲かるというケースも少なくありません。19年5月26日の日本ダービーは3連複に助けられたケースでした。大儲けという馬券を見せても現実味が薄いと思うので(笑)、このようなケースでは本当に助かったという意味でまず紹介しましょう。

――日本ダービーで高中さんはヴェロックスが本命だったんですね。

高　結果はご承知のとおり、3着です(泣)。まず、この馬の単勝に5万円ぶちこみました。ダービーは思い入れの強いレース。初めて単行本を出した際に、袋とじがついていたんですけど、その中でディープブリランテを推奨して、実際にダービーを勝利。ダービーみたいな誰もが勝ちたいレースでは、どの馬も究極に仕上げてくるのが必定。純粋に高中式調教理論が当てはまりやすいレースでもあります。

――次に馬連総流しを敢行したんですね。

高　複勝を単勝と同額の5万円購入しても仕方がないと判断しました。というのも最終オッズで1・2倍~2・1倍だったことからも分かるとおり、複勝馬券が売れている状況です。このレースは1番人気サートゥルナーリアが1・6

倍（複勝1・1倍～1・1倍）、2番人気ヴェロックスが単勝4・3倍（複勝1・2倍～2・1倍）、3番人気ダノンキングリーが単勝4・7倍（1・3倍～2・4倍）というもの。いわゆる三つ巴戦というレースですね。ヴェロックスはサートゥルナーリアが4着以下になったとしても、複勝オッズの上限が2倍では買う必要がないと判断しました。馬連はヴェロックスから総流しを1点1000円流しで、さらに1軸目ヴェロックス、2軸目にサートゥルナーリアとダノンキングリーにアドマイヤジャスタを加えて、ヒモ総流しの3連複馬券を1点500円でまず購入。1軸目にヴェロックス、2軸目にサートゥルナーリアとダノンキングリーを置いて、ヒモ総流しの3連複を1点500円流しで本線として購入しました。

――ヴェロックスの相手も、1番人気サートゥルナーリアと、3番人気ダノンキングリーで堅いというイメージですね。

高　基本的にはそういうイメージです。ただ、1～3番人気馬の3頭で決まるとも思っていません。本当にそう思っていたら、3頭の1点勝負の3連複だけでいいわけですから。つまり、ヴェロックスが勝って、2、3着にはサートゥルナーリアかダノンキングリーが来る可能性が高いという趣旨です。万が一、その2頭が来ない場合は、4番人気とはいっても単勝25・9倍だったアドマイヤジャスタが怖いというのが、3連複馬券の大きな意図。サートゥルナーリアかダノンキングリーが相手だと、相手に恵まれないと配当は厳しいと思ったので厚目に買ったというところですね。

――結果はまさかのヴェロックスが3着！　1着が12番人気で単勝93・1倍のロジャーバローズ、2着が相手候補だった2番人気のダノンキングリーという決着でした。

高　最後はサートゥルナーリアをもう一度ねじ伏せてくれて助かったという決着です。欲を言えば、せめて2着なら単勝がハズレていても馬連が的中するんで儲かったんですけど……。

――それでも3連複1万2050円を1000円分的中ならそれだけで12万円ですよ。

高　ただ、10万5000円も投資していましたからね……。それでも12万500円になって、負けとはならなかったし、助かったのは間違いありません。

――このレースの3連単の配当は19万9060円で20万円にも届かないんですよね。

高　このレースを見て、改めて3連単は買うものじゃないと思いました（笑）。そもそも、ロジャーバローズをヒモに入れることはあっても1着に固定できた人がどれくらいいたのでしょうか。そもそも論ですが、1着固定の馬券が売れるような馬は単勝万馬券近いオッズになる訳がないですしね。

――実はこれ、ダノン→ロジャーの順の3連単は約803倍にしかならなかったんですよね。

高　その差がクビだったことを考えると、19万馬券でも配当に恵まれたと思った方が良いかも知れませんね。ちなみに、ダノン→ヴェロックス→ロジャーでは3連単の配当はたったの約388倍でしたから。

――それなら3連複で十分という結論かもしれません。

高　GⅠレースに出てくるような馬たちは、しっかりと実績を積んできている馬たち。近走の着順だけが全てではないでしょう。このダービーのように堅いと思われているレースでも、1頭は人気薄が絡むことは珍しくありません。私にはヴェロックスを3連単1頭軸マルチの中心

2019年 5月26日(日)　2回東京12日　天候：晴　馬場状態：良

【11R】 ダービー

3歳・オープン・G1(定量)　(牡・牝)(国際)(指定)　芝 2400m　18頭立

着	枠	馬	馬名	性齢	斤量	騎手	タイム	着差	上3F	人	単勝
1	1	1	ロジャーバローズ	牡3	57	浜中俊	2.22.6		35.1	12	93.1
2	4	7	ダノンキングリー	牡3	57	戸崎圭太	2.22.6	クビ	34.5	3	4.7
3	7	13	ヴェロックス	牡3	57	川田将雅	2.23.0	2 1/2	34.3	2	4.3
4	3	6	サートゥルナーリア	牡3	57	レーン	2.23.1	1/2	34.1	1	1.6
5	5	9	ニシノデイジー	牡3	57	勝浦正樹	2.23.1	頭	34.3	13	107.9

単勝　①9310円
馬連　①⑦11200円
3連複 ①⑦⑬12050円
3連単 ①⑦⑬199060円

上）二桁人気の馬が勝つという、長い歴史の中でも異例の結末となった2019年のダービー。しかしこんな波乱の結末であっても、「3連複故に獲れた」という人は多い。高中氏もその一人である。

下）トリプルアタックで挑んだダービー。本命に推した馬が3着という絶望的状況に陥ったが、それでも3連複の的中によってトータルプラスに持ってこれた。3連複は3種の中で一番当てるのが難しく、高配当になる券種ながら、保険にもなりやすいという特殊な一面を持ち合わせている。

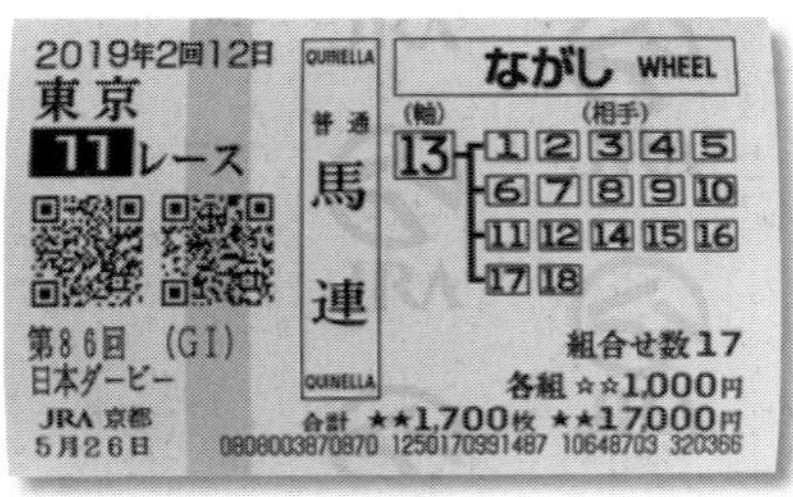

に据えていても、ヒモにロジャーバローズを入れられていたとは思いません。ちなみに3連単1頭軸の相手総流し（この場合17頭）は816点。ロジャーバローズが2着ならチャラ、3着ならトリガミという馬券です……。

――ほぼチャラに近いといっても3着で投資金額以上になった訳ですし、3連複ならではの破壊力は見せたといえますね。

トリガミ上等の覚悟が決まれば案外馬連は美味しい

――では、最後に、馬連についてお聞きしたいと思います。先ほど少し話題に出ましたが、どのようなレースで活用すればいいでしょうか？

高　馬連の場合、相手が決めにくい状況だったり、人気馬が軸の際は出番だと思います。もちろん、馬連と3連複とで併用することもあります。馬連、3連複の的中は不動産業界でいうところの〝両手取引〟みたいなもの。売主、買主の双方からきっちりと手数料を取れる環境を作るのが一番いい形。単複馬券が決まれば最低限の取引には成功、単複に加えて、馬連、3連複が当たればさらに上積みが見込める。3連複は相手次第のところもありますけど、馬連なら軸馬が勝てば自動的に的中するというのもポイントです。

――この馬券は本当に凄いですよね。高中さんは数々の凄い馬券を撃墜されていますが、改めて見ても驚かせられる馬券です。

高　これは運が良かっただけです。3月9日中山6Rは4番人気（8・9倍）のキタイが軸。ここはまず、そのキタイの単勝に2万円、複勝も2万円購入。そして12番の地方馬を除いた全頭の馬連を1点1000円で購入しました。

2019年 3月 9日(土)　2回中山5日　天候：晴　馬場状態：良

【6R】

3歳・500万下(馬齢)　(混)(特指)　芝 1200m　15頭立

着	枠	馬	馬名	性齢	斤量	騎手	タイム	着差	上3F	人	単勝
1	2	2	ホープフルサイン	牡3	56	江田照男	1.09.7		35.0	13	182.2
2	8	14	キタイ	牝3	54	田辺裕信	1.09.7	頭	35.0	4	8.9
3	6	10	ヴォイスオブジョイ	牝3	54	戸崎圭太	1.09.7	ハナ	34.6	1	2.2
4	2	3	ユニバーサルレディ	牝3	52	野中悠太	1.09.8	1/2	35.0	5	10.1
5	7	13	ナタラディーヴァ	牝3	53	武藤雅	1.09.9	3/4	35.0	9	24.4

単勝　②18220円
馬連　②⑭94850円
3連複 ②⑩⑭61440円

馬連流し馬券の最大の魅力は、普通に買い目を構築したのでは決して拾うことのできない相手を、ある意味"勢い"で買い目に加えることができる点であろう。それが時に物凄い配当となるのだ。

通番	場名	曜日	レース	式別	馬／組番	購入金額	的中／返還	払戻単価	払戻／返還金額	馬券
01	中山	土	6R	単勝	14	20,000円	－	－	0円	表示
02	中山	土	6R	複勝	14	20,000円	14	230円	46,000円	表示
03	中山	土	6R	馬連ながし	軸:14 01,02,03,04,05,06,07,08,09,10,11,13,15	各 1,000円 計13,000円	02－14	94,850円	948,500円	表示
合計						53,000円			994,500円	

――3連複は購入しなかったんですね。

高　まず、このレースの条件は3歳500万下（現1勝クラス）の芝1200m戦。中山芝戦で15頭立ての短距離戦なら波乱含みといえるでしょう。先ほど、荒れるレースの条件としてお話した・2、3歳戦に該当。春先の3歳ダート戦1勝クラスやオープン、短距離戦は頭数も揃っていることが多いですし、基本波乱含み。一方の中距離路線は私が語るまでもないですが、ノーザンF系の使い分けなどで頭数が揃わないレースが多いですからね。

――波乱前提で、軸はキタイに決まったけど、相手馬まで絞り込めなかったレースということですね。

高　結果を見ればその読みが間違っていなかったことが分かると思います。1着が13番人気（182・2倍）のホープフルサインで、2着が軸に推したキタイ。3着が1番人気で単勝

2・2倍のヴォイスオブジョイで決着。

――この1着馬は買い辛いというか、本来買えない馬ですね（笑）。

高 未勝利を勝ち上がったのは浦和のJRA交流戦。その前は3走ともJRAの競馬場でダート戦に出走し3秒2差、2秒5差、1秒7差と大敗していた馬。いくら初芝といっても、JRA交流で勝ち上がった馬だし、ダートとはいえ大敗続き。普通は買い辛い馬でしょう。

――そんな馬でも勝ってしまうのが恐ろしいところ。高中さんは軸をキタイにしていたので、複勝、馬連が的中。複勝は230円だったので4万6000円に。馬連含めて5万3000円購入していたので、キタイが3着なら7000円の負け。

高 単複だけの購入なら6000円のプラス。ここをどう考えるかでしょうね。単複だけではなく、馬連、3連複を押さえれば点数は増えます。しかし、このレースのように超特大万馬券が当たれば、想定以上の払い戻しを受けることもありますから。

――馬連は9万4850円ですもんね。1000円分の的中ならそれだけで95万弱。複勝と併せて99万4500円。約100万円かぁ

春先の3歳ダート戦1勝クラスやオープン、短距離戦は頭数も揃っていることが多く、基本、波乱含みと考えることが得策である。

2019年 4月13日(土)　2回阪神7日　天候：晴　馬場状態：良
【11R】 アーリントンカップ
3歳・オープン・G3(馬齢)　(国際)(指定)　芝・外 1600m　18頭立

着	枠	馬	馬名	性齢	斤量	騎手	タイム	着差	上3F	人	単勝
1	5	9	イベリス	牝3	54	浜中俊	1.34.2		34.4	12	35.9
2	5	10	カテドラル	牡3	56	シュタル	1.34.2	クビ	33.3	7	21.7
3	6	11	トオヤリトセイト	牡3	56	福永祐一	1.34.2	頭	33.6	11	30.6
4	3	6	ニシノカツナリ	牡3	56	武藤雅	1.34.2	頭	33.6	6	18.2
5	7	15	ユニコーンライオン	牡3	56	岩田康誠	1.34.3	クビ	34.2	5	18.0

単勝　⑨3590円
馬連　⑨⑩36120円
3連複 ⑨⑩⑪208320円

人気薄を本命にした場合、是が非でも当てたい気持ちが湧いてくる。ヒモ抜けなどしてしまっては目も当てられない。そうならないためには、単勝、複勝、馬連流しのトリプルアタックも有効である。

通番	場名	曜日	レース	式別	馬／組番	購入金額	的中／返還	払戻単価	払戻／返還金額	馬券
01	阪神	土	11R	単勝	10	30,000円	－	－	0円	表示
02	阪神	土	11R	複勝	10	30,000円	10	760円	228,000円	表示
03	阪神	土	11R	馬連ながし	軸:10 01,02,03,04,05,06,07,08,09,11,12,13,14,15,16,17,18	各 1,000円 計17,000円	09－10	36,120円	361,200円	表示
合計						77,000円			589,200円	

〜。約4万と約100万ではその後の収支に影響しそうですしね（笑）。

高　単複だけしか買わない人には、馬連か3連複のどちらかを付け加えるだけでも、運が良ければ大きく儲けることができるということは主張しておきたいですし、3連単ばかりだという人にも、そこまで無理をしなくても大儲けすることは可能ですと…と伝えたいですね。

――実際、高中さんはアーリントンCでも3万6120円の馬連を1000円分的中されたりしていますもんね。

高　きっちりと波乱が起きそうな条件を選んで馬券を買えば、（馬連や3連複で）総流しはかなり効果的だと思っています。まぁこの辺は券種の話というよりも、そういったレースをどう見抜くか…という予想理論の話になってしまうので、もしそっちに興味がある人は私の著書でも手に取ってみて下さい（笑）。

number

10

nige

競馬予想を「ダート」に特化することで、精度の高い予想を提供し続けることに成功しているnige氏。紛れが少なく、勝ち馬が見抜きやすいと言われるその条件で使う券種とは?

profile

nige…SEの職を辞して、2014年より「ダート馬券師兼馬券ヘルパー」としてプロ予想家に転身。同年10月に「競馬王」でメディア初登場を果たし、同年12月に自身初の著書となる「地方交流重賞で丸儲けする男の本」を刊行。中央・地方問わずダート競馬全体に精通しており、馬券の的中精度も高い。現在は競馬王の他に、netkeiba.comやウマニティなどにも活躍の場を広げており、熱狂的ファンを多く抱えている。

nige | number 10

自身の目標とする回収率や置かれている状況に応じて馬券を組み合わせよ！

nige氏の駆使している
予想理論

ダート競馬に重点を置き、もっぱらの主戦場は南関東及び中央競馬のダート番組が中心。ダート競馬は芝のレースと比較して予想をしやすい条件が揃っていると豪語し、実際に高い精度でヒットを連発している。各馬の特徴をしっかり捉え、3連単を少点数で仕留めることを得意としている。

的中率と回収率を見つめることでテーマが見つかる

今回の「券種」というテーマは、購入レース数、購入金額、どのくらいリターンが欲しいのかなどで、人それぞれ正解が変わるテーマです。馬券ヘルパーとして、いろいろな方に対して買い方のコンサルティングをしてきましたが、まずは次の二つをしてもらいます。

①過去（最低1か月）の購入馬券を調べる
②目標とする的中率・回収率を考える

この二つが分かると、その人にどのような券種が合うのか見えてきます。

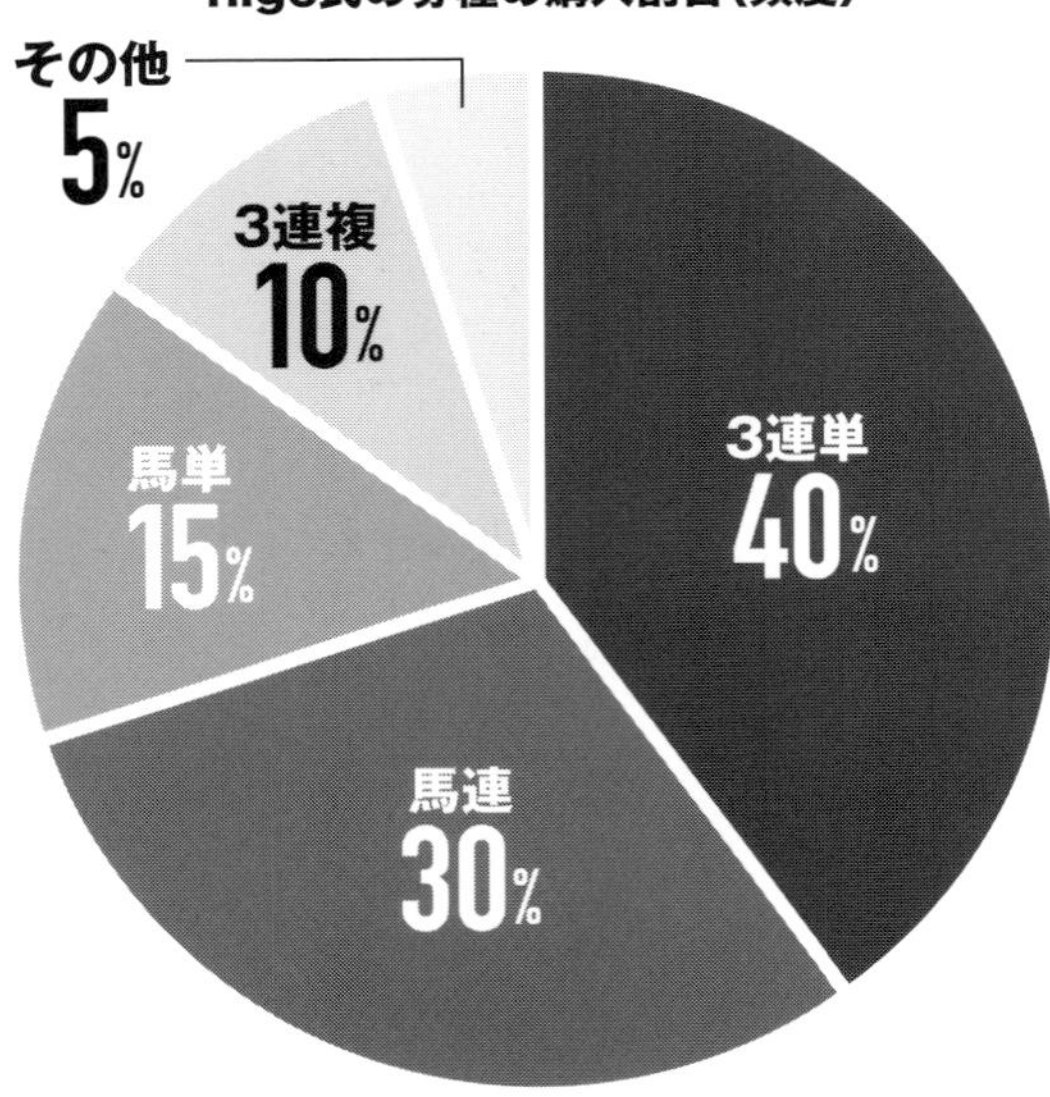

①に関しては、的中馬券の券種・的中率・回収率・購入レース数・本命馬の成績（勝率・連対率・複勝率）などを調べます。当てている券種、つまり得意、または好きな券種が見えて現実を知ることができます。

②に関しては、理想を考えることで現実との差を知ることができます。この差によって、券種はそのままで金額の強弱や勝負レースの選択で回収率を上げることができたり、券種を変えなければ理想には届かないので、券種を変更する必要があることを本人に理解してもらいます。

「自分を理解する」ということは本当に大事で、なんとなく券種を選んで買うのとは大きな差が出てきます。

例えば、次のような人がいるとします。

回収率：75％
的中率：25％
券種：3連複メイン

この人の場合、3連複の高配当が狙える券種なのに、的中率が高く、回収率が低いです。たったこれだけの情報だけでも、人気どころを含めて点数を買いすぎていたり、軸を人気馬としてトリガミになるような買い目が多いことが推測できます。こういう場合は、いきなり本命を穴馬にすることは無理なので、3連複メインを続けるのなら点数を減らしたり、トリガミになる買い目は買わずに的中率を下げることで回収率がアップするかを試すのが得策です。的中率を維持したいのなら、本命が人気どころに偏っているはずなので、券種を単勝に変えることなどを指示します。当てることに意識が高くなりすぎているので、その視点を変えてもらいます。一つの例だけで、いろいろな選択ができるように、正解は一つではありません。

的中と回収のバランスを考えて馬券を併用せよ

選ぶ券種は、何が得意なのか、どのように勝ちたいのかで変わります。

私が普段購入している券種は、馬連と3連単がメイン。この2種類の併用が基本です。併用にしている優位性は、馬連である程度の的中率を確保して、3連単を重ねて取ることで爆発力も期待できる『バランスの良さ』です。私は過去の自分の実績から「的中率17～22％・回収率105～110％」を目標に設定して、自分の予想の傾向（馬単位の適性重視で、5番人気以内を本命に選びやすい）と併せて、この券種の組み合わせがベストと判断して購入しています。昔は、3連単のみで「的中率5～7％・回収率110％以上」と設定して勝負していたこともあります。その設定で100万馬券を取ったこともありますが、その快感より当たらないストレス（2か月当たらないことなど普通にある）に我慢できずに、的中率と回収率のバランスを考慮して、現在はこの設定に落ち着きました。

ただ、馬連と3連単の併用だけに固定はしていません。狙っている馬のオッズ（私の場合は、オッズが出る前に予想を出しているので想定オッズ）に併せて、人気馬なら馬連を馬単にしたり、人気が無いようなら3連単を3連複にしたり、3連単を1着固定だけにして3連複と併用したりして、柔軟に変更しています。変更することで取り逃すことはありますが、それは仕方ないと割り切っています。設定している的中率から5回に1回的中させて、その際に購入金額の5倍の回収がベースとなります（そうしないと回収率100％を超えない）。仮に馬連が本線で当たっても購入金額の3倍にしかならないような時は、リスクを取って馬単で6倍を取りに行くようにしています。

「レースを当てる」ことが目的なら馬連で取りに行くのが正解なのですが、「当てて長い目で見て勝つ」ことを考えると馬単ではずれることも決して間違いではないはずです。短期で考えるとはずれることはリスクですが、長期で考えると当てに行くことがリスクになるのです。

断然人気を嫌いたいケースでは攻めの姿勢を貫け

例えば、2019年の安田記念。このレースは、アーモンドアイとダノンプレミアムの2強ムードで、3番人気アエロリットが単勝オッズ12・5倍もあったレース。私は、アーモンドアイとダノンプレミアムのどちらも不安要素があり、馬券圏外になる可能性が十分にあると考えていて◎インディチャンプ（4番人気）、○アエロリット（3番人気）にしました。ここまで極端な2強ムードなら、◎-○の馬連は、3・4番人気でもかなりのオッズが期待できて、馬

短期で考えるとはずれることはリスクですが、長期で考えると当てに行くことがリスクになるのです。

連本線だけで購入金額の5倍以上も考えられました。それを考慮すると、相手は少し手広く選べるので、アーモンドアイ（1番人気）、サングレーザー（6番人気）、ロジクライ（11番人気）、ダノンプレミアム（2番人気）まで選択。馬連だけでも当たれば回収できるので、3連単は当たればボーナス的な買い方ができます。1頭軸マルチで、手広く買って2強がどちらも馬券圏外になった時の高配当（最高17668・3倍）まで購入。結果は、◎→◯→▲の大本線となりました（P140参照）。

馬券的には、馬連56・7倍（1000円）、3連単437・2倍（100円）が的中（購入10000円）。アーモンドアイが、3着になったことで3連単は安め。それでも、馬連で購入金額の5倍以上回収して、ボーナスと考えていた3連単まで取れているので、買い方的には正解と言えます。本線を厚めに買っていたら、もっと回収できていたというのは結果論。2強が崩れるリスクがあると考えているなら、その時の3連単が取れなかった時の痛恨の結果は避けたいという選択。馬連でオッズがいいという前提があっての、リスク付き3連単狙いであり、設定している的中率・回収率があっての狙いでもあるのです。

用途に応じた券種を使いこなせれば回収率は飛躍的に上がる

自身の予想を上手く券種に落とせたのが、2018年の京都開催だったJBCレディスクラシックです。このレースは、◎アンジュデジール（6番人気）の狙える条件が揃っていました（レディスプレリュードの特殊馬場での凡走で人気落ち、エルムSで牡馬相手の超高速馬場で見せた軽い馬場適性、持続力が生きるペースが流れる展開など）。ただ、人気上位の◯クイ

2019年 6月2日(日)　東京11R　安田記念　　芝1600m

枠・馬番	印・オッズ	斤量・騎手	馬名・血統	調教師・成績	前走	前々走
1 白 1	関西(67.0)66.8 ::::::::: 24.8 ←圏	58 幸 0001	⊗ディープインパクト㊥ 牡4 ケイアイノーテック ケイアイガーベラ⑨ 鹿毛 Smarty Jones㊥ 亀田和弘 隆栄牧場	平田(栗)0.0.0.0 3-2-1-6 0 0 4 1 7250 ・・⑥・・・・・ 中5週0 0 0 1	1東② 1・27根岸S GIII16ト10 左ダ1247 藤岡佑58△ M36.7-36.3 ⑩⑩⑩内 コパノキッキ1.2 468 4ト7 栗坂 53.4 39.2 12.2	3京② 4・21マイC GII10ト6 天芝外C1332シュタル58△ S37.2-32.1 ⑦⑦⑦外 ダノンプレミ0.6 470 9ト6 CW 83.9 37.9 11.7
2	(70.7)69.7 △◎△△△▲△ 10.3 ←圏	56 戸崎 0101	クロフネ㊥ 牝5 アエロリット アステリックス⓪ 芦毛 ネオユニヴァース㊥ サンデーR ノーザンファーム	菊沢(美)0.0.0.2 4-5-0-6 2 6 1 0 10350 ・・・・・⑤・・ 中2週0 1 0 0	(米)1・26ガルフストリ10ト9 ペガサスWCT招待SGI 4ト5 天芝左重1582ジェルー505 ブリックスア3.7 ②②④⑩	2東⑧ 5・12VマイGI18ト5 天芝B1309横山典55◎ M33.7-34.8 ①①①内 ノームコア0.4 512 11ト2 美坂 51.2 37.7 13.0
2 黒 3	(69.2)68.9 ::::::::: 22.4 ←圏	58 横山典 1212	⊗キングカメハメハ㊥ 牡8 (地)サクラアンプルール サクラメガ(米) 栗毛 サンデーサイレンス㊥ (株)さくらコマース 谷岡スタット	金成(北)0.0.0.2 4-4-3-17 0 1 7 0 7570 ・2カ月半休養・ 中9週0 0 0 2	3中山③ 3・23日経賞GII12ト3 右芝外A2346横山典56▲ S38.2-35.2⑤⑤⑦⑤外 メイショウテ0.4 484 4ト4 南W回71.3 40.5 12.5	在厩調整 仕上がり良好 初戦⑧着 推定馬体480 中9週以上1 1 0 7
4	関西(73.1)71.6 △△::△△△ 16.1 ←圏	58 岩田康 初騎乗	⊗ディープインパクト㊥ 牡5 サングレーザー マンデイスハント⓪ 青鹿 Deputy Minister㊥ (株)G1レーシング 追分ファーム	浅見(栗)1.1.1.0 7-2-4-5 0 0 7 2 10650 ・2カ月放牧・・ 中8週0 0 0 0	(香)12・9シャティン 9ト4 香港カップGI 6ト2 右芝右良2021モレイラ57 グロリアス70.4 478④④④	2阪④ 3・31大阪杯GI14ト12 右芝内B2021ミナリク57△ S38.0-35.8③③①①外 アルアイン1.1 488 8ト7 栗坂 58.7 42.5 12.7
3 赤 5	関西(67.3)67.8 ▲:▲△△:▲ 9.6 ←圏	58 福永 3101	⊗ステイゴールド㊥ 牡4 インディチャンプ ウィルパワー④ 鹿毛 キングカメハメハ㊥ 福島 (有)シルクレーシング ノーザンF	音無(栗)0.0.0.0 5-1-1-2 0 1 3 2 4350 ・・④・・・・・ 中5週0 0 0 0	1東④ 2・3東新聞GIII15ト1 天芝D1319福永56◎ M35.7-33.5 ⑦⑦⑥外 0.1レッドオルガ460 2ト1 栗坂 50.3 36.8 12.5	3京② 4・21マイC GII10ト4 天芝外C1328福永56◎ S36.8-32.1 ④③③内 ダノンプレミ0.2 470 3ト2 栗坂 52.7 38.7 12.5
6	関西(69.0)68.9 ::::::::: 28.7 ←圏	58 松岡 1001	⊗スクリーンヒーロー㊥ 牡7 グァンチャーレ チュウオーサーヤ① 青鹿 ディアブロ㊥ 福島 松本俊廣 中央牧場	北出(栗)0.2.0.1 5-9-5-19 1 1 12 0 5825 ・・②・・・・・ 中5週0 0 1 1	2京⑤ 2・9洛陽S(L)12ト1 天芝外B1352池添57◎ S36.6-34.5 ④④③中 0.1グリュイエー480 3ト1 栗坂 52.1 37.9 12.3	3京② 4・21マイC GII10ト2 天芝外C1328池添56△ S36.0-32.5 ①①①外 ダノンプレミ0.2 472 8ト5 栗坂 50.9 37.2 12.1
4 青 7	関西(71.1)68.5 △::△△△△ 22.7 ←圏	58 坂井瑠 0100	フランケル㊥ 牡5 (外)モズアスコット インディア(米) 栗毛 ヘネシー㊥ (株)キャピタル サマーウインドF	矢作(栗)0.0.0.0 5-4-0-6 0 1 8 0 8900 ・・⑦・・・・・ 中5週0 0 0 0	(香)12・9シャティン 14ト7 香港マイルGI 2ト3 天芝右良1343ルメール57 ビューティー0.8 481⑬⑬⑫	3京② 4・21マイC GII10ト7 天芝外C1336ルメール58△ S37.0-32.8 ⑥⑥⑥外 ダノンプレミ1.0 496 4ト3 栗坂 54.5 39.5 12.5
8	(69.1)68.3 △△△◎▲△△ 12.1 ←圏	58 レーン 初騎乗	⊗ロードカナロア㊥ 牡4 ステルヴィオ ラルケット④ 鹿毛 ファルブラヴ㊥ サンデーR ノーザンファーム	木村(北)1.0.0.0 4-3-1-3 0 1 5 1 12800 ・2カ月放牧・・ 中8週0 0 0 0	2中山② 2・24中山記GII11ト3 右芝内A1455丸山57◎ M36.7-33.5⑤⑤⑥⑥外 ウインブライト490 7ト2 南W④53.9 38.4 12.6	2阪④ 3・31大阪杯GI14ト14 右芝内B2025丸山57◎ S36.9-36.7④⑤⑥④中 アルアイン1.5 478 12ト6 南W④53.3 38.5 12.3
5 黄 9	関西(65.8)66.6 :::::△: 30.6 ←圏	58 池添 0001	⊗ダノンシャンティ㊥ 牡6 スマートオーディン レディアップステージ(米) 黒鹿 Alzao㊥ 大川徹 スカイビーチステーブル	池江寿(栗)0.0.0.1 5-1-0-7 0 0 1 5 5350 ・・・・・⑦・・ 中2週1 0 0 1	1阪② 2・24阪急杯GIII18ト1 右芝内A1203藤岡佑56△ M36.1-33.4 ⑱⑱⑮外 0.2レッツゴード500 17ト11 栗坂 51.7 37.2 12.2	2東⑦ 5・11京王杯GII15ト7 右芝B1197池添56△ M36.1-32.6 ⑮⑮外 タワーオブロ0.3 504 16ト4 栗坂 53.2 39.2 12.0
10	関西(65.9)67.3 :::△:::: 16.3 ←囲	58 北村友 1000	ファストネットロック㊥ 牡5 (外)フィアーノロマーノ ハートアシュリー(米) 鹿毛 Lion Heart㊥ 吉田和美 キアオラスタッド	高野(栗)0.0.0.0 6-0-0-5 0 5 1 0 4050 ・2カ月放牧・・ 中8週0 0 0 0	5阪⑨ 12・28ファ1600 18ト1 右芝内B1214川田57◎ H34.5-35.7 ④③③中 0.2ヤマカツグレ544 7ト1 栗坂 53.4 38.3 11.8	3中山③ 3・30ダ卿T GIII16ト1 天芝外B1317川田55◎ H34.2-34.8③④④③外 ミッキーセブリモシーン540 2ト2 栗坂 52.0 37.7 12.0
6 緑 11	関西(64.6)65.2 ::::::::: 27.2 ←圏	58 田辺 0001	⊗ディープインパクト㊥ 牡4 エントシャイデン ルシュクル③ 芦毛 サクラバクシンオー㊥ 前田幸治 (株)ノースヒルズ	矢作(栗)0.0.0.0 4-1-3-8 0 1 3 1 2500 ・・・・・⑪・・ 中2週1 1 2 2	1阪② 2・24阪急杯GIII18ト5 右芝内A1208坂井瑠56 M35.7-34.1 ⑭⑮⑮中 スマートオー0.5 478 18ト7 CW 85.1 37.6 12.2	2東⑦ 5・11京王杯GII15ト11 右芝B1199田辺56△ M35.9-33.0 ⑭⑬外 タワーオブロ0.5 472 11ト7 CW 82.0 38.7 11.7
12	(68.1)67.0 ::::::::: ☆ ←圏	58 石川裕 初騎乗	⊗マツリダゴッホ㊥ 牡6 ロードクエスト マツリダワルツ(米) 鹿毛 チーフベアハート㊥ ロードHC 様似堀牧場	小島茂(美)0.0.0.1 4-3-2-18 0 1 1 5 6475 ・・・・・⑫・・ 中2週0 1 0 4	3中山③ 3・30ダ卿T GIII16ト6 天芝外B1321三浦57 H35.6-34.1⑩⑪⑫⑨中 フィアーノロ0.4 466 10ト6 南W⑤68.0 38.5 12.5	2東⑦ 5・11京王杯GII15ト12 右芝B1199Mデムー57△ M35.8-33.0 ⑬⑬中 タワーオブロ0.5 464 12ト5 南W④55.1 40.5 13.2
7 橙 13	関西(71.2)70.3 △△△△△○△ 12.3 ←圏	58 Mデムーロ 2216	ハービンジャー㊥ 牡5 ペルシアンナイト オリエントチャーム④ 黒鹿 サンデーサイレンス㊥ (株)G1レーシング 追分ファーム	池江寿(栗)0.0.1.1 4-4-1-8 0 0 7 1 8375 ・2カ月放牧・・ 中8週0 1 0 1	2中京② 3・10金鯱賞GII13ト4 右芝A2008Mデムー57△ S36.8-34.7⑤⑤⑥⑥中 ダノンプレミ0.7 492 6ト4 CW 83.4 39.3 11.9	2阪④ 3・31大阪杯GI14ト11 右芝内B2020Mデムー57△ S37.5-36.1⑨⑨⑥④外 アルアイン1.0 494 11ト3 CW 84.0 38.9 11.5
14	(68.4)68.9 ◎◎◎◎◎◎◉ 1.9 ←圏	56 ルメール 6100	⊗ロードカナロア㊥ 牝4 アーモンドアイ フサイチパンドラ④ 鹿毛 サンデーサイレンス㊥ 福島 (有)シルクレーシング ノーザンF	国枝(北)0.0.0.0 7-1-0-0 0 1 5 2 52830 ・2カ月放牧・・ 中8週1 0 0 0	5東⑧ 11・25 JC GI 14ト1 左芝C2206ルメール53◎ S36.3-34.1③②②②外 0.3キセキ 472 1ト1 南W 83.9 38.7 12.4	(UAE)3・30メイダン 13ト1 ドバイターフGI 7ト1 天芝左良1467ルメール55 0.2ヴィブロス ⑥⑥⑤
8 桃 15	関西(66.4)67.9 ○▲○▲○△○ 2.9 ←囲	58 川田 6001	⊗ディープインパクト㊥ 牡4 ダノンプレミアム インディアナギャル(愛) 青鹿 Intikhab㊥ (株)ダノックス ケイアイファーム	中内田(栗)0.0.0.0 6-0-0-1 0 6 0 0 14300 ・・①・・・・・ 中5週1 0 0 0	2中京② 3・10金鯱賞GII13ト1 右芝A2001川田56▲ S36.6-34.1③③③③内 0.2リスグラシュ502 1ト2 CW 86.9 38.2 11.3	3京② 4・21マイC GII10ト1 天芝外C1326川田57◎ S36.4-32.2 ②②②内 0.2グァンチャー500 6ト1 CW 85.1 39.0 11.3
16	関西(68.3)68.8 ::△::::: 15.3 ←囲	58 武豊 初騎乗	⊗ハーツクライ㊥ 牡6 ロジクライ ドリームモーメント⓪ 黒鹿 Machiavellian㊥ 久米田正明 ノーザンファーム	須貝尚(栗)1.0.0.0 5-2-4-7 1 5 1 0 6100 ・・・・・③・・ 中2週1 0 1 1	2中京⑥ 3・24高松宮GI18ト8 左芝B1078ルメール57▲ M34.1-33.7 ①①②中 ミスターメロ0.5 516 12ト4 栗坂 55.2 39.4 12.3	2東⑦ 5・11京王杯GII15ト3 右芝B1195戸崎56◎ M34.6-33.7 ③③外 タワーオブロ0.1 514 6ト2 栗坂 51.7 37.4 11.9

nigeの予想

11R 安田記念 GI

6月2日(日) 15:40 東京 芝1600m

予想印	
◎	5 インディチャンプ (4人気)
○	2 アエロリット (3人気)
▲	14 アーモンドアイ (1人気)
△	4 サングレーザー (6人気)
☆	16 ロジクライ (11人気)
注	15 ダノンプレミアム (2人気)

レース結果

着順	印	馬番	馬名	人気(単勝オッズ)
1	◎	5	インディチャンプ	4人気(19.2倍)
2	○	2	アエロリット	3人気(12.5倍)
3	▲	14	アーモンドアイ	1人気(1.7倍)

買い目

券種・買い目	組み合わせ・点数
馬連 (流し)	軸：5 相手：2 4 14 16 的中 4通り 各1,000円 払い戻し 2-5：1,000円x56.7倍=56,700円
3連単 (1着流しマルチ)	1着軸 5 相手：2 4 14 15 16 的中 60通り 各100円 払い戻し 5-2-14：100円x437.2倍=43,720円
合計	10,000円

払い戻し・収支

払い戻し金額	収支
100,420円	+90,420円

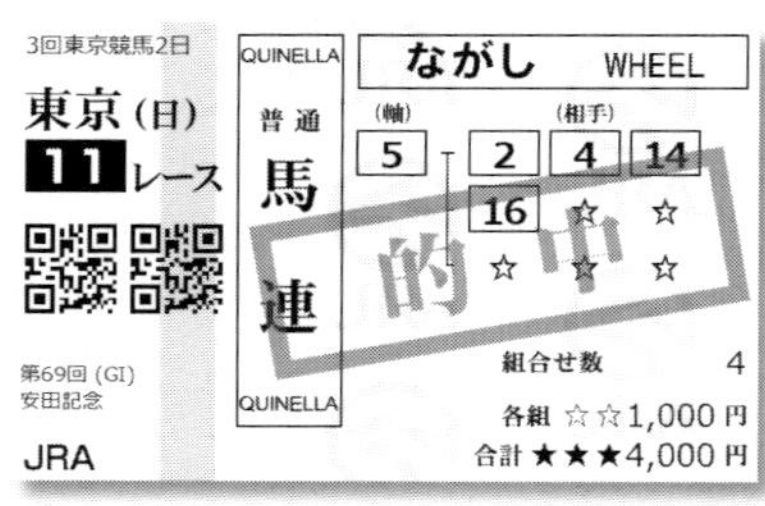

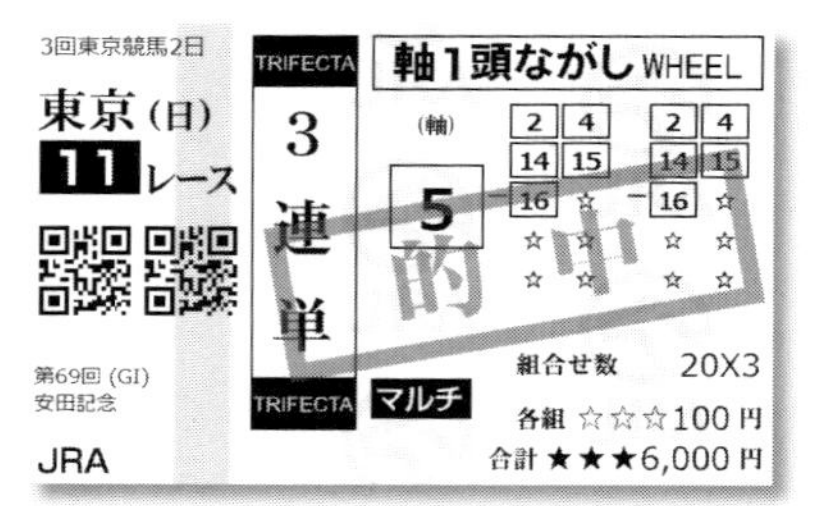

2019.6.2 安田記念

1着⑤インディチャンプ(4人気)
2着②アエロリット(3人気)
3着⑭アーモンドアイ(1人気)
馬連②⑤5,670円
3連複②⑤⑭3,690円
3連単⑤②⑭43,720円

nige氏のホームグラウンドはダートだが、芝のレースにおける分析も確実だ。安田記念では、見事に打った印の通りの着順で決まり、「メイン券種」とも言える3連単、馬連のW的中となった。

ーンマンボ（2番人気）、▲ラビットラン（1番人気）は、普通に走ったら馬券圏内に来る可能性が高く、さらに、この3頭以外なら△フォンターナリーリ（3番人気）、☆ファッショニスタ（5番人気）しか馬券圏内は厳しいと考えていました。

本命がやや人気薄、でも相手が上位人気。この場合だと、馬連で回収しようとするとかなり厚く買わないといけません。ただ、アンジュデジールの人気を考えると3着以内に来るだけでそれなりの配当が期待できます。それを考えると馬連で厚く買うのはもったいないことに加えて、3着で取り逃すのは避けたい…という感情が生まれます。

そこで、3着での取り逃しを避けるために、○・▲のどちらかが4着以下になった時にオッズが上がり、どちらかが勝ってアンジュデジール好走の恩恵を受けることができる3連複1頭軸流し（25・0〜122・3倍）を本線としました。馬連は、保険兼ボーナス的な扱いで強弱を付けて流すことで重ね取りの狙い（20・9〜68・4倍）。

ただ、これだと1着に来た時のうま味がないので、馬連に使う金額を少し3連単に使って勝ち切った時のボーナスの3連単1着固定流し（232・6〜900・5倍）も重ねて購入。

結果は、◎→▲→☆の決着となりました。

3着にファッショニスタが来たことで、1番人気が3着以内でも、本線にしていた3連複70・6倍（1000円）が取れて、購入金額の5倍以上を回収。保険兼ボーナスで買っていた馬連20・9倍（1000円）、さらにアンジュデジールが勝ち切ってくれたことでボーナスの3連単537・2倍（100円）まで的中。

2018年 11月4日(日)　京都12R　JBCレディスクラシック　　ダ 1800m

1 白 1	(63.2)65.4 :△△:△△: 13.8 ←園	浜中 55 3001	⊗ゴールドアリュール(中) 牝4 アイアンテーラー オータムブリーズ③ 栗毛 ティンバーカントリー(中) 中西浩一　ハシモトファーム	飯田雄(栗) 0.0.0.2 5-1-0-8 逃6先0差0追0 2450 ・④・・①・・・ 中3週3 1 0 2	4阪③9・15オー160010ト4 天ダ1512 浜中55○ M36.9-36.9[][][][]差 チュウワウィ0.5 478 1↑2 栗坂 55.7 39.7 12.6	4京①10・6平城160013ト1 天ダ1504 浜中55○ M36.6-36.8[][][][]差 ファッショニ 474 4↑4 栗坂 52.7 38.6 13.5
白 2	(65.6)65.9 △△◎▲△△△ 9.4 ←園	Cデムーロ 55 初騎乗	クロフネ(中) 牝5 フォンターナリーリ スカーレットベル⑤ 鹿毛 エリシオ(中長) 吉田和美　ノーザンファーム	中内田(栗)○2.1.0.1 5-5-2-3 逃1先4差5追0 2450 ・2カ月半休養・ 中10週0 0 0 0	門別⑥8・16ブリG JⅢ15ト4 三ダ2074 モレイラ55○ H36.5-40.5[2][3][2][3]先 ラビットラン1.8 508 2↑2 札ダ 85.3 39.5 12.3	リフレッシュ・放牧 仕上がり良好 初戦②着　推定馬体506 中9週以上1 1 0 2
2 黒 3	(68.7)68.5 △△▲○◎◎△ 3.9 ←園	ルメール 55 2312	⊗マンハッタンカフェ(長) 牝4 クイーンマンボ スズカエルマンボ③ 青毛 シンボリクリスエス(中長) ヒダカBU　グランド牧場	中竹(栗) 1.1.1.0 4-3-2-3 逃0先2差5追0 2715 ・・・・・⑦・・ 中2週3 0 1 0	門別⑥8・16ブリG JⅢ15ト3 三ダ2071 ルメール57◎ H36.9-39.5[7][5][6][4]内 ラビットラン1.5 496 5↑1 南W 70.7 40.1 13.2	大井④10・11レディ JⅢ14ト7 天ダ外1554 ルメール56◎ M39.1-38.7[8][9][9][10]中 プリンシアコ1.5 507 14↑1 栗坂 56.1 39.4 12.6
黒 4	(65.8)67.2 ◎◎○◎○○◉ 2.5 ←園	Mデムーロ 55 1100	タピット(中) 牝4 外 ラビットラン アミーリア(米) 栗毛 Dixieland Band(中長) 吉田和子　AGマッツ社	中竹(栗) 1.0.0.0 4-1-1-6 逃0先1差3追1 3300 ・2カ月半休養・ 中10週0 0 0 0	門別⑥8・16ブリG JⅢ15ト1 三ダ2056 Mデムーロ57△ H36.3-38.4[4][4][4][1]内 0.8プリンシアコ 448 11↑3 南W 71.2 41.6 13.4	馬体調整・放牧 仕上がり良好 初戦①着　推定馬体460 中9週以上0 1 0 1
3 赤 5	地方(65.9)64.1 :::::::: 153.2 ←園	大井 笹川 55 0037	⊗ステイゴールド(中長) 牝7 地 ラインハート チェルカ② 鹿毛 クロフネ(中) 大塚亮一　坂東牧場	月岡(大井)○0.0.2.4 5-2-7-33 逃0先1差6追0 2250 ・・・・・⑫・・ 中2週1 0 0 4	門別⑥8・16ブリG JⅢ15ト9 三ダ2096 笹川55 H37.4-41.7[10][10][8][6]外 ラビットラン4.0 486 13↑8 大井 64.0 37.7 12.3	大井④10・11レディ JⅢ14ト12 天ダ外1563 笹川55△ M39.3-39.2[11][11][12][12]内 プリンシアコ2.4 483 10↑8 大井 39.8
赤 6	地方(――)64.1 :::::::: 142.5 ←園	岩田 55 初騎乗	キンシャサノキセキ(短中) 牝6 地 ジュエルクイーン プラチナローズ② 青鹿 クロフネ(中) 杉山忠国　明治牧場	福永(大井) 4.2.3.5 13-7-9-15 逃1先11差8追0 3250 ・・・・・⑥・・ 中2週3 1 0 3	水沢⑤8・26ビュー牝11ト1 天ダ2028 五十嵐冬55 S40.2-38.1[1][1][2][2]内 ステップオブ 498 4↑1 門坂 36.3 23.9 12.2	大井④10・11レディ JⅢ14ト6 天ダ外1548 五十嵐冬55 M39.0-38.3[10][7][7][5]差 プリンシアコ0.9 508 5↑10 小林 64.3 36.5
4 青 7	(67.2)66.8 △::△△:△ 16.6 ←園	池添 55 2101	⊗ディープインパクト(中) 牝4 カワキタエンカ カワキタラブポップ① 鹿毛 クロフネ(中) 川島吉男　木田牧場	浜田(栗) 0.0.0.0 3-3-1-6 逃5先1差0追0 2250 ・・・・・⑥・・ 中2週1 0 0 1	2東⑧5・13VマイGI18ト14 天芝B1335 大野55 S35.2-35.2 [][][][]差 ジュールポレ1.2 464 7↑10 栗坂 61.2 44.5 14.5	4東④10・13府中牝GII11ト6 天芝A1452 池添54 M34.9-35.3[][][][]内 ディアドラ0.5 464 9↑8 栗坂 54.8 39.1 12.6
青 8	(63.9)62.9 :::::::: 74.9 ←園	船橋 森泰 55 1000	⊗ヴァーミリアン(中) 牝6 ビスカリア フサイチジェット⓪ 鹿毛 Gilded Time(中) ノルマンディ岡田スタッド	山内(栗)○1.1.0.4 4-6-9-24 逃0先1差6追3 1550 ・・・・・⑧・・ 中2週2 2 2 8	2新⑥8・12柳都160010ト3 天ダ1517 Mデムーロ55△ H37.9-37.8⑦[7][4][2]差 ミッシングリ0.7 476 5↑4 栗坂 58.2 40.9 12.5	4東⑤10・14赤富160015ト8 三ダ2107 福永53△ H38.5-38.3[8][8][8][8]外 パルトネルラ1.1 468 13↑5 栗坂 59.1 41.5 12.6
5 黄 9	B (62.9)64.8 :::::::: 64.4 ←園	丸山 55 2015	⊗ゴールドアリュール(中) 牝4 サルサディオーネ サルサクイーン(米) 栗毛 リンドシェーバー(中) 菅原広隆　荒谷牧場	羽月(栗) 0.0.0.1 4-1-1-10 逃5先0差0追0 2650 ・2カ月半休養・ 中9週0 0 0 0	2新⑨8・25 BSN 12ト1 天ダ1518 池添51B○ S37.8-36.7[][][][]差 ナムラミラク 506 2↑3 栗坂 62.6 45.2 14.6	馬体調整・放牧 仕上がりマズマズ 初戦⑬着　推定馬体508 中9週以上1 0 0 0
黄 10	B 関東(68.2)68.8 ○○△△:△○ 6.9 ←西	武豊 55 0100	⊗スパイキュール(短中) 牝5 プリンシアコメータ ベルモントフェリス(米) 黒鹿 アジュディケーティング(中) 芳川貴行ベルモントファーム	矢野英(南)○0.2.0.3 6-4-3-10 逃3先6差1追0 5580 ・・・・・①・・ 中2週2 2 0 2	門別⑥8・16ブリG JⅢ15ト2 三ダ2064 戸崎56B▲ H35.8-40.0[1][1][1][1]差 ラビットラン0.8 486 6↑4 札ダ 72.0 40.1 12.0	大井④10・11レディ JⅢ14ト1 天ダ外1539 モレイラ55B▲ M38.4-37.9[3][3][3][2]内 ブランシェク 492 9↑2 南W 54.9 38.7 12.8
6 緑 11	関東(66.2)65.3 :::::::: 42.1 ←西	吉田隼 55 5108	スペイツタウン(中) 牝4 外 リエノテソーロ アキリナ(米) 栗毛 Langfuhr(米) 了徳寺健二HD　オークブラフS	武井(南) 1.0.0.0 5-1-0-9 逃0先5差1追0 4175 ・・・・・⑨・・ 中2週0 0 0 2	川崎④7・5スパー JⅢ13ト1 天ダ1408 吉田隼55▲ M36.8-38.5[2][2][2][1]内 0.1オウケンビリ 454 3↑3 南W 50.6 36.1 12.2	大井④10・11レディ JⅢ14ト9 天ダ外1559 吉田隼55△ M38.6-39.7[4][5][5][7]内 プリンシアコ2.0 461 11↑4 南W 53.0 37.8 13.0
緑 12	地方(64.0)65.4 :::::::: 29.8 ←園	小林 御神本 55 0102	⊗ダイワメジャー(中) 牝5 地 ブランシェクール モンプティクール③ 芦毛 クロフネ(中) キャロットF　ノーザンファーム	藤田輝(大井)○0.2.0.1 4-5-0-13 逃0先2差6追1 2430 ・・・・②・・ 中2週1 1 0 0	門別⑥8・16ブリG JⅢ15ト6 三ダ2080 御神本55△ H37.3-39.9[8][9][9][7]外 ラビットラン2.4 526 9↑5 牧坂 37.8 24.2 12.0	大井④10・11レディ JⅢ14ト2 天ダ外1539 吉原55△ M38.6-37.7[5][4][4][3]内 プリンシアコ 512 12↑6 牧坂 37.7 24.3 12.1
7 橙 13	(63.2)63.3 ::△: 102.1 ←園	松若 55 1013	タートルボウル(中) 牝4 アンデスクイーン レイナカスターニャ① 栗毛 キングカメハメハ(中) グリーンファーム　ノーザンF	西園(栗) 1.0.0.1 4-3-1-10 逃0先1差1追0 1200 ・⑧・・⑦・・ 中3週1 0 0 1	4阪③9・15オー160010ト8 天ダ1520 松若55 M38.5-37.1[5][5][5][5]中 チュウワウィ1.3 496 8↑8 栗坂 54.3 40.5 14.6	4京①10・6平城160013ト7 天ダ1509 松若55 M37.6-36.5[6][6][7][7]内 アイアンテー0.5 496 2↑8 栗坂 54.1 38.7 13.2
橙 14	地方(――)64.8 :::::::: 142.5 ←園	高知 佐原 55 206 413	⊗スパイキュール(短中) 牝5 地 ディアマルコ エコパン(米) 鹿毛 ツルマルボーイ(中) アシスタント　松平牧場	那俄哲(高知) 12.4.2.5 21-8-4-15 逃9先12差8追0 2560 ①・・・・⑧・・ 中2週5 1 4 4	名古❶9・11秋桜賞牝12ト1 左ダ1286 佐原56 S -38.1[7][6][6][5]差 0.2スターレーン 456 2↑4 高知 55.0 36.8 12.1	大井④10・11レディ JⅢ14ト8 天ダ外1558 佐原55 M38.2-39.8[2][2][2][4]内 プリンシアコ1.9 453 4↑12 高知 57.2 42.1 12.7
8 桃 15	(65.7)66.4 △▲:▲▲:△ 17.3 ←西	大野 55 初騎乗	ストリートセンス(中) 牝4 ファッショニスタ アクアリスト(米) 鹿毛 コロナドズクエスト(短中) ゴドルフィン　ダーレーJF	安田隆(栗) 0.0.0.1 4-6-0-1 逃0先4差6追0 1200 ・・・・・・・ 中3週1 1 0 0	3阪③6・9安芸160011ト2 左ダ1242 川田55○ M35.4-36.6 [2][2][2]内 タイセイエクバ 452 5↑4 CW 52.7 38.4 11.5	4京①10・6平城160013ト2 天ダ1504 川田55△ M37.4-36.4[4][5][3][3]中 アイアンテー 488 10↑3 CW 84.7 37.8 12.1
桃 16	(69.5)68.9 ▲:△△:△▲ 19.6 ←西	横山典 55 4213	⊗ディープインパクト(中) 牝4 アンジュデジール ティックルピンク① 黒鹿 フレンチデピュティ(中) 安原浩司　辻牧場	昆(栗) 1.1.0.2 5-4-1-6 逃1先3差5追0 3035 ・・・・④・・ 中2週2 0 0 1	1札❻8・12エルS(GⅢ)14ト5 左ダ1428 横山典55 M36.4-37.2[4][4][4][4]差 ハイランドピ0.8 474 4↑7 南W 67.7 40.2 13.3	大井④10・11レディ JⅢ14ト4 天ダ外1547 横山典56○ M39.8-38.1[4][4][8][8]中 プリンシアコ0.8 477 6↑3 栗坂 55.5 39.6 13.0

nigeの予想

12R　ＪＢＣレディスクラシック GI

11月4日(日) 16:25 京都 ダ1800m

予想印

印	馬番	馬名
◎	16	アンジュデジール (6人気)
○	3	クイーンマンボ (2人気)
▲	4	ラビットラン (1人気)
△	2	フォンターナリーリ (3人気)
☆	15	ファッショニスタ (5人気)

レース結果

着順	印	馬番	馬名	人気(単勝オッズ)
1	◎	16	アンジュデジール	6人気(13.1倍)
2	▲	4	ラビットラン	1人気(2.8倍)
3	☆	15	ファッショニスタ	5人気(11.9倍)

もっとみる

買い目

券種・買い目	組み合わせ・点数
馬連 (流し)	軸：16 相手：3 4 2通り 各1,000円 払い戻し 4-16：1,000円x20.9倍=20,900円 的中
馬連 (流し)	軸：16 相手：2 15 2通り 各400円
3連複 (1軸流し)	軸：16 相手：2 3 4 15 6通り 各1,000円 払い戻し 4-15-16：1,000円x70.6倍=70,600円 的中
3連単 (1着流し)	1着軸：16 相手：2 3 4 15 12通り 各100円 払い戻し 16-4-15：100円x537.2倍=53,720円 的中
合計	10,000円

払い戻し・収支

払い戻し金額	収支
145,220円	+135,220円

【ウマい馬券】で発表した予想で見事にトリプル的中に成功。買い目を極限まで絞って高回収率を狙う。これがnige氏の真骨頂だ。

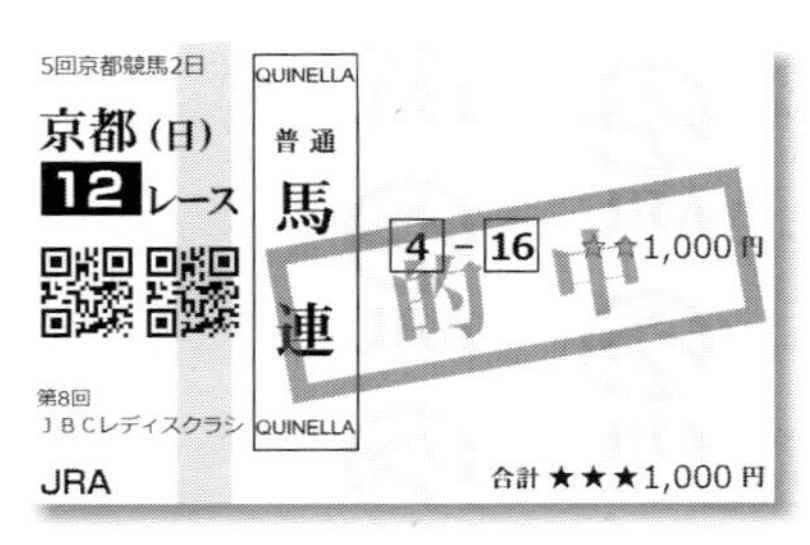

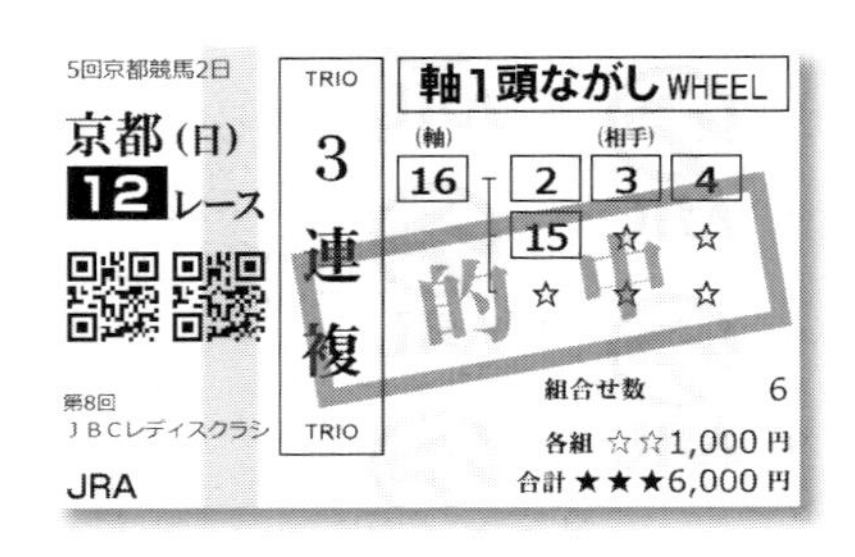

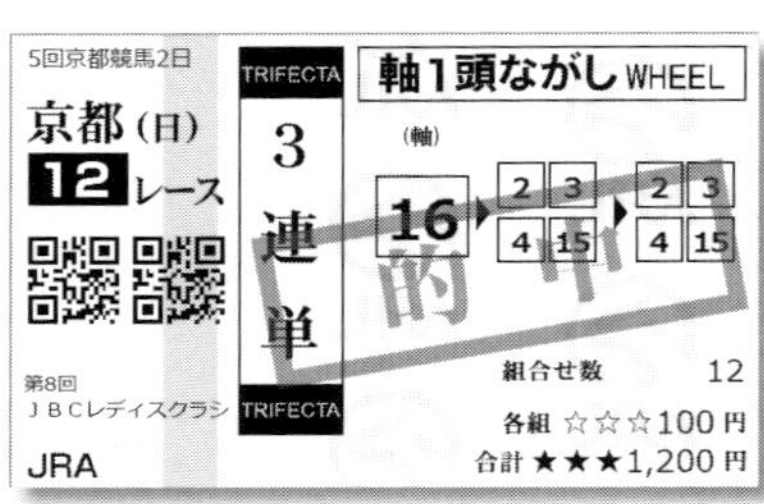

2018.11.4
ＪＢＣレディスクラシック

1着⑯アンジュデジール（6人気）
2着④ラビットラン（1人気）
3着⑮ファッショニスタ（5人気）
馬連④⑯2,090円
3連複④⑮⑯7,060円
3連単⑯④⑮53,720円

リアル競馬王のゲストとして登場し、見事にアンジュデジールを本命に取り上げたnige氏。無論、プライベート馬券も的中の山となった。

10000円購入して、145220円の回収。3連複で5倍以上超えることができるから、券種を増やして重ね取りを狙うことで回収額をさらに増やし、購入金額の約14・5倍を回収しました。

まだまだ地方競馬で発生し続けている馬連<枠連の現象

あと私が券種で特殊なパターンとして注意しているのが『地方交流重賞での枠連』です。中央競馬では、枠連は選択肢にないのですが、地方交流重賞では使えます。

地方交流重賞では、基本的に中央馬4〜5頭の勝負で中央馬と地方馬のオッズの差がかなり大きくなります。そのため、枠連を買う意味がかなり薄いので購入する人が少なくなり、馬連より枠連が付くことがよくあるのです。ナイターでないと仕事中の方が多いので難しいと思いますが、直前で買うのなら馬連と枠連のオッズを比較してから購入することをオススメしています。

2019年も6月時点で、以下の地方交流重賞競走で馬連と枠連の比較でオッズの逆転が起きています。

・川崎記念（枠連：280円、馬連：270円）
・佐賀記念（枠連：5770円、馬連：5450円）
・ダイオライト記念（枠連：840円、馬連：770円）
・関東オークス（枠連：650円、馬連：630円）

実は私は川崎記念で馬連1点勝負（10万円）をしたのですが、もし枠連にしていたらそれだけで1万円多く回収できています。私は事前に予想・買い目を出しているのでそのまま買っていますが、直前に少し確認するだけで回収率は変わってきます。

このように券種選びは、何がベストと言い切れるものではないですが、設定している的中率・回収率とオッズでベストはあります。それを、レースごとに考えて金額の強弱・券種を決めています。

券種を固定してしまうのは、楽です。でも、それができるのは予想のセンスが抜けている人だけと考えています。単勝メインで買うなら、勝ち切る馬を見抜けなければいけません。3連複・3連単メインで買う場合は、人気薄で好走する馬を見抜けなければいけません。

私のような人より多少ダートの予想ができる程度では、予想に加えて買い方で回収率を上げる努力が必要です。いい予想ができた時に、しっかり回収しなければ勝てないのです。そのくらい買い目が重要だと考えて券種の選択をしています。予想をしたけど、予想への自信と回収額を冷静に鑑みた時に、〝馬券を絞るのはリスク〟と考えたら、そのレースの馬券を買わないというのも選択肢にあります。そのくらい割り切っています。

猛者と比べてセンスがないと分かっているからこそ、別のところでカバーする。その為に必要な頭を使って券種・買い方を工夫しています(多少の負けならカバーできる地方競馬でのポイント還元も勝つための手段の一つ)。

「券種に合った予想ができている」という条件付きにはなりますが、券種を決めてしまうことは悪いことではありません。人気薄の好走馬を見抜けるセンスがあるのなら、迷わず3連複・3連単でいいですし、勝ち切る馬を見抜けるのなら単勝だけでもいい。ただ、この買い方で勝つことができるのは、一握りのセンスがある猛者と幸運の持ち主だけ。私はこの中に入らないので、自分を分析した結果、ある程度の的中率でストレスなく予想ができて、大本線できた時の回収額が期待できる馬連・3連単の併用で購入しています。

この本を読んでいる方は、まずどのような買い方をして、自分は何が得意なのか、自分を理解すると何が必要か見えてくると思います。現状に満足していないのなら変化が必要です。その一つに、券種選びがあります。この本を読んでいる時点で、意識の変化は起きているはずなので実行していきましょう。

number

11

卍

1億5000万の利益を叩き出したことで「馬券裁判」となり、競馬を知らない層にまでその名が知られることとなった卍氏。一番の武器となる券種は果たして?

profile

卍（まんじ）…2005年頃から2ちゃんねるの競馬板で豪快な馬券を当て続け、伝説となっていた人物。のちに報道された外れ馬券裁判の被告と同一人物ではないかと噂されていたが、2015年3月にブログを開設し、その噂を肯定した。現在は、雑誌「競馬王」での連載、卍指数や卍指数活用術に関するサービス等を行っている。http://manjitoushikeiba.blog.fc2.com/

卍

number 11

少額勝負なら単複もアリ 大きく勝負するなら3連複&3連単で!

卍氏の駆使している

予想理論

独自に作り上げた「卍指数」を駆使して買い目を構築。卍指数は、「過去レース評価」や、「今回のレース条件」、さらに「血統」や「コース適性」といったファクターで構成され、純粋な競走能力だけに囚われていないのが特徴。人気と実力の兼ね合いで期待値が高いかどうかも指数に加味されている。

券種を使い分けるのではなく 一番期待値の高い買い目を買う作業

――卍さんが普段、どういう考えをもって、どういう券種で馬券を買っているのか知りたい人は多いと思います。今日は私が代表してその質問をぶつけていきたいと思いますので宜しくお願いします。

卍 はい。お役に立てるかどうか分かりませんが、何でも聞いて下さい。

――最初にアンケート形式で、普段買う券種の割合をお答え頂いたんですが、そのことについてお聞きしますね。このアンケート結果によると、購入割合が3連複32%、ワイド23%、馬連22%、単勝12%、複勝11%となっています。さ

卍氏の券種の購入割合(頻度)

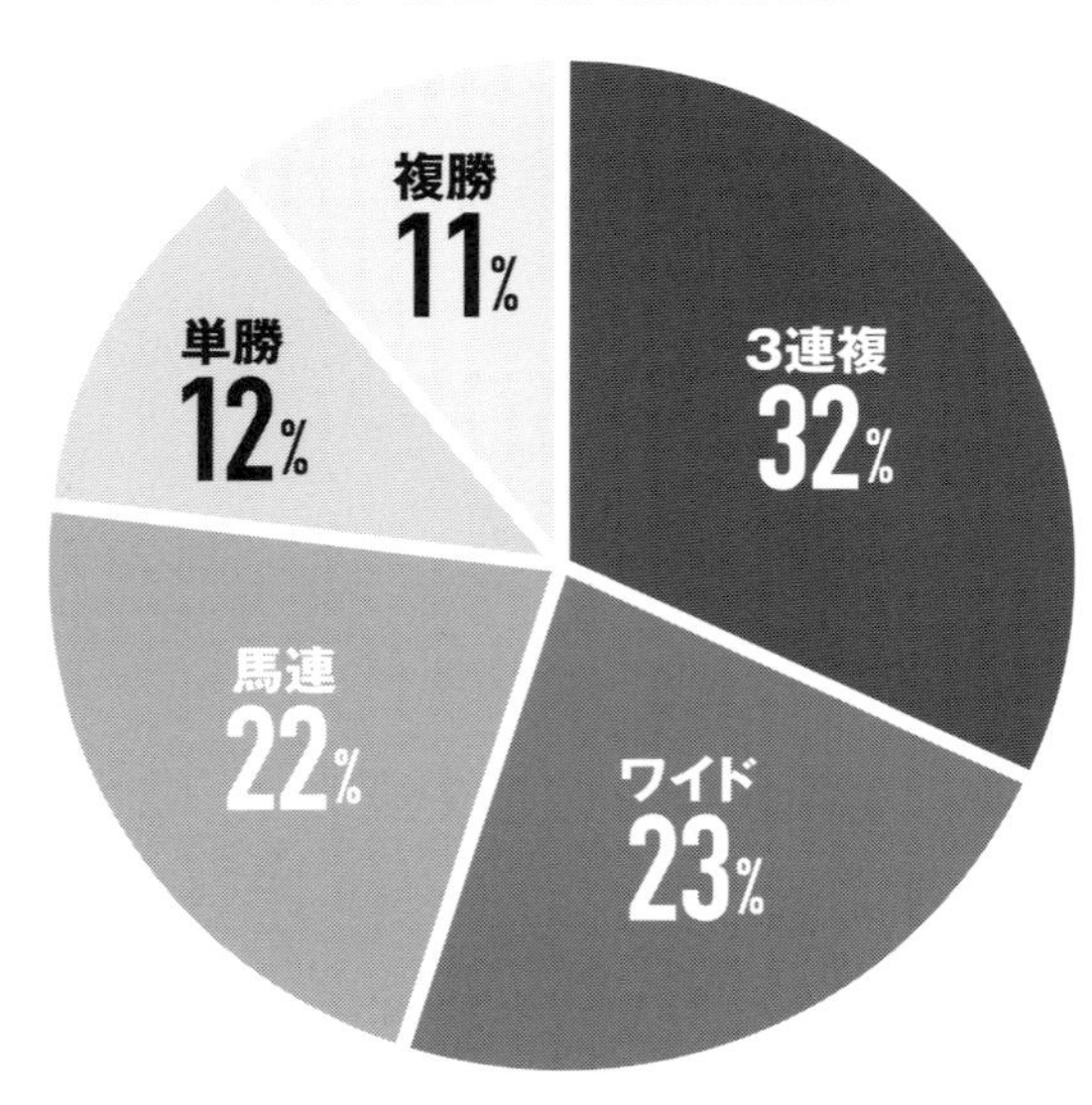

すがに卍さん、緻密な数字だなぁと感心させられます。

卍　2016年12月から研究のために馬券購入のシミュレーションを行っている関係で、買い目を全て記録しているんですよ。だからこれは正確な数字です。

——それはためになります。この数字を見ると、どの券種もバランスよく使い分けている…という風に見えるんですが、卍さんの場合、そういうことではないんですよね？

卍　そうですね。私の場合、券種を使い分けるという考えはなくて、単純に、券種ごとに期待値が高そうな買い目をできるだけ網羅的に購入していて、その結果がこの数字ということになります。

——あくまで「期待値の高そうな買い目」ありきで購入しているから、一般的な競馬ファンがやっているような、「ここは少頭数で馬連じゃ儲かりそうにないから3連複にしよう」とか、「ここは1番人気の馬が堅そうだから頭固定の馬単にしよう」とか、感覚的なもので券種選択したりすることはないということですよね。

卍　例えば、単勝オッズと馬単の合成オッズを比較して、よりオッズが高い方だけを購入するようにしようと考えたことはあります。ただ、PAT投票が普及したことで締切直前にオッズが大きく動くのが普通になっているので、それほど有利とは言えないだろうと考えて、そのような買い方は採用しませんでした。

——配当が美味しいと思っていた方の券種が、締切間際に逆転されてしまって、結果的に美味しくない方の券種で買ってしまうリスクがあるわけですね。確かに最近は、締切直前でオッズがガクンと変わるケースをよく見受けます。

卍　ただ、私のような買い方はレアケースだと思いますし、一般的な競馬ファンの人が、回収率を意識して、状況に応じて券種を使い分けるということは大事だと思います。

投資金額の大きさによって有利・不利が変わる券種

――卍さんは著書の「競馬の勝ち方」で券種の特徴に触れていますが、ここで今一度それぞれの券種の特徴みたいなものを教えてもらえますか。

卍　はい。「競馬の勝ち方」では、投資額によって適した券種が変わるということを説明させて頂きました。例えば、同じ50倍の買い目を買うとしても、売上規模が小さい単勝やワイドで50倍の買い目を買う場合は、売上規模が大きい3連複や3連単で50倍の買い目を買う場合と比べて、自身の投票によるオッズ低下の影響が大きくなります。よって、投資額が大きい場合は、単勝やワイドで勝負するよりも、3連複や3連単で勝負する方が有利なわけです。

――ローカル開催時の午前中のレースなどは、単複のオッズが大きく動くことがありますもんね。

卍　はい。あと、同じ券種であっても、高配当の買い目は低配当の買い目と比べて売上が小さいので、高配当の買い目ほど、自身の投票によるオッズ低下の影響が大きくなります。よって、投資額が大きい場合は、高配当の買い目で勝負するよりも、低配当の買い目で勝負する方が有利なんです。

――券種だけではなくて、オッズのゾーンによっても、「有利」と「不利」が発生するんですね。そう言えば、「競馬の勝ち方」の中で、複勝は人気薄が売れる傾向にあって、意外と人気の複勝は売れないという話が書いてあって、なるほどと思いました。

卍　単勝は確実に勝てそうな見込みの馬≠人気馬が売れるんですが、複勝の場合、3着までに来ればいいということもあって、穴馬が売れがちです。なので、確かに期待値は人気馬の方が高いんです。……とはいっても回収率は90％くらいなので、それをプラスにするのはなかなか難しいと思います。

――あぁ、そうなんですね…。じゃあ3連複はどうでしょう?　卍さんが多用しているということは、期待値の高い買い目が多く発生するということですよね?

卍　それは間違いないです。3連複で特徴的な傾向としては、1~3番人気の馬を絡めた買い目の回収率が相対的に高いということです。逆に人気薄になればなるほど回収率が低下している。これは覚えておいて損はないと思います。

――ということは、例えば3連複で馬券を買う時に、人気どころの2頭を選んで、そこから2頭軸で流すというのはアリということでしょうか?

卍　大いにアリです。

――それは良いことを知りました。では今度は逆に、卍さんが買わない券種を教えて下さい。

卍　普段、買うことのない券種は、枠連、馬単、3連単、WIN5の4つですね。

――枠連とWIN5は何となく納得できます。

卍　枠連を買わない理由は売上規模が少なく、自身の投票によるオッズ低下の影響が他の券種よりも大きいからです。ただ、売上規模が少ない分、期待値の高い買い目が放置されている可能性が高いので、投票金額が少ない場合には、枠連を購入することも有効だと思います。

――なるほど。人気がなさ過ぎて、人の目が行き届いてないケースがあるわけですね。枠連のゾロ目がたまに馬連の同じ目よりも異常にオッ

WIN5を買わない理由は、分析するためのサンプル数が少なく、また配当が大きすぎて運の要素が大きすぎるからです。

ズが高くなっているのはそういった見落としによる現象なんですね。

卍　最近はさすがに見るケースも減りましたけどね。あとWIN5に関して言えば、分析するためのサンプル数が少なく、また配当が大きすぎて運の要素が大きすぎるからです。

――この券種は5回連続で単勝を当てるという、特殊な馬券ですからね。まぁ何となくここまでは分かります。ただ、馬単を一切買わないというのは意外でした。

卍　馬単を買わない理由は、馬連と性質が似ていて馬連で代用できるからです。3連単を買わない理由も同様で、こちらは3連複で代用できるからです。ただ、どちらの場合も、自身の投票によるオッズ低下の影響を減らすために、馬連に加えて馬単を購入したり、3連複に加えて3連単を購入する…といった手段は有効だと思います。

――大きく勝負したい人は馬単と3連単を併用して使うのもアリということですね。ただ、基本は代用が利く、馬連と3連複で十分と。

卍　そういうことですね。

期待値の高い項目を集約して完成した卍指数

——ところで卍さんは、今でこそあらゆるデータを分析して、買い方に関しても一定の答えみたいなものを出していると思うんですけど、競馬を始めた頃はどのような買い方をされていたんですか？

卍 競馬を始めた当初は単勝をメインに購入していました。なぜかというと、買い目の決定や収支の管理が楽だったからです。その後、パソコンが普及して買い目の決定や収支の管理ができるようになってきたタイミングで、馬連、ワイドも購入するようになりました。

——最初から収支の管理ありきだったんですね。「この馬券、面白そう！」とかで動かないところが卍さんっぽいですね。で、その後、遂に3連複の発売が始まるわけですね。

卍 はい。3連複が導入されて購入するようになると、着実に競馬資金が増えていきました。そこで、馬単、3連単も購入するようになっていったという流れです。

——年数をかけて色々な馬券を買っていく上で、気付いたこととかはありましたか？

卍 気付いた点と言えば、単勝や複勝のように1頭を対象とする券種よりも、馬連やワイドのように2頭を対象とする券種の方が、さらに言えば3連複や3連単のように3頭を対象とする券種の方が期待値の高い買い目を見つけやすいと知ったことでしょうか。そういう経験を経た上で、今の購入割合に行きついたというのはあると思います。

——今回、ここで2つの会心の的中レースを紹介させて頂きますが、この2レースは共に卍指数の上位で決しています。やはり、卍指数を生かすには3連複馬券が一番良いのでしょうか？

卍　私の10年以上に及ぶ経験上、成績が最も安定しているのが3連複です。卍指数は、過去のレースにおける複勝の回収率を見て過小評価される要素や過大評価される要素を判断し、そうして判断した結果に基づいて設計されているので、複勝と同じく3着以内に入る馬を選ぶ3連複との相性が良いのかも知れません。

競馬で勝てる確率を少しでもアップさせるための方法

――卍さんは基本、卍指数を使って、自動投票ソフトで買い目を構築して馬券を買っていると思うんですけど、買う場合の縛りみたいなものは設けているんでしょうか？

卍　買い目に関しては、少頭数のレースの購入を見送ったり、オッズフィルター（購入対象となるオッズの下限及び上限）を設定したりしています。1番人気馬の単勝オッズや指数によってレースの購入を見送ることもあります。

――出走頭数が少ないということは、即ち期待値の高い買い目が少なくなるからですね。

卍　そうですね。購入金額に関しては、買い目が的中した場合の払戻金が、競馬資金（PAT口座の残高）の10％程度になるように、オッズに応じて各買い目の購入金額を設定しています。あと、自身の投票によるオッズ低下が3％以下になるように、そのレースの売上規模（過去データからの大まかな予測値）と各買い目のオッズに基づいて、各買い目の購入金額の上限を設定しています。

――そこまでいくとかなり高度ですね。でも本気で勝とうと思ったら、それくらいストイックにやらなければいけないわけですね。

卍　いや、決してそんなことはありません。競馬に勝つということは、簡単に言えば、人があ

2017年 6月3日(土) 3回東京12R 3歳上・500万下 芝1400m

枠	間隔	馬番	印	血統・馬名	下段	馬主・生産者	斤量・騎手・調教師	指数	調教	成績	前走	前々走
1	中2週	1	： ☆ ：	ネオユニヴァース サンデーサイレンス 鹿毛 セ 5 **エドノジョンソンソン** タイキタムレット シアトリカル	8 37.6 10	遠藤 喜松 高松牧場	57.0 的場勇 東 44 位 2 美 小西一	47 8.7 348 2 354 14 5% 50%	2本 17B 美坂 18B 匿-6	同0001 壬0000 夭0002 大1005 1 0 0 17	4/29 2東京③ 500万下 [9] 2000 芝A -20 2034 9ト4ゲ⑥ 野中悠 54 1 1 1 逃 2.7 前37.3(37.3) S +1.7 ブラックプラ 後38.3(35.6) ⑨ 3.1 6月 10 美坂 36 S 31 456k(-4)	5/13 2東京❼ 500万下 [5] 1400 芝B 10 1240 18ト6ゲ⑯ 的場勇 57 7 7 6 中 0.7 前35.2(34.5) H -2.2 ショウナンア 後36.8(36.7) ⑧ 1.4 1週 14 美坂 36 A 48 456k(0)
1	中2週	2	： ○ 注	ゼンノロブロイ サンデーサイレンス 黒鹿 牝 5 **アンジェリー** レディトゥーブリーズ モアザンレディー	20 11.8 5	佐藤 壽男 社台ファーム	55.0 再 丸田 東 17 位 14 美 宗像	51 5.0 349 3 345 7 20% 53%	3本 33A 美坂 20B 匿-2	同0103 壬0104 夭1002 大0002 1 2 0 12	4/22 1福島⑤ 伏拝特別 500 [7] 1200 芝B -16 1101 14ト8ゲ❽ 秋山 55 7 7 8 中 0.4 前34.8(34.1) M -1.5 ミスドバウィ 後35.3(35.6) ⑤ 0.7 1週 15 美坂 17 A 48 450k(-4)	5/13 2東京❼ 500万下 [11] 1400 芝B 10 1246 18ト2ゲ❸ Mデム 55 10 10 10 最 1.3 前35.9(34.5) H -2.2 ショウナンア 後37.0(36.7) ⑩ 1.6 2週 12 美坂 29 A 44 452k(+2)
2	中1週	3	： ： ：	ワークフォース キングズベスト 鹿毛 牝 4 **レッドエトワール** フレンチノワール フレンチデピュティ	12 35.9 9	㈱東京ホースレ 社台ファーム	55.0 大野 東 5 位 26 美 久保田	34 21.6 371 17 354 15 20% 0%	1本 18B 美坂 25B 匿-12	同1001 壬0000 夭0002 大0000 1 0 0 4	1/28 1東京① 500万下 [14] 1600 芝D -24 1359 16ト1ゲ⑮ 吉田隼 54 12 15 14 最 2.3 前37.2(35.5) M +1.0 ムーンクエイ 後34.9(34.5) ⑫ 1.7 連闘 42 連闘 27 S 37 448k(-2)	5/20 2東京⑨ 500万下 [16] 1600 ダ -10 1420 16ト11ゲ⑪ 大野 55 1 1 2 最 3.8 前36.5(36.5) S -0.2 クレオール 後40.5(36.7) ⑯ 4.4 3月 17 美坂 36 S 16 452k(+4)
2	中1週	4	： ： ：	マツリダゴッホ サンデーサイレンス 栗毛 牝 4 **ジェイラー** チェアユーアップ エアジハード	7 112.2 17	岡田 杜史 岡田スタッド	▲52.0 初 菊沢一 東 23 位 7 美 菊川	48 8.0 357 12 343 3 11% 22%	1本 11B 南W 23B 匿-12	同0001 壬1006 夭0000 大0000 1 0 0 8	3/4 1小倉⑦ 八代特別 500 [15] 1200 芝B -13 1107 17ト15ゲ⑫ 中谷 55 7 7 8 大 1.9 前34.6(33.8) M -1.2 トーセンクリ 後36.1(35.0) ⑭ 1.9 連闘 13 連闘 28 A 33 430k(-6)	5/20 1新潟⑦ 湯沢特別 500 [13] 1200 芝B -4 1102 16ト15ゲ⑭ 丹内 55 3 3 3 外 1.2 前33.9(33.7) M -1.6 スワーヴラー 後36.3(35.3) ⑭ 2.1 2月 14 南W 45 A 41 446k(+16)
3	中5週	5	☆ △ ☆	キンシャサノキセキ フジキセキ 鹿毛 牝 4 **プエルトプリンセサ** ストリートパレード シーキングザゴールド	12 26.4 8	丸山 担 伏木田牧場	55.0 初 吉田隼 東 4 位 33 美 小笠	50 6.3 355 10 343 1 50% 25%	5本 29B 南P 30B 匿1	同0002 壬0104 夭0001 大0000 0 1 0 7	1/15 1中山[5] 500万下 [6] 1200 ダ -2 1126 16ト10ゲ④ 田辺 54 12 11 10 中 0.5 前35.4(34.2) M -3.7 ギンゴー 後37.2(37.9) ❸ 0.2 3週 19 南P 35 S 47 424k(+4)	4/23 1福島⑥ 500万下 [7] 1200 芝B -16 1101 16ト5ゲ⑦ 菊沢一 52 12 12 12 内 0.6 前35.4(34.0) M -1.5 タマモブリリ 後34.7(35.5) ⑤ 0.7 3月 24 南P 31 A 46 432k(+8)
3	中2週	6	注 ： ：	ディープインパクト サンデーサイレンス 青鹿 牝 5 **レッドマジュール** マンダララ ラヒブ	11 12.3 6	㈱東京ホースレ ノーザンファーム	55.0 石川裕 東 15 位 14 美 手塚	49 7.0 357 11 344 4 29% 41%	2本 20B 美坂 28B 匿16	同2106 壬0100 夭0002 大0012 2 2 1 12	4/30 1新潟② 五泉特別 500 [6] 1400 芝B -10 1214 16ト5ゲ⑦ 石川裕 55 10 11 11 中 0.4 前34.9(33.9) M -1.7 アイリーグレ 後35.0(35.6) ❸ 0.2 3月 15 美坂 43 A 49 452k(+8)	5/13 2東京❼ 500万下 [6] 1400 芝B 10 1241 18ト15ゲ⑤ 石川裕 55 11 10 10 外 0.8 前36.0(34.5) H -2.2 ショウナンア 後36.5(36.7) ④ 1.1 1週 14 南W 29 A 47 450k(-2)
4	中1週	7	△ ： ：	ハービンジャー ダンジグ 鹿毛 牝 3 **ジェイケイオジョウ** ツルマルオジョウ ダンスインザダーク	12 10.7 4	小谷野 次郎 浜本牧場	52.0 初 蛯名正 東 12 位 15 美 堀井	48 7.9 355 6 343 2 33% 50%	1本 14B 南W 6B 匿16	同0011 壬0001 夭1105 大0010 1 1 2 8	4/30 2東京④ 未勝利 [1] 1600 芝A -20 1343 18ト3ゲ❻ 戸崎圭 54 3 4 3 最 -0.4 前35.4(35.2) H -0.1 レローヴ 後35.0(35.3) ❷ 0.3 2月 15 南W 28 A 46 450k(-10)	5/21 2東京⑩ 500万下 [9] 1600 芝B -20 1343 17ト15ゲ④ 武豊 54 10 7 7 外 0.9 前35.6(35.1) M +1.1 ソーグリッタ 後34.4(34.0) ⑩ 1.2 2週 20 南W 22 A 46 452k(+2)
4	連闘	8	： ▲ △	ロージズインメイ デヴィルヒズデュー 青鹿 牝 3 **シュピールカルテ** クールベット キングヘイロー	16 17.0 7	㈱サラブレッド ビッグレッドファ	52.0 柴田大 東 11 位 16 美 粟田徹	51 5.4 346 1 351 13 8% 66%	0本 28B 連闘 29B 匿-10	同1214 壬0111 夭0001 大0000 1 3 2 6	5/7 2東京⑥ 500万下 [5] 1400 芝A -20 1218 11ト4ゲ⑥ 柴田大 54 1 1 1 最 0.7 前35.1(35.1) M +0.7 モアナ 後35.1(34.4) ⑧ 1.7 5週 21 美坂 39 B 44 448k(+6)	5/28 2東京⑫ 500万下 [11] 1400 芝C -16 1219 18ト10ゲ⑧ 柴田大 54 4 4 3 中 0.6 前34.9(34.6) H -0.2 ボーダーオブ 後35.3(34.8) ⑭ 1.7 2週 28 南W 29 A 48 450k(+2)
5	中2週	9	： ： ：	キンシャサノキセキ フジキセキ (地) 鹿毛 牡 5 **ケイビイノキセキ** トレヴィサンライズ サンダーガルチ	9 81.0 14	菊池 昭雄 駿河牧場	57.0 初 西田 東 33 位 3 美 萱野	33 23.1 355 8 355 16 25% 25%	1本 7B 美坂 30B 匿-15	同0000 壬0000 夭0001 大0001 0 0 0 4	3/21 園田不 C1二4 [4] 1400 ダ 1294 10ト2ゲ⑥ 中田貴 56 8 8 6 0.7 前( ) ポンテアトル 後37.5( ) 524k	5/13 1新潟[5] 500万下 [13] 1200 ダ -3 1142 15ト2ゲ⑭ 岩部 57 12 12 13 最 2.1 前35.4(34.1) M -3.9 チェイスダウ 後38.8(38.0) ⑫ 1.6 7週 18 美坂 18 S 31 512k(-12)
5	中2週	10	： ： ：	ダイワメジャー サンデーサイレンス (地) 栗毛 牝 5 **ホザンナ** マッキーエクセル デュラブ	12 77.7 13	薪浦 亨 吉田 三郎	55.0 杉原 東 52 位 1 美 佐藤吉	43 13.0 355 7 350 11 0% 55%	1本 7B 美坂 20B 匿-15	同0001 壬0004 夭0002 大0000 0 0 0 9	4/15 3中山⑦ 500万下 [14] 1200 ダ -14 1161 14ト6ゲ⑭ 武士沢 55 4 6 9 中 3.7 前35.9(35.5) S -1.4 ヒカリトップ 後40.2(36.9) ⑭ 3.9 2週 14 美坂 38 S 16 502k(+4)	5/14 1新潟⑥ 飛竜特別 500 [4] 1000 芝B -5 0561 16ト10ゲ⑯ 杉原 55 8 8 0.2 前33.4(32.8) H -1.0 リュウツバメ 後33.3(33.8) ⑤ 0.5 3週 15 美坂 38 A 49 500k(-2)
6	中2週	11	： ： ：	デュランダル サンデーサイレンス 鹿毛 牝 5 **ラトゥール** シャートゥーシュ アルザオ	12 75.9 12	佐藤 壽男 社台ファーム	▲52.0 初 野中悠 東 24 位 6 美 宗像	47 9.0 359 13 345 8 13% 46%	2本 19B 美坂 7B 匿0	同1003 壬0006 夭0011 大0001 1 0 1 13	4/22 1福島⑤ 伏拝特別 500 [9] 1200 芝B -16 1103 14ト9ゲ⑭ 木幡也 55 13 13 13 外 0.6 前35.7(34.1) M -1.5 ミスドバウィ 後34.6(35.6) 1 -0.4 1週 14 美坂 0 A 45 446k(+8)	5/13 2東京❼ 500万下 [12] 1400 芝B 10 1248 18ト5ゲ⑭ 柴田善 55 12 12 13 内 1.5 前36.3(34.5) H -2.2 ショウナンア 後36.9(36.7) ⑨ 1.5 2週 19 美坂 31 A 42 456k(+10)
6	中2週	12	： ： ：	メイショウボーラー タイキシャトル 鹿毛 牝 5 **スミレタンポポ** ジーアイジェーン コマンダーインチーフ	18 44.4 11	海谷 幸司 高野牧場	55.0 勝浦 東 18 位 13 美 高橋博	39 16.9 359 15 344 6 10% 15%	3本 23B 美坂 13B 匿-14	同0006 壬1007 夭0001 大0001 1 0 0 19	4/9 1福島② 喜多方特 500 [13] 1200 芝A -19 1099 16ト1ゲ⑯ 的場勇 55 12 13 14 外 1.4 前34.7(33.5) H -1.5 キッズライト 後35.2(35.0) ⑨ 1.4 3週 27 美坂 12 A 37 426k(-4)	5/14 1新潟⑥ 飛竜特別 500 [6] 1000 芝B -5 0565 16ト9ゲ⑭ 勝浦 55 12 12 0.6 前33.8(32.8) H -1.0 リュウツバメ 後33.4(33.8) ⑥ 0.6 4週 31 美坂 27 A 44 430k(+4)
7	中3週	13	◎ ： ▲	ディープブリランテ ディープインパクト 昇 黒鹿 牡 3 **ロジブリランテ** カツラドライバー ニホンピロウイナー	13 2.9 2	久米田 正明 ノーザンファーム	54.0 戸崎圭 東 1 位 66 美 国枝	52 4.2 350 4 350 12 25% 50%	3本 19B 南W 38B 匿26	同0001 壬0000 夭1000 大0001 1 0 0 3	1/14 1中山④ 未勝利 [16] 2000 芝C -6 2074 16ト11ゲ⑤ 戸崎圭 56 1 1 2 最 4.4 前36.0(36.0) M -2.6 マイネルラブ 後43.0(38.6) ⑯ 5.4 2週 28 南W 29 B 12 530k(-10)	5/6 2東京⑤ 未勝利 [1] 1600 芝A -20 1341 18ト1ゲ④ 戸崎圭 56 1 1 1 最 -0.3 前35.1(35.1) H +0.4 ハードアタッ 後34.7(34.7) ❷ 0.8 3月 18 南W 34 S 49 548k(+18)
7	連闘	14	： ： ：	ハイアーゲーム サンデーサイレンス 黒鹿 牡 5 **ポルトボナール** ダイコーマリーン シャンハイ	10 91.8 15	後藤 英成 笹川大晃牧場	☆56.0 再 木幡也 東 21 位 10 美 青木孝	46 10.4 362 16 355 17 33% 66%	0本 11B 連闘 30B 匿-10	同0000 壬0000 夭0000 大0002 0 0 0 3	4/8 3中山5 500万下 [9] 1800 ダ -30 1531 12ト5ゲ⑥ 野中悠 54 2 2 2 内 1.6 前37.5(37.4) M +0.4 ヴァッハウ 後38.6(37.0) ⑨ 1.6 連闘 23 連闘 23 S 36 496k(0)	5/28 2東京⑫ 500万下 [11] 1600 ダ -13 1390 16ト13ゲ⑨ 井上敏 55 5 6 4 外 1.1 前36.1(35.8) M -1.2 ベラポーサ 後37.8(37.0) ⑫ 1.3 6週 11 南W 30 A 41 478k(-18)
8	中3週	15	▲ 注 ○	バイロ ブルピット 降 鹿毛 牡 4 **カネノイロ** エルサフィール タヤスツヨシ	11 9.1 3	江川 伸夫 川上牧場	57.0 柴田善 東 28 位 5 美 佐藤吉	55 1.3 355 9 346 10 25% 33%	2本 15B 美坂 38B 匿14	同1002 壬0004 夭0004 大0001 1 0 0 11	4/15 3中山⑦ 1000万下 [13] 1200 芝外B -18 1097 15ト14ゲ⑥ 柴田善 57 4 7 7 外 1.1 前35.2(34.8) S +1.0 トシザキミ 後34.5(33.8) ⑬ 1.3 1週 14 美坂 49 B 46 474k(-4)	5/6 2東京⑤ 1000万下 [8] 1400 芝A -20 1219 11ト1ゲ⑪ 柴田善 57 2 3 4 最 0.4 前36.0(35.8) S +1.6 ヒルノマゼラ 後34.3(34.2) ⑩ 0.9 2週 12 美坂 38 B 53 478k(+4)
8	7ヶ月	16	○ ◎ ◎	ダイワメジャー サンデーサイレンス 降 栗毛 セ 4 **スターオブペルシャ** ターフローズ ビッグシャッフル	7 2.7 1	㈲社台レースホ 社台ファーム	57.0 再 北村宏 東 6 位 23 美 藤沢和	56 -1.3 352 5 344 5 76% 46%	7本 23B 南W 39B 匿22	同1100 壬0001 夭0223 大1001 2 3 3 5	11/6 5東京② 1000万下 [5] 1600 芝B -12 1344 12ト10ゲ❾ 戸崎圭 56 5 2 1 中 0.5 前35.8(35.6) S +0.7 サーブルオー 後35.4(34.9) ⑦ 1.4 2週 17 美坂 26 A 55 508k(+2)	初0 1 1 1 次0 2 1 1 戦85 71 70 451 促さず控えて最 [illegible]、4角中割りジリジリ 8/13 5札幌② 1500 芝A -16 STV賞 1000 [3] 14ト8ゲ❶ 9 10 9 55 3月 33 南W 27 504k(-2) 中
8	中2週	17	： ： ：	マツリダゴッホ サンデーサイレンス 栗毛 牝 4 **ウェーニーウィキー** シバノコトエ サンゼウス	8 91.8 16	ディアレストク 小島牧場	55.0 初 浜野谷 東 47 位 0 美 古賀史	42 13.6 359 14 346 9 23% 7%	0本 0B 他 0C 匿-8	同1006 壬0002 夭0013 大0000 1 0 1 11	3/11 2中京① 500万下 [17] 1400 芝A -16 1225 18ト2ゲ⑬ 秋山 55 16 17 15 最 0.9 前36.2(34.8) M -0.2 シャンデリア 後34.8(35.0) ⑩ 0.6 3月 11 南W 41 A 44 484k(+6)	5/13 1新潟[5] 500万下 [9] 1400 芝B 0 1230 16ト11ゲ⑪ 勝浦 55 14 13 14 大 1.1 前35.9(34.8) S -0.5 ヴェネト 後35.2(35.3) ⑥ 1.2 8週 11 南W 39 A 42 488k(+4)

2017年 6月 3日(土) 3回東京1日 天候：晴 馬場状態：良
【12R】
3歳以上・500万下(定量) [指定] 芝 1400m 17頭立

着	枠	馬	馬名	性齢	斤量	騎手	上3F	人	単勝
1	2	4	ジェイラー	牝4	52	菊沢一樹	34.6	11	96.2
2	4	8	シュピールカルテ	牝3	52	柴田大知	34.6	5	15.2
3	1	2	アンジェリー	牝5	55	丸田恭介	34.2	7	19.2
4	4	7	ジェイケイオジョウ	牝3	52	蛯名正義	34.1	3	8.0
5	3	5	プエルトプリンセサ	牝4	55	吉田隼人	33.9	8	26.5

単勝 ④9620円
複勝 ④1840円/⑧430円/②440円
枠連 2 4 7760円
馬連 ④⑧44280円
馬単 ④⑧99950円
ワイド ④⑧8770円/②④12920円/②⑧2410円
3連複 ②④⑧132950円
3連単 ④⑧②1518290円

卍指数上位馬で決したサンプルレース① 卍指数は基本的に、前走の着順が悪くても問題なく上位指数になることがある。それが一般的な指数との決定的な違いともいえるだろう。

まり買ってない目を買えばいいわけです。その際、私のようなデータ派がもっていない情報、例えばパドックや返し馬でしか得られないような情報を使って出し抜けばいいんです。あと、買い方に関しても、一般的なものではなく、自分なりの特殊な買い方があればそれも有効です。

――そう言って頂けると勇気が湧いてきます。では最後になるんですが、読者に向けて、馬券を買う上でのオススメの券種や、肝に銘じておいた方が良いことなどを教えて下さい。

卍 はい。まず、言えることですが、競馬資金が少ない人にとっては、単勝や複勝がオススメです。それは、これらの券種が他の券種に比べて払戻率が80％と高く設定されているからです。ただ、これも繰り返しになりますが、これらの券種は売上規模が小さいので大金を突っ込むとオッズが下がって逆に不利になります。な

2018年 11月4日(日)　3回福島6R　3歳以上・500万下　ダ1150m

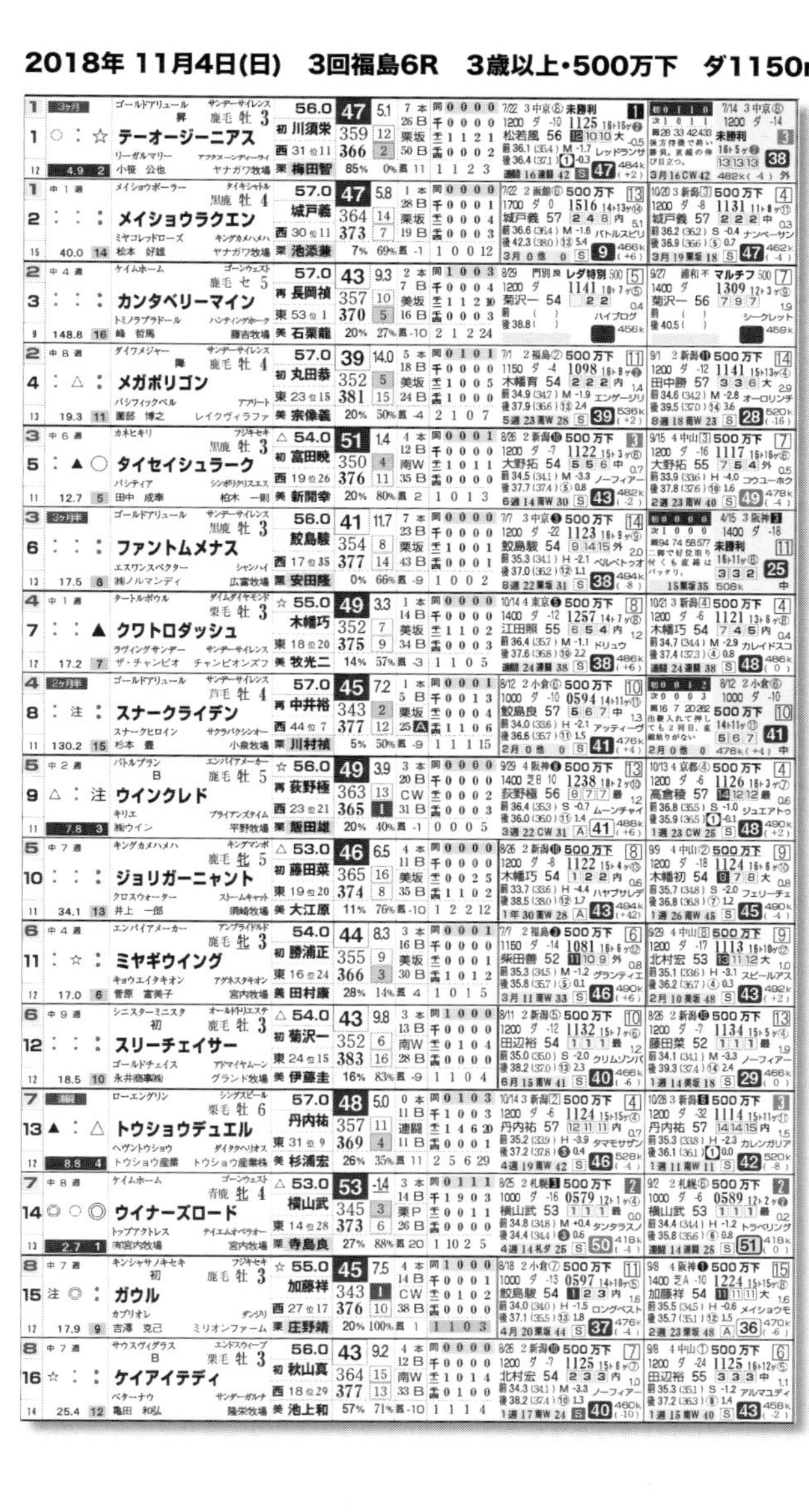

枠・馬番・印	父／馬名／母	斤量・騎手・調教師	指数	成績	前走	前々走
1 3ヶ月 1 ○ ： ☆ 12 4.9 2	ゴールドアリュール　サンデーサイレンス 昇 鹿毛 牡 3 テーオージーニアス リーガルマリー　アフタヌーンディーライ 小笹 公也　ヤナガワ牧場	56.0 初 川須栄 西 31 位11 栗 梅田智	47 5.1 359 12 366 2 85% 0%	7本 26B 栗坂 50B 11 同0000 千0000 芝1121 ダ0002 1 1 2 3	7/22 3中京⑥ 未勝利 1 1200 ダ -10 1125 16ト15ゲ② 松若風 56 12 10 10 大 -0.5 前36.1(35.4) M -1.7 レッドランサ 後36.4(37.1) 1 -0.3 連闘16 連闘42 S 47 484k(+2)	初0110 次1011 7/14 3中京⑧ 1200 ダ -14 未勝利 3 後28 33 42433 後方待機で長い勝負。直線の伸び目立つ。 16ト5ゲ② 13 13 13 38 3月16 CW42 482k(4) 外
1 中1週 2 ： ： ： 15 40.0 14	メイショウボーラー　タイキシャトル 黒鹿 牡 4 メイショウラクエン ミヤコレッドローズ　キングカメハメハ 松本 好雄　ヤナガワ牧場	57.0 城戸義 西 30 位11 栗 池添兼	47 5.8 364 14 373 7 7% 69%	1本 28B 栗坂 19B -1 同0000 千0001 芝0004 ダ0003 1 0 0 12	7/22 2函館⑥ 500万下 13 1700 ダ 0 1516 14ト13ゲ⑭ 城戸義 57 2 4 8 内 5.1 前36.6(36.4) M -1.6 バトルスピリ 後42.3(38.0) ⑬ 5.4 3月 0億 0 S 9 466k(+6)	10/20 3新潟③ 500万下 4 1200 ダ -8 1131 11ト8ゲ⑪ 城戸義 57 2 2 2 中 0.3 前36.2(36.2) S -0.4 ナンベーサン 後36.9(36.6) ⑤ 0.7 3月 19 栗坂 18 S 47 462k(-4)
2 中4週 3 ： ： ： 9 148.8 16	ケイムホーム　ゴーンウェスト 鹿毛 セ 5 カンタベリーマイン トミノラブラドール　ハンティングホーク 峰 哲馬　藤吉牧場	57.0 再 長岡禎 東 53 位1 美 石栗龍	43 9.3 357 10 370 5 20% 27%	2本 7B 美坂 16B -10 同1003 千0004 芝1121 0 ダ0003 2 1 2 24	8/29 門別 良 レダ特別 500 5 1200 ダ 1141 10ト7ゲ⑤ 菊沢一 54 2 2 0.4 前( ) 後38.8( ) ハイブログ 456k	9/27 浦和 不 マルチフ 500 7 1400 ダ 1309 12ト3ゲ⑨ 菊沢一 56 7 9 7 1.9 前( ) 後40.5( ) シークレット 459k
2 中8週 4 ： △ ： 13 19.3 11	ダイワメジャー　サンデーサイレンス 降 鹿毛 牡 4 メガポリゴン パシフィックベル　アフリート 薗部 博之　レイクヴィラファ	57.0 初 丸田恭 東 23 位15 美 宗像義	39 14.0 352 5 381 15 20% 50%	5本 18B 美坂 24B -4 同0101 千0000 芝1005 ダ1000 2 1 0 7	7/1 2福島② 500万下 11 1150 ダ -4 1098 16ト8ゲ 木幡育 54 2 2 2 内 1.4 前34.9(34.7) M -1.9 エンゲージリ 後37.9(36.6) ⑬ 2.4 5週 23 南W 28 S 39 536k(+2)	9/1 2新潟⑪ 500万下 14 1200 ダ -12 1141 15ト13ゲ④ 田中勝 57 3 3 6 大 2.9 前34.6(34.2) M -2.8 オーロリンチ 後39.5(37.0) ⑭ 3.6 8週 18 南W 23 S 28 520k(-16)
3 中6週 5 ： ▲ ○ 11 12.7 5	カネヒキリ　フジキセキ 黒鹿 牡 3 タイセイシュラーク パシティア　シンボリクリスエス 田中 成奉　柏木 一則	△ 54.0 初 富田暁 西 19 位26 美 新開幸	51 1.4 350 4 376 11 20% 80%	4本 12B 南W 35B 2 同0001 千0000 芝1011 ダ0000 1 0 1 3	8/26 2新潟⑪ 500万下 3 1200 ダ -7 1122 15ト3ゲ⑥ 大野拓 54 5 5 6 中 0.7 前34.5(34.1) M -3.3 ノーフィアー 後37.7(37.4) ⑤ 0.8 6週 14 南W 30 S 43 482k(-2)	9/15 4中山③ 500万下 7 1200 ダ -16 1117 16ト16ゲ⑥ 大野拓 55 7 5 4 外 0.5 前33.9(33.6) H -4.0 コウユーホク 後37.8(37.6) ⑩ 1.6 2週 23 南W 40 S 49 478k(-4)
3 3ヶ月半 6 ： ： ： 13 17.5 8	ゴールドアリュール　サンデーサイレンス 黒鹿 牡 3 ファントムメナス エスワンスペクター　シャンハイ ㈱ノルマンディ　広富牧場	56.0 鮫島駿 西 17 位35 栗 安田隆	41 11.7 354 8 377 14 0% 66%	7本 23B 栗坂 43B -9 同0000 千0000 芝1001 ダ0001 1 0 0 2	7/7 3中京③ 500万下 14 1200 ダ -22 1123 16ト9ゲ⑨ 鮫島駿 54 9 14 15 外 2.0 前35.3(34.1) H -2.1 ベルベトゥオ 後37.0(36.2) ⑫ 1.1 8週 22 栗坂 31 S 38 494k(-8)	初0000 次1000 4/15 3阪神③ 1400 ダ -18 未勝利 11 前94 74 58577 二脚で好位取り付くも直線はバッタリ。 16ト11ゲ⑥ 3 3 2 25 15 栗坂 35 508k 中
4 中1週 7 ： ： ▲ 12 17.2 7	タートルボウル　ダイムダイヤモンド 栗毛 牡 3 クワトロダッシュ ラヴィングサンデー　サンデーサイレンス ザ・チャンピオ　チャンピオンズフ	☆ 55.0 木幡巧 東 18 位20 美 牧光二	49 3.3 352 7 375 9 14% 57%	1本 14B 美坂 34B -3 同0000 千0000 芝1102 ダ0003 1 1 0 5	10/14 4東京⑤ 500万下 8 1400 ダ -12 1257 14ト7ゲ⑧ 江田照 55 6 5 4 内 1.2 前36.4(35.7) M -1.1 ドリュウ 後37.6(36.8) ⑩ 2.2 連闘 24 連闘 38 S 38 486k(+6)	10/21 3新潟④ 500万下 4 1200 ダ -6 1121 13ト6ゲ⑧ 木幡巧 54 7 4 5 内 0.4 前34.7(34.4) M -2.9 カレイドスコ 後37.4(37.3) ④ 0.8 連闘 24 連闘 38 S 48 486k(0)
4 2ヶ月半 8 ： 注 ： 11 130.2 15	ゴールドアリュール　サンデーサイレンス 芦毛 牡 4 スナークライデン スナークヒロイン　サクラバクシンオー 杉本 豊　小泉牧場	57.0 再 中井裕 西 44 位7 栗 川村禎	45 72 343 2 377 12 5% 50%	1本 5B 栗坂 25A -9 同0001 千0013 芝0004 ダ1106 1 1 1 15	8/12 2小倉⑥ 500万下 10 1000 ダ -10 0594 14ト11ゲ⑪ 鮫島良 57 5 6 7 中 1.3 前34.0(33.6) H -2.1 アッティーヴ 後36.6(35.7) ⑪ 1.5 2月 0億 0 S 41 476k(+4)	初0012 次0003 8/12 2小倉⑥ 1000 ダ -10 500万下 10 前16 7 20282 出脚入れて押しても2列目。直線粘りがない 14ト11ゲ⑪ 5 6 7 41 2月 0億 0 476k(+4) 中
5 中2週 9 △ ： 注 11 7.8 3	バトルプラン　エンパイアメーカー B 鹿毛 牡 5 ウインクレド キリエ　ブライアンズタイム ㈱ウイン　平野牧場	☆ 56.0 再 荻野極 西 23 位21 栗 飯田雄	49 3.9 363 13 365 1 20% 40%	3本 20B CW 31B -1 同0000 千0000 芝0002 ダ0003 0 0 0 5	9/29 4阪神⑧ 500万下 13 1400 芝B 10 1238 18ト2ゲ⑬ 荻野極 56 8 7 7 最 1.2 前36.4(35.3) S -0.7 ムーンチャイ 後36.0(36.0) ⑪ 1.4 3週 22 CW 31 A 41 488k(+6)	10/13 4京都④ 500万下 4 1200 ダ -6 1126 16ト3ゲ⑦ 高倉稜 57 14 12 12 最 0.6 前36.8(36.5) S -1.0 ジュエアトゥ 後35.9(36.5) 1 -0.1 1週 23 CW 25 S 48 490k(+2)
5 中7週 10 ： ： ： 11 34.1 13	キングカメハメハ　キングマンボ 鹿毛 牝 5 ジョリガーニャント クロスウォーター　ストームキャット 井上 一郎　須崎牧場	△ 53.0 初 藤田菜 東 19 位20 美 大江原	46 6.5 365 16 374 8 11% 76%	4本 11B 美坂 35B -10 同0000 千0000 芝0025 ダ1102 1 2 2 12	8/26 2新潟⑪ 500万下 8 1200 ダ -8 1122 15ト4ゲ⑬ 木幡巧 54 1 2 2 内 0.6 前33.7(33.6) H -4.4 ハヤブサレデ 後38.5(38.0) ⑫ 1.7 1年 30 南W 28 A 43 494k(+42)	9/9 4中山② 500万下 9 1200 ダ -18 1124 16ト6ゲ⑩ 木幡初 54 8 7 8 大 0.8 前35.7(34.8) S -2.0 フェリーチェ 後36.8(36.8) ⑦ 1.2 1週 26 南W 45 S 45 490k(-4)
6 中4週 11 ： ☆ ： 12 17.0 6	エンパイアメーカー　アンブライドルド 鹿毛 牡 3 ミヤギウイング キョウエイタキオン　アグネスタキオン 菅原 富美子　宮内牧場	54.0 初 勝浦正 東 16 位24 美 田村康	44 8.3 355 9 366 3 28% 14%	3本 16B 美坂 30B 4 同0001 千0000 芝0001 ダ1012 1 0 1 5	7/7 2福島③ 500万下 6 1150 ダ -14 1081 16ト6ゲ⑫ 柴田善 52 11 10 9 外 0.8 前35.3(34.5) M -1.2 グランティエ 後35.8(35.7) ⑤ 0.1 3月 11 南W 33 S 46 490k(+6)	9/29 4中山⑧ 500万下 9 1200 ダ -17 1113 16ト10ゲ 北村宏 53 13 11 12 大 1.0 前35.1(33.6) H -3.1 スピールアス 後36.2(36.7) ④ 0.3 2月 10 美坂 48 S 43 492k(+2)
6 中9週 12 ： ： ： 12 18.5 10	シニスターミニスタ　オールドトリエステ 初 鹿毛 牡 3 スリーチェイサー ゴールドチェイス　アドマイヤムーン 永井商事㈱　グランド牧場	△ 54.0 初 菊沢一 東 24 位15 美 伊藤圭	43 9.8 352 6 383 16 16% 83%	3本 13B 南W 28B -9 同1000 千0000 芝0104 ダ0000 1 1 0 4	8/11 2新潟⑤ 500万下 10 1200 ダ -12 1132 15ト7ゲ⑥ 田辺裕 54 1 1 1 最 1.2 前35.0(35.0) S -2.0 クリムゾンバ 後38.2(37.0) ⑬ 2.3 6月 15 南W 41 S 40 466k(-6)	8/26 2新潟⑪ 500万下 13 1200 ダ -7 1134 15ト5ゲ④ 藤田菜 52 1 1 1 最 1.9 前34.1(34.1) M -3.3 ノーフィアー 後39.3(37.4) ⑭ 2.4 1週 14 美坂 18 S 29 466k(0)
7 13 ▲ ： △ 12 8.8 4	ローエングリン　シングスピール 栗毛 牡 6 トウショウデュエル ヘヴントウショウ　ダイタクヘリオス トウショウ産業　トウショウ産業株	57.0 丹内祐 東 31 位9 美 杉浦宏	48 5.0 357 11 369 4 26% 35%	0本 11B 連闘 11B 11 同0103 千1003 芝1462 0 ダ0001 2 5 6 29	10/14 3新潟② 500万下 4 1200 ダ -6 1124 15ト15ゲ④ 丹内祐 57 12 11 11 内 0.7 前35.2(33.9) H -3.9 タマモサザン 後37.2(37.8) ③ 0.4 4週 19 南W 42 S 46 528k(-4)	10/28 3新潟⑥ 500万下 3 1200 ダ -32 1114 15ト11ゲ⑪ 丹内祐 57 14 14 15 内 1.5 前35.3(33.8) H -2.3 カレンガリア 後36.1(36.1) 1 0.0 1週 11 南W 11 S 42 520k(-8)
7 中8週 14 ◎ ○ ◎ 13 2.7 1	ケイムホーム　ゴーンウェスト 青鹿 牝 4 ウイナーズロード トップアクトレス　テイエムオペラオー ㈲宮内牧場　宮内牧場	△ 53.0 横山武 東 14 位28 栗 寺島良	53 -14 345 3 373 6 27% 88%	3本 14B 栗P 26B 20 同0111 千1903 芝0011 ダ0000 1 10 2 5	8/25 2札幌③ 500万下 2 1000 ダ -16 0579 12ト1ゲ④ 横山武 53 1 1 1 最 0.0 前34.8(34.8) M +0.4 タンタラスノ 後34.4(34.4) ③ 0.6 4週 14 札ダ 25 S 50 418k(-4)	9/2 2札幌⑥ 500万下 2 1000 ダ -6 0589 12ト2ゲ 横山武 53 1 1 1 最 0.2 前34.4(34.4) H -1.2 トラベリング 後35.8(35.6) ⑥ 0.8 連闘 14 連闘 25 S 51 418k(0)
8 中7週 15 注 ◎ ： 12 17.9 9	キンシャサノキセキ　フジキセキ 初 鹿毛 牡 3 ガウル カプリオレ　ダンジリ 吉澤 克己　ミリオンファーム	☆ 55.0 加藤祥 西 27 位17 栗 庄野靖	45 7.5 343 1 376 10 20% 100%	4本 14B CW 38B 1 同1000 千0001 芝0102 ダ0000 1 1 0 3	8/18 2小倉⑦ 500万下 11 1000 ダ -13 0597 14ト10ゲ⑤ 鮫島駿 54 1 2 3 内 1.6 前34.0(34.0) H -1.5 ロングベスト 後37.1(35.5) ⑬ 1.8 4月 20 栗坂 44 S 37 476k(-4)	9/8 4阪神① 500万下 15 1400 芝A -10 1224 15ト15ゲ⑧ 加藤祥 54 11 11 11 大 1.6 前35.5(34.5) H -0.6 メイショウモ 後35.7(35.1) ⑫ 1.5 2週 23 栗坂 48 A 36 470k(-6)
8 中7週 16 ☆ ： ： 14 25.4 12	サウスヴィグラス　エンドスウィープ B 栗毛 牡 3 ケイアイテディ ベターナウ　サンダーガルチ 亀田 和弘　隆栄牧場	56.0 初 秋山真 西 18 位29 美 池上和	43 9.2 364 15 377 13 57% 71%	4本 12B 南W 33B -10 同0000 千0000 芝1014 ダ0100 1 1 1 4	8/26 2新潟⑪ 500万下 7 1200 ダ -7 1125 15ト8ゲ⑦ 北村宏 54 2 3 3 内 1.0 前34.3(34.1) M -3.3 ノーフィアー 後38.2(37.4) ⑩ 1.3 1週 17 南W 24 S 40 460k(-10)	9/8 4中山① 500万下 6 1200 ダ -24 1125 16ト12ゲ⑤ 田辺裕 55 3 3 3 中 1.1 前35.3(35.1) S -1.2 アルマユディ 後37.2(36.3) ⑧ 1.4 1週 15 南W 40 S 43 458k(-2)

2018年11月 4日(日)　3回福島2日　天候：晴　馬場状態：良
【6R】
3歳以上・500万下(定量)　[指定]　ダート 1150m　16頭立

着	枠	馬	馬名	性齢	斤量	騎手	上3F	人	単勝
1	1	1	テーオージーニアス	牡3	56	川須栄彦	36.3	2	4.8
2	4	8	スナークライデン	牡4	57	中井裕二	36.8	15	158.4
3	3	5	タイセイシュラーク	牡3	54	富田暁	36.8	5	12.6
4	6	11	ミヤギウイング	牝3	54	勝浦正樹	35.8	4	12.6
5	2	4	メガポリゴン	牡4	57	丸田恭介	36.9	12	31.2

単勝　①480円
複勝　①210円/⑧1920円/⑤400円
枠連　1 4 3790円
馬連　①⑧39900円
ワイド　①⑧10340円/①⑤1130円/⑤⑧17440円
馬単　①⑧59530円
3連複　①⑤⑧108290円
3連単　①⑧⑤679620円

卍指数上位馬で決したサンプルレース②　卍指数はキャリアの浅い馬の指数が高くならない傾向がある。新馬戦で強い勝ち方をした馬の2戦目の指数が案外…というケースは多々ある。

ので、競馬資金が多いという方は、馬連や3連複や3連単などの券種の方がオススメです。あと、単勝や複勝のように1頭を選択する券種では、回収率の期待値が100%を超えるような買い目を見つけるには、平均的な馬よりも期待値が25%以上高い馬を見つける必要がありますけど、3連複や3連単のように3頭を選択する券種だと、期待値が25%以上高い馬が見つからなくても、期待値が10%以上高い馬同士の組み合わせを購入すれば、回収率の期待値が100%を超えます。

——つまり、3連複や3連単の方が、単勝や複勝よりも勝負できるレース数が必然的に多くなると?

卍　そういうことです。ただし、単勝や複勝と比べて的中率が悪くなり、スランプの期間も長くなるので、無理のない購入金額にし、短期的な結果に一喜一憂しないことが大事です。

number

12

メシ馬

「穴パターン事典」で穴馬発生のヒント、そしてそれをモノにするための術を余すことなく書き記したメシ馬氏の、明晰な頭脳から導き出した“回答”は?

profile

メシ馬…祖父が馬主だったため、幼い頃から競馬に触れる機会が多く、2013年から馬券の研究を始める。その後、たくちんとコンビを結成し、競馬情報サイト「うまぐりちゃん」、雑誌「競馬王」などで活躍中。血統・ラップ・馬場読みを中心に臨機応変にファクターを使い分けるスタイルで、大穴狙いに定評がある。https://twitter.com/kyv_a

メシ馬 number 12

購入金額の幅を決められてグルーピングを体現できるワイドの真の実力を知ろう！

メシ馬氏の駆使している
予想理論

「馬柱が汚い馬が狙い目」と本人も豪語しており、基本は近走目立った成績を収めていないような人気薄の中から、激走パターンに見合った条件の時に狙い撃つスタイル。穴馬を狙うためのファクターは、血統や馬場読みなど様々で、馬券はワイドを基本とし、少点数で仕留めることで高い回収率を実現させている。

馬券の選定

寄稿集ですので、他の予想家の皆さんがどのように、どんな馬券の優位性を語るかさっぱりわかりませんが、私としての馬券選定の結論は、馬券の選定と予想法は親和性が高い必要があるということです。また、お金にフォーカスした場合、馬券の選定とは数学的な根拠の正しさを求めるのではなく、誰しもが抱える〝予算〟の都合とも同居し得ることが重要だと考えています。

数学的に見た結論としては、一番儲かる可能性の高い券種は3連単だと推定されます。ただし、控除率も高い馬券ですので、当然ただ闇雲に3連単を買えば良いわけではなく、複数の条

メシ馬氏の券種の購入割合（頻度）

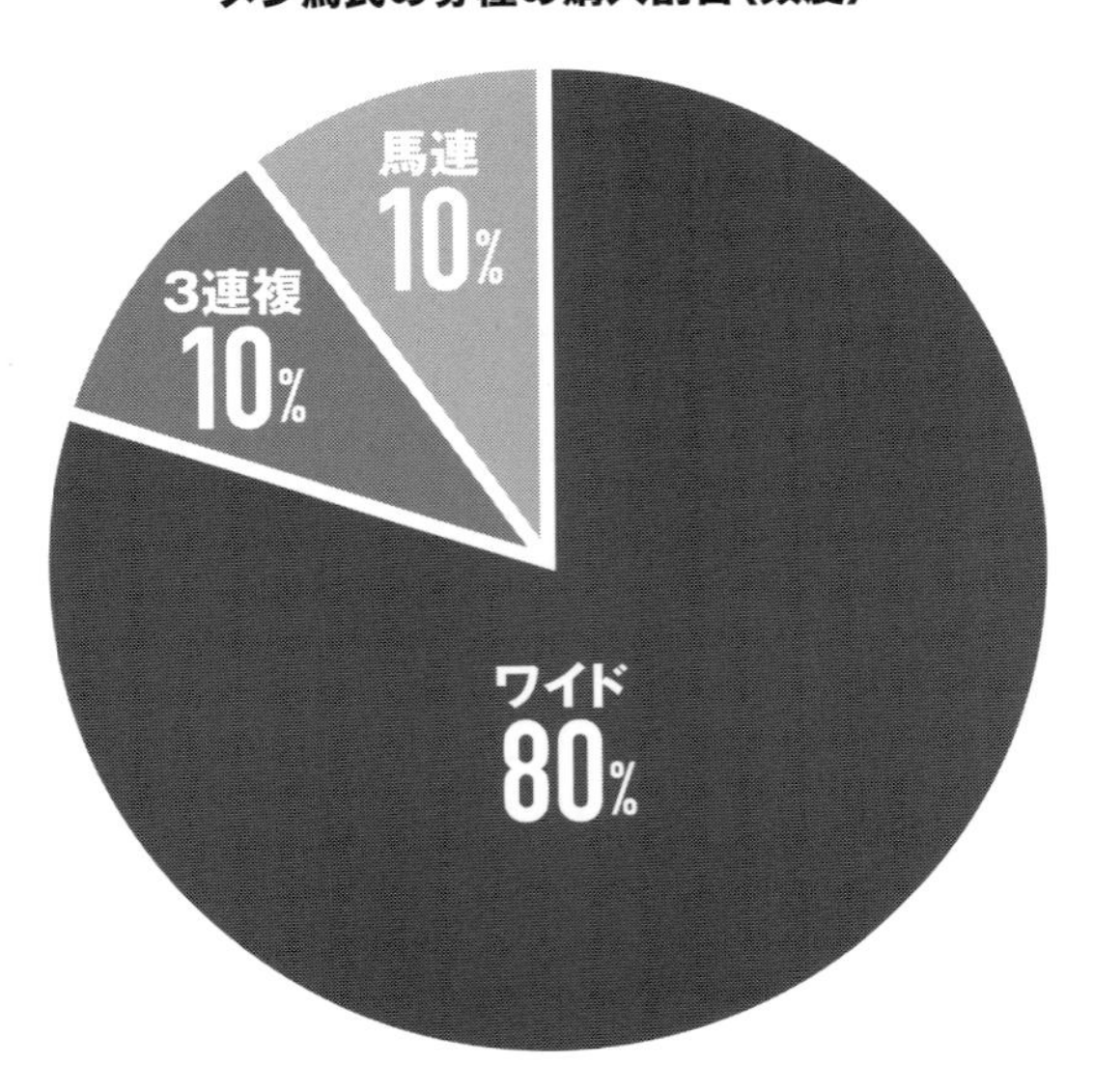

件が付きます。たとえば、限りなく絞った少点数で的中確率の低い3連単を当てる必要があったり、穴から穴といった出現確率の低い高配当の3連単といった具合です。他の方が書かれていると思うので、詳細は後述させていただきますが、競馬で儲けるためには的中率を下げる必要があるのです（※詳細は後ほどの馬券購入者のメンタルの項にて）。

ただし、これはあくまで数学的に見た結論であり、実際に上記のような制限の強い馬券を買っていては、資金がショートしてしまうというのが現実でしょう。そのため、現実的なラインで自分でコントロールできる範疇（※1）にあるワイドこそが、最も効率的に資金の回転をさせられるという意味でベストだと考えます。ショートしないようにワイドで資金を回す一方で、数学的正しさとして数字を追う必要もあるので、的中率の低い馬券である馬連・3連複をボーナスとして買うことで、予想がドンピシャでハマった時にしっかりと回収する手段を用意しておくことがベストだと考えています。

もちろん3連単・馬単でも代用可能ですが、資金のショートという観点から馬単は導入可ではあるものの、3連単はあまりにも的中までの道のりが長く、穴ー穴の馬券を買うのにはあまりにも向かないため、導入のハードルが高いと判断しています。

※3連複20点・配当10000円的中の場合とワイド2点・配当1000円の場合、回収率はどちらも500％と同じです。ただし、3連複の場合は最少購入金額が2000円で、以降×200ならば4000円、×300ならば6000円と購入金額が肥大していくのに対し、ワイドの場合は、最少購入金額が200

一般的な3連複オッズ表

組み合わせ	オッズ
02-03-06	13.5
03-05-06	19.8
02-05-06	24.2
03-06-13	29.9
03-06-12	34.0
02-06-13	40.2
02-06-12	44.2
05-06-12	50.3
02-06-14	52.2
03-06-14	53.0

組み合わせ	オッズ
05-06-13	62.2
03-06-15	88.2
06-12-13	90.1
06-13-14	129.1
06-12-14	132.6
02-06-15	143.8
05-06-15	157.9
06-12-15	189.7
06-13-15	229.4
06-14-15	382.9

円、以降400円、600円、800円…と細分化されています。これにより、3連複と同等の回収率だったとしても、3連複よりも効率的に資金の回転を促すことが実現できます。

たとえば、3連複の場合、点数の増加に伴いオッズ幅が大きくなります。人間誰しもレース前から皮算用で配当を見積もってしまうものなので、上図のようなオッズを見た時にどうしても高配当に目がくらんでしまいます。それを加味して考えると、3連複20点・配当10000円的中の場合とワイド2点・配当1000円の場合の2つを比べると明らかにワイドの方が、ブレが少なく資金の回転には向いていることがわかります。それに加え、3連複では1頭抜けというリスクだったり、1番人気が来て安い配当…といった問題が付いて回りますからね。

他にも、3連複20点・配当10000円的中の場合とワイド2点・配当1000円の場合を比べてみると3連複の方が大きな馬券が当たったように見えるため、3連複をメイン馬券として支持する人が多いのです。ワイド2点で1000円ってものすごく地味ですもんね。それでも同じ回収率ならば、ご自分の予算に合わせて購入金額を変更できる馬券のほうが優秀であることは言うまでもありません。

馬券の選定と予想法の親和性

私がもっとも優れた馬券を〝ワイド〟としているもうひとつの理由は、グルーピングという考え方を最も効果的に体現できるからです。

グルーピングの考え方とは、例えば前残りを連発する日のメインレースで、断然人気の1番人気馬が追い込み馬だったとしましょう。その時に狙うべき馬は、前に行ける馬だというのは至極当然ですが、その相手はどういった馬を選ぶのかというと、当然追い込み脚質の1番人気の馬…ではありませんよね。

実力的に、全く足りない馬が「前有利の展開で恵まれて馬券になる」という、よほど前が有利になる展開を元に前残りの予想をしている訳なので、安直に能力面を考えた場合、10番人気の前に行く馬が前で馬券になっている場合には、5番人気の前に行く馬も好走してきている可能性が高いです。なので、そちらを買った方がオッズ的にもロジカル的にも正しいです。

つまり、人気薄の◎が前残りで好走する展開になれば、1番人気の追い込み馬はよほど地力が抜けていた場合を除いて、好走できない可能性が高いと推定する考え方です。

ところが、理屈では分かっていても、その理屈を忠実に馬券に具現することができないのが

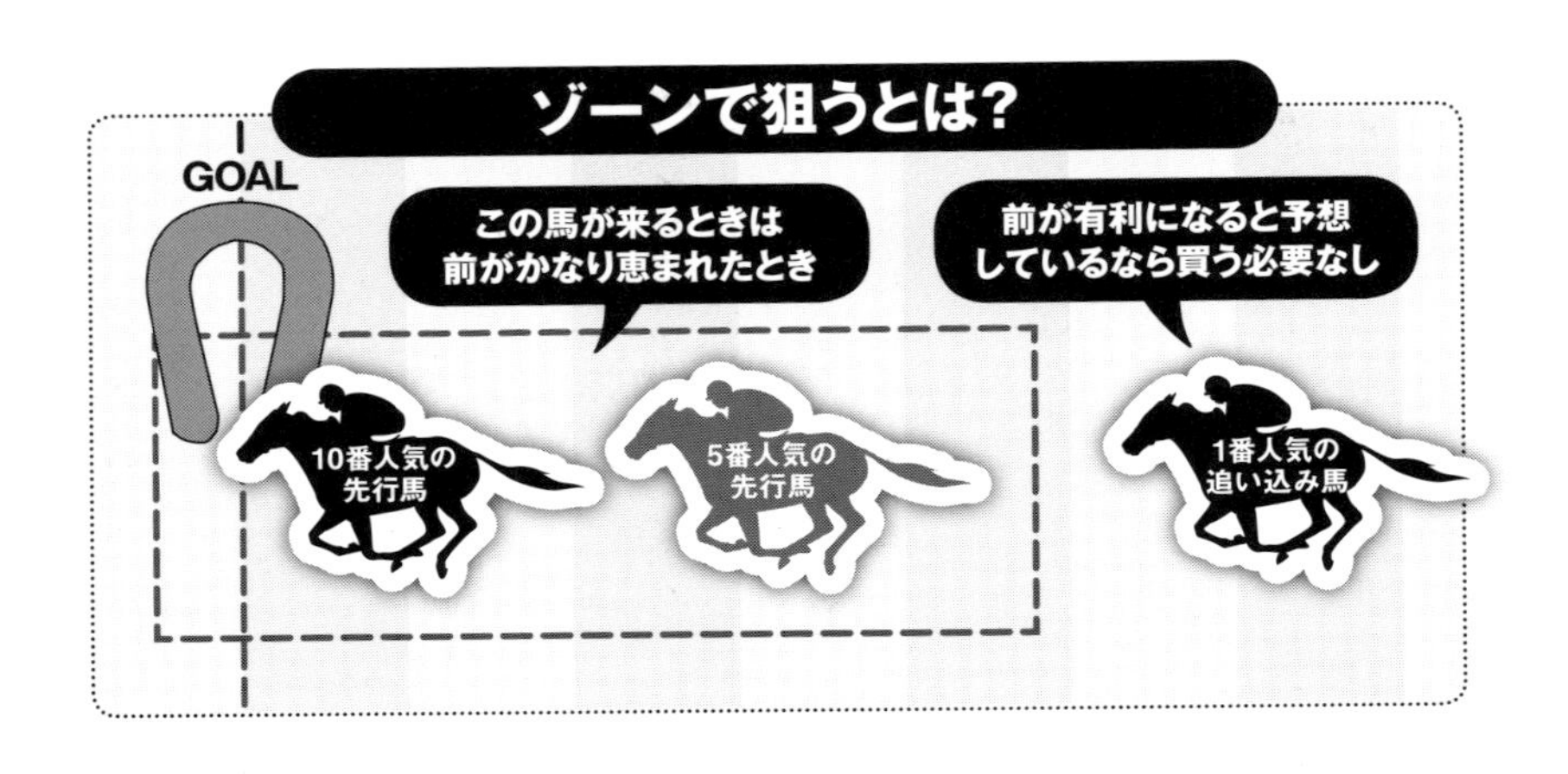

人間です。

いざ馬券を買おうした時に、「3連系だと1番人気を切るのは怖い…」という考えが頭をよぎる方が多いと思います。意識して割り切って買っている身でも、そういう考えが頭をよぎるので、人間の特性上仕方ないのだと思います。

この心理から、1番人気をヒモに入れてしまい、無駄に点数を広げてしまう馬券を購入してしまう…ここで買った馬券が当たったとしても人気の馬なので払い戻しも大した額にはならないでしょうし、買いたくないと思っている馬を、買いたい馬と同列に扱って馬券を購入するほど愚行なことはありません。それならば、初めから妙味重視で消すべきなのです。

しかし、1番人気の馬はいくら展開が不向き（先ほどの例で言えば追い込み脚質の馬）であっても、競馬の絶対指標である能力だけでカバーして好走してきてしまう事が多々あります。

この時、3連系だと簡単に配当が安くなりますし、折角穴を見抜く力を持って◎穴からの馬券を買っているのに、1番人気の馬から3連複30点!のような買い方をしている人と同じ馬券を買ってしまうのは損でしかありません。

この購入者心理の揺れを極力小さくし、また期待値を無視して馬券を買うのを防ぐ事が可能な点もワイドのメリットでしょう。

今回は、グルーピングの例として脚質を題材に挙げましたが、時計のかかる馬場でパワー型/スピード型とグルーピングするのでも良いですし、急坂巧者/平坦巧者などのコースレイアウト的な分類でも当然有効です。

馬券購入者のメンタル

先ほども少し触れましたが、今度はワイドを「馬券購入者のメンタル」という観点で考察をしましょう。

先ほど、「競馬で儲けるためには的中率を下げる必要がある」と書きました。これは決して自滅をしたいわけではありません。まずは根本的な考え方ですが、一般的に95%の馬券購入者は負けていると言われます。対して、オッズは馬券購入者の購入枚数（金額）によって決まっています。

人気馬=馬券購入者の多くの支持を得ている
馬券購入者=95%の人が負けている

これを代入すると、下記の事実が浮き彫りになります

人気馬=馬券購入者（95%の人が負けている）の多くの支持を得ている

つまり、人気馬を買っていては自ら勝ちにくい道へ進んでしまっているようなものです。この概念は至極当たり前なのですが、非常に理解されにくい概念でもあります。なぜならば、短いスパンでみると人気馬を買っていれば定期的に馬券が的中し、やめどころが噛み合えば短期的なプラス収支は簡単に計上できるからです。ただし、実際はジリ貧になってしまうというのが現実です。

とりわけ、〝人気馬=当たりやすい〟というのも非常に厄介な問題です。当たりやすいがゆえに、次は巻き返せる！と思い込んでしまいやすく、巻き返すために大金をつぎ込んでしまう…など、人気馬を買って勝つには非常にシビアな自身の制御が必要です。

対して穴馬を狙う人は、そもそも当たると思っていないので、次のレースに打ち込む！といったように自制がきかなくなることもありません。淡々と当たるのを待ち続けるだけなのです。

とは言いつつも、資金がいつまでも続くわけではないのだけが懸念になるので、穴馬から3連単100点！のような馬券を買い続けるわけにはいきません。そこで、①大半の人が買わない馬（人気薄の馬）を買う②人気薄の馬からの馬券の中でもさらに買われない馬券を買う③ある程度の資金回転率の確保をするという3つの観点から、最もバランスの取れた馬券というのがワイドの中でも〝穴馬を軸とした穴馬へのワイド〟です。

例えば、こんな時に威力を発揮します。

◎カフジローズ
☆アメリカンウェイク
＊コパノケネディー

2019年 5月26日(日)　3回京都2R　3歳・未勝利(馬齢)　[指定]　芝・外 1800m

枠番	印・指数・オッズ	騎手・斤量	馬名・血統	厩舎・成績	前走	前々走
1白 1	(50.2)51.2 ：△△：：：：： 29.8 ←厩	☆森裕 53 0001	ケープブランコ 牝3 タマモケトル チャームポット⑤ タマモ㈱ フジキセキ 信成牧場	南井 0.0.0.0 0-0-0-2 0 0 0 0 0 ・・・・・・⑥・	1京⑤1・14新馬15ト7 芝外A1379和田竜54 M35.8-37.8 ②②②内 ゲバラ1.3 426 5人10着	1新⑤5・11牝未勝14ト6 芝外B1485森裕53 M35.9-35.7 ①①①① クラヴィーア0.2 434 8人10着
1白 2	(46.8)49.2 ○○○○△△△ 6.0 ←厩	国分恭 56 0010	ドリームジャーニー 牡3 プレイリードリーム ザリーン③ 田所英子 メイショウオウドウ 天羽牧	安達 0.0.0.0 0-0-1-2 0 0 0 0 0 ・・・・・・③・	2阪②3・24未勝利15ト15 芝ダ1598富田55 M39.3-42.5⑫⑫⑬⑭大 メイショウテ5.6 472 12人14着	3京⑧5・12未勝利13ト3 芝外D1483国分恭56 S37.8-33.3 ⑬⑬⑬大 ジュンサロベ0.2 462 1人11着
2黒 3	(52.5)52.9 ：：▲▲○：△ 7.1 ←厩	藤岡康 54 初騎乗	スクリーンヒーロー 牝3 レッドジェニファー ライラッククイーン 東京H Law Society 社台ファーム	大久龍 0.0.0.0 0-0-1-2 0 0 0 0 0 ・・・・・・③・	1阪⑦3・16牝未勝16ト10 芝外A1517酒井学540 M36.0-38.5 ③③③中 ラシェーラ2.1 432 13人6着	1新⑤5・11牝未勝14ト3 芝外B1484酒井学540 M37.3-34.2 ⑥⑥⑦中 クラヴィーア0.1 422 11人4着
2黒 4	(——)55.3 ◎◎◎◎◎◎◉ 2.4 ←厩	小崎 56 0100	マンハッタンカフェ 牡3 ダンディズム ビューティーコンテス カナ Singspiel 三嶋牧場	野中 0.0.0.0 0-1-0-0 0 0 1 0 0 ・・・・・②・・	兄フォルテ③ 兄ジャニアリシックス② 兄ダノンマッキンレー③ 兄ムーンクレスト	3京⑥5・5未勝利14ト2 芝外C1470小崎56▲ M35.9-34.3 ⑩⑩⑩大 メイケイハリ0.1 470 6人4着
3赤 5	(45.0)49.5 ：：：△△▲△ 19.0 ←厩	☆川又 53 初騎乗	ハーツクライ 牝3 アメリカンウェイク アナアメリカーナ キャロット American Post ノーザンF	斉藤崇 0.0.0.0 0-0-0-2 0 0 0 0 0 ・・・・・⑦・・	3新⑥7・15新馬11ト9 芝B1378福永540 M36.6-37.2 ⑩⑩⑩大 エルモンスト2.9 482 11人1着	1新③5・4未勝利16ト7 芝外B1486団野51△ M37.1-35.4 ⑭⑭⑫内 ベルキューテ1.1 510 14人4着
3赤 6	(49.0)49.4 ：：：：：：： ☆ ←厩	☆富田 53 初騎乗	テイエムオペラオー 牝3 テイエムメデタシ テイエムオペレッタ③ 竹園正繼 アドマイヤベガ 日高テイエ	飯田雄 0.0.0.0 0-0-0-4 0 0 0 0 0 ・・⑨・・・⑫・	2阪⑦4・13未勝利16ト9 西ダ1277亀田51 H36.6-38.8 ⑭⑭⑮中 ルーアン1.2 432 12人14着	3京⑧5・12未勝利16ト12 西ダ1281亀田51 H36.9-39.2 ⑪⑩⑩内 メイショウハ2.6 432 3人9着
4青 7	(——)51.2 △▲△△▲：： 7.9 ←厩	北村友 56 初騎乗	ディープインパクト 牡3 ジュベルハフィート ドバウィハイツ 社台RH Dubawi 社台ファーム	石坂正 0.0.0.0 0-0-0-1 0 0 0 0 0 ・6カ月休養・・	5阪①12・1新馬13ト5 芝外A1371ルメール55▲ S38.4-34.1 ⑧⑧⑧大 キュールエミ0.5 442 10人1着	リフレッシュ・放牧 仕上がり良好 初戦⑤着 推定馬体446 中9週以上0000
4青 8	▲△：：：△△ 12.7 ←厩	藤井 54 初騎乗	ジャスタウェイ 牝3 ヴィルデフラウ ニンフII G1レーシング Galileo 追分ファーム	須貝尚 0.0.0.0 0-0-0-0 0 0 0 0 0 ・・・・・・・・・	距離・重ダ適性 父 中距離型 重○ダ○ 母の父中長距離型重○ダ○ 4月13日生	兄バヌーシーノキボウ
5黄 9	(48.4)49.6 ：：：：：：： ☆ ←厩	中井 54 0001	ハーツクライ 牝3 トモノヘイヘイ アシュフォードクロス 共田義 Cape Cross 社台ファーム	浜田 0.0.0.0 0-0-0-2 0 0 0 0 0 ・・・⑨・・⑦・	1福⑤4・20未勝利16ト9 芝B1121鮫島駿54▲ H35.2-36.9 ⑤⑥⑧大 チャリオット1.4 442 16人8着	3京⑧5・12未勝利13ト7 芝外D1490中井54 S36.1-35.2 ②④③内 ジュンサロベ0.9 442 6人9着
5黄 10	：：：：：：： ☆ ←厩	柴田未 56 初騎乗	ブラックタイド 牡3 ウインフォワード ワキノバクシン ウイン サクラバクシンオー 広田牧場	梅田智 0.0.0.0 0-0-0-0 0 0 0 0 0 ・・・・・・・・・	距離・重ダ適性 父 中長距離型重○ダ○ 母の父短距離型 重○ダ○ 5月26日生	姉ワキノネクサス② 兄ワキノヒビキ 姉エリープラネット⓪ 北海道市場① 810万
6緑 11	△△△：△▲▲ 10.7 ←厩	幸 56 初騎乗	ダイワメジャー 牡3 モダスオペランディ アドニータ ゴドルフィン Singspiel ダーレーJF	西園 0.0.0.0 0-0-0-0 0 0 0 0 0 ・・・・・・・・・	距離・重ダ適性 父 中距離型 重○ダ○ 母の父中長距離型重◎ダ○ 3月17日生	姉ティップトップ③ 兄ラッシュアワー① 姉セレナータ⓪ 兄モンテグロッソ
6緑 12	(51.0)50.1 ：：：：：：： 35.6 ←厩	松若 54 初騎乗	トゥザグローリー 牝3 ナムラテンゲル ドリームティアラ① 奈村睦弘 ハーツクライ ノーザンF	杉山 0.0.0.0 0-0-0-2 0 0 0 0 0 ・・・⑧・⑪・・	3京①4・20未勝利18ト8 芝内C2018和田竜54 M37.0-36.1⑩⑩⑪⑩中 ラクローチェ1.2 478 6人12着	3京⑥5・5牝未勝15ト11 芝ダ1577石川裕54△ M37.6-40.8⑧⑥⑧⑧大 オリーブティ3.2 478 2人8着
7橙 13	(53.1)50.4 ：：△：：○○ 18.4 ←厩	▲斎藤 51 初騎乗	ダイワメジャー 牝3 カフジローズ エリドゥバビロン⓪ 加藤守 Bernstein ノーザンF	森田 0.0.0.1 0-2-1-5 0 0 1 0 1 ・・・・・・⑨・・	1小❽3・3未勝利16ト7 芝B1529吉田隼540 M37.7-39.0⑥⑥④③外 アルファライ1.2 504 10人3着	3京⑤5・4未勝利12ト9 芝ダ1578Mデムー54△ M37.7-41.2⑥⑥⑥⑦中 テイエムファ3.2 502 2人4着
7橙 14	B (49.0)47.5 ：：：：：：： 40.4 ←厩	川須 56 0001	アイルハヴアナザー 牡3 コパノケネディー グッデーコパ① 小林祥晃 マンハッタンカフェ ヤナガワ	宮 0.0.0.1 0-0-0-5 0 0 0 0 0 ・3カ月休養・・	2京⑧2・17未勝利16ト13 西ダ1281加藤祥55B△ H37.0-38.9 ⑬⑭⑫内 バレニア1.6 532 5人11着	リフレッシュ・放牧 仕上がりマズマズ 初戦⑩着 推定馬体530 中9週以上0001
8桃 15	(52.5)52.8 △：：△：△△ 13.4 ←厩	柴山 56 0012	ジャスタウェイ 牡3 シックザール スイートハビタット② 前田幸治 Grand Lodge シンボリ牧場	佐々晶 0.0.0.0 0-0-1-4 0 0 0 0 0 ・3カ月半休養・	1小①2・9未勝利13ト4 芝A1532柴山56△ S38.3-35.6①①①①内 ギルマ0.6 480 4人4着	リフレッシュ・放牧 馬体良化 初戦⑦着 推定馬体490 中9週以上0000
8桃 16	(46.4)46.1 ：：：：：：： 43.8 ←厩	△西村淳 54 初騎乗	ヴィクトワールピサ 牡3 ディープエターナル グラニースミス⓪ 深見敏男 ディープインパクト 浦新徳司	本田 0.0.0.0 0-0-0-3 0 0 0 0 0 ⑮・⑯・・・・・	2阪③3・30未勝利15ト15 芝内B2051斎藤53 M37.5-38.7⑧⑧⑧⑨外 ダンスディラ3.3 484 11人15着	2阪⑧4・14未勝利16ト16 芝ダ2011太宰56 H38.4-43.6⑭⑬⑭⑯外 ウィッチクラ5.9 478 11人13着
8桃 17	(54.2)53.1 ：：：：：：： 37.9 ←厩	四位 54 0102	ドリームジャーニー 牝3 モイ ステルス⓪ HimRockRH ディープインパクト タバタF	寺島 0.0.0.0 0-1-0-4 0 0 0 0 1 ⑥・・・・・・⑦	2阪③3・30牝未勝16ト6 芝外B1510四位54△ S38.4-33.8 ⑬⑫⑬外 セラピア1.1 382 11人6着	3京⑨5・18未勝利15ト7 芝外D1487四位54△ M37.2-35.6 ⑪⑪⑨外 ダノンレグナ1.2 388 14人5着

2019年 5月26日(日)　3回京都12日　天候：晴　馬場状態：良
【2R】
3歳・未勝利(馬齢)　[指定]　芝・外 1800m　17頭立

着	枠	馬	馬名	性齢	斤量	騎手	タイム	着差	通過順位	上3F	人	単勝
1	7	14	コパノケネディー	牡3	56	川須栄彦	1.47.7		01-01	37.0	12	106.5
2	3	5	アメリカンウェイク	牝3	53	川又賢治	1.48.2	3	04-03	36.3	5	15.0
3	7	13	カフジローズ	牝3	51	斎藤新	1.48.4	1 1/4	03-03	36.7	6	20.0
4	1	2	プレイリードリーム	牡3	56	国分恭介	1.48.4	クビ	13-13	35.5	3	9.6
5	1	1	タマモケトル	牝3	53	森裕太朗	1.48.5	1/2	04-05	36.5	10	31.9

単勝　⑭10650円
複勝　⑭2880円/⑤570円/⑬620円
枠連　3-7/8390円
馬連　⑤⑭77670円
ワイド　⑤⑭11730円/⑬⑭14360円/⑤⑬2890円
馬単　⑭⑤205340円
3連複　⑤⑬⑭232880円
3連単　⑭⑤⑬2561420円

購入金額	17,400円
払戻金額	552,010円

投票内容

(1)	京都（日）2R 馬連フ	8組 各300円
(2)	京都（日）2R 馬連フ	7組 各300円
(3) 的中	京都（日）2R ワイドフ	8組 各500円
(4)	京都（日）2R ワイドフ	7組 各500円
(5) 的中	京都（日）2R 3連複フ	18組 各200円
(6)	京都（日）2R 3連複フ	9組 各200円

結果的に3連複も的中となったが、ワイドだけでも十分な払い戻しを得ることに成功。飛ぶことが予測できる1番人気がいた場合は配当が美味しくなる。

ここは荒れる可能性が高いとみて◎カフジローズ（6人気）からさらに穴へ流す予想にし、点数は増えながらもワイド万馬券が半数以上だったので購入しました。

このレースの1番人気は単勝1・7倍のダンディズムだったのですが、追い込み脚質だったため、飛ぶ可能性も見込めるとみていました。（ちなみに2番人気・3番人気も追い込み脚質の馬だったので面白いレースでした）先ほどのグルーピングの考え方だと、このレースのグルーピングは①前残り②タフな馬場巧者でグルーピングしています。

穴を狙っているので、まずはワイドを持っておき、そこに重きを置いています。

その上でボーナスに馬連、3連複を持っており、それに加えてさらに絞った馬券という形で買っています。

このレースはワイド◎・馬連×・3連複◎とほぼ完璧にハマったのですが、ワイドだけだった場合でも143・6×500=71800円+28・9×500=14450円=86250円と単勝1・7倍の馬が抜けて強く突っ込んできたとしてもしっかり回収できています。全てがうまくいったので3連複2329倍も的中しましたし、たらればは厳禁ですが馬連まで入っていれば532倍×300=159600円の的中がさらに上乗せになっていたわけです。

このレースで全く同じ予想ができたとして、馬連と3連複だけで勝負しようとしたら、相当悩むはずですよ。「1・2・3人気は全て差し馬だから、前残り馬場だとしてもどれか1頭来ちゃうよな…」といって不要な馬券が増えていくことは目に見えます。

△で増えるだけならまだ良いですが、実際には3連複の2列目に人気馬をいれて…といったようになぜか買いたくないのに馬券上での評価が上がっていく…といったようなことも1度は経験があるかもしれません。

そういったことを防ぐために、人気馬に1席分破られたとしてもワイドでしっかり回収できる馬券の持ち方をしておくことで、大きな的中を逃すことがなくなり、無駄に点数を増やさないで買ったボーナスまでハマった時にしっかり回収というもっとも現実的な資金配分を実現することが可能になります。

予想の印と馬券

今度は予想の印と馬券についてみていきましょう。

ご自身で予想をする時に◎〇▲☆△△△と印

をつけると思います。この予想を3連複で買おうとすると、◎－○▲☆－○▲☆△△△のようになりますが、これを均等買いすると、◎－○－▲で予想がドンピシャで当たった時も、◎－☆－△でかすった時も同じ金額しか買っていないということになります。果たしてそれで良いのでしょうか。自身が様々なファクターを使って予想順を定めたにも関わらず、評価している馬と評価していない馬を購入する馬券の金額が同じになってしまっていては、予想がブレてしまっているといっても過言ではないでしょう。実際の例を用いて、予想と馬券のブレを確認してみましょう。

「前残り馬場だから徹底的に先行馬狙い！」と予想した場合、予想はこんな感じになるでしょう。

◎逃げ馬○先行馬▲先行馬☆先行馬△差し馬△差し馬△差し馬

この時、①3連複・複数点買いと②メシ馬流馬券（メイン：ワイド、ボーナス：馬連・3連複）の予想を比較してみます。

①3連複複数点買い

【購入馬券】

3連複◎－○▲☆－○▲☆△△△

②メシ馬流馬券（メイン：ワイド、ボーナス：馬連・3連複）

【購入馬券】

ワイド◎－○▲☆

馬連　◎－○▲☆

3連複◎－○▲☆－○▲☆

この2通りの馬券の買い方をした時に、シナリオを3つ用意してさらに分析していこうと思います。

シナリオ1：見事前残り決着
見事に前が残り、馬券的中！

◎－◯－▲で決まったとした場合、狙い通りのビッグヒット！のはずですが、①の馬券はなぜか評価していない△の馬券も買っているので、予想はドンピシャのはずが、金額ロスになってしまいます。3連複10点で10000円の配当の場合、回収率は1000%ですが、△で点数を増やしてしまった場合15点ならば670%、20点ならば500%と想像以上に回収率は落ちるものです。100%を超えたら優秀と言われる競馬予想の世界ですから、この300%・400%のロスがどれほど痛いかは身を以て痛感できるでしょう。

これに対し、②の買い方では、まずワイドでしっかりと2点的中を持っていてここでプラス収支を確定させる金額を購入しておきたいですね。この馬券では①で紹介したような無駄な馬券は買っておらず、前残りのパターンしか買っていないので無駄がありません。また、馬連でボーナス馬券もしっかりと取れています。こちらも無駄な馬券は買っていません。そして3連複も少点数で的中と良いところだらけ。多くは語りませんが、予想がドンピシャだったのにイマイチな回収の①に対して、予想がドンピシャだったときは少点数でもしっかりと的中を重ねられる買い方になっていることがわかります。この場合、もちろんレースにもよりますが4桁%の回収率を叩き出すことはざらにあります。とはいえ、毎回毎回、全部うまくいくわけではありませんので、次のパターンを見てみましょう。

シナリオ2：予想がややズレ、差し馬が差し込んできた

前残りは大方当たったものの、一頭だけ差し馬が馬券内に差し込んできた◎－○－△のようなパターンです。この場合、①では差してきた馬を△で押さえていれば的中になります。

ただ、〝前残り〟という根拠を軸に予想している中で、差し込んできたこの馬はそういった展開面を跳ね除ける能力のある〝人気馬〟の場合が大半なのではないでしょうか。その場合、この馬券は取る必要があったのでしょうか。自身の予想に反して走ってきた馬、しかも人気馬となればオッズが安いのは避けられません。だとすると、この馬券は全く買う必要がないですよね。単なるいっときの気休めの的中になってしまっている状態です。もちろん先に記した通り、資金回転的にいっときの的中も重要にはなるのですが、自身の予想の枠から外れた馬券を的中させるのでは意味がありません。では②ではどうリスクヘッジするかというと、まずはワイドが的中し、最低限の配当（この時点でプラス収支）は確保します。その上で、◎－○という結果ならば前残り狙いが大成功で馬連まで的中することになります。◎－△－○となってしまった場合は、馬連が不的中になりますが、ワイドで最低限の収支を確保しているのでしっかりと資金ショートのリスクを防ぐことができます。

ここで理解していただきたいのは、資金ショートのリスクヘッジに自分の読みと違う馬を絡めた馬券で行なっては、プラスになる道を狭めてしまうということです。

01 亀谷敬正
02 双馬毅
03 馬場虎太郎
04 伊吹雅也
05 キムラヨウヘイ
06 久保和功
07 小倉の馬券師T
08 じゃい
09 高中晶敏
10 nige
11 卍
12 メシ馬
13 吉冨隆安
14 六本木一彦

シナリオ3：予想に反して差し決着に

これはもう自身の読みとはさっぱり違う結果になってしまったパターンです。

上のパターンでは◎からの2列目を先行勢に絞った買い方をしているので当てはまりませんが、実際には◎－◯▲☆△△△流しという3連複の買われ方も多く見かけます。

その時に、◎－△－△で当たったとしましょう。前残り決着を予想したにも関わらず、差し馬（△）が2頭も馬券に絡む。本来ならば大外れのところ、このパターンだと当たってしまうんですよ。シナリオ2で書いた通り、前残りの展開を差してきたのならば△はおそらく人気している強い馬でしょうし、もう一頭も人気をしている可能性が高いです。

もはや前提の予想は大外れなのですが、この馬券が当たってしまうというのが3連複など点数を広げられる馬券の悪いところです。

今回はわかりやすい例として前残りを題材に選んでいますが、こういったパターンはその他のファクター（道悪が得意とか東京コース大得意など）が要因で、前残り馬場にもかかわらず好走してきた可能性が高いです。もしそうであった場合、それを理解して馬券を買っていないとしたらもそれはもはや運です。運で競馬をしていれば、大抵は控除率を引いた額に戻るのが競馬ですから、運任せの負ける馬券なんてものは、初めから買わないでおくべきです。

この場合、②の買い方はさっぱり当たらないわけですが、そもそも自分の予想と異なる結果になった時に的中はいらないですよね。的中しても運の域に入ってきますし、それで当たっていると思いこんでしまうのが最悪手ですからね。

ここまで3連複複数点買いは均等購入ということで話を進めていましたが、もちろん3連複でも金額の調整はできます。ただし、買う馬券が多数の中で△が絡む組み合わせは安くして、印上位の組み合わせは高く…と資金配分するのならば、儲かるかどうかは前が残るレースになるかならないかに大きく依存することになります。それならば、もう△絡みの馬券は買わなくても良いのではないでしょうか？　当たっても、薄くしか持っていない上に、自分の予想している展開の馬でもない…そんな状況ならば買う必要はことさらないと思います。

ワイド馬券のメリットまとめ

・資金コントロールが容易
・穴ー穴馬券の購入しやすさ、的中率のバランスがＮｏ・1
・期待値を追う馬券購入メンタルの維持が容易
・予想の印を正確に購入馬券に反映可能

おすすめの馬券購入パターン（1Ｒ5000円程度購入する場合）

◎中穴
○3人気以降
▲3人気以降
☆3人気以降
△1、2人気を除いたその他押さえたい馬
△1、2人気を除いたその他押さえたい馬

《本線》
ワイド◎ー○▲☆×1000
《ボーナス》
馬連◎ー○▲☆（△△）×300
《超ボーナス》
3連複◎ー○▲☆ー○▲☆（△△）×100

number

13

吉冨隆安

大井競馬場公認予想士である吉冨隆安氏。場立ち予想界のレジェンドは、中央競馬でどんな券種を使いこなして戦っているのであろうか?

profile

吉冨隆安（よしとみたかやす）…大阪市立大学法学部中退後、様々な職業を経て大阪で起業するも、数年後に上京。一度は進学塾の塾長となったが、76年にその職を捨て、大井競馬公認予想「コトブキ」に弟子入り。場立ちデビュー後は自ら考案した「実走着差理論」の精度の高さとその独特の話術で瞬く間にトップ予想家になる。89年に独立を果たし、現在は「ゲート・イン」の屋号で活躍中。

予想士としてのプライドを保ちつつお客さんを満足させるその両方を満たせるのが3連複だ！

吉冨氏の駆使している予想理論

自身が考案した「実走着差理論」（タイム差に枠順の有利・不利、ペース負荷などを加味して導き出された馬身差）から弾き出された数値を元に、出走馬全頭の真の実力を比較。そこから選び抜かれた馬を軸にし、その馬に対抗しうる相手もキッチリと選び抜くスタイル。中央競馬でその馬券力を遺憾なく発揮している。

自身考案の実走着差理論から“本当に強い馬”を導き出す

南関東競馬公認予想士の吉冨隆安です。ＪＲＡとは違い、地方競馬には場立ちと呼ばれる予想屋（南関東では予想士）が存在しています（予想屋の存在しない競馬場もある）。専門紙とはまた違った予想提供者といっていいでしょう。専門紙が企業の決算情報だとすると、我々、予想士はアナリスト。専門紙に掲載されている馬柱や調教欄などを分析し、締め切り直前までそのレースにおける勝ち馬を読み解くという作業を行っているのが予想士です。

予想士はその予想方法もさまざま。専門紙に掲載されている5、6走前の馬柱だけではな

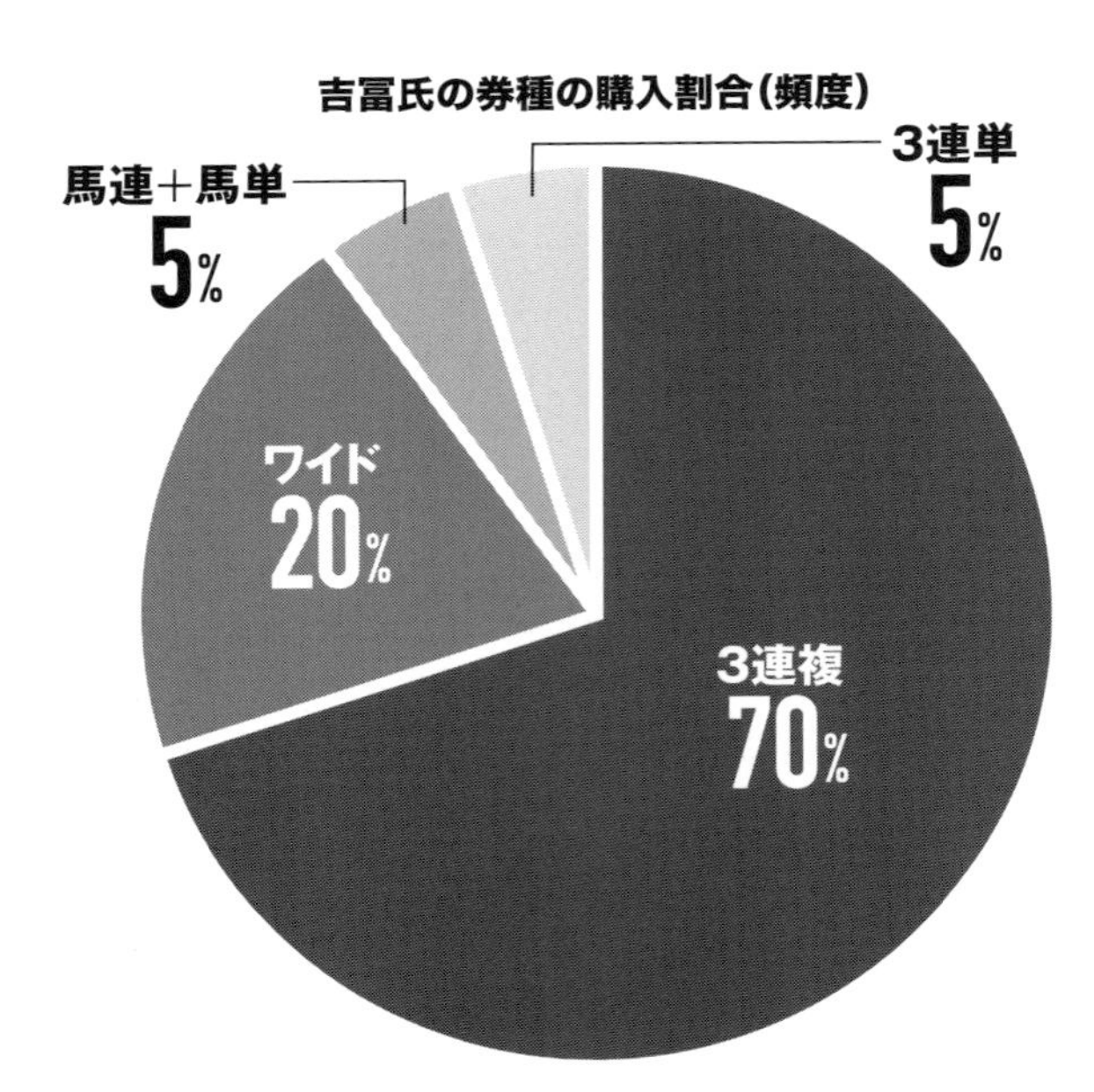

く、初戦からの内容やローテーションを調べる者もいれば、パドックで馬や人の気配を見抜く方法まで十人十色。なぜ、私の職業である予想士について説明しているかというと、馬券術が券種選択に与える影響も大きいからです。

私は実走着差理論と名付けた予想術を元に競馬と日々格闘しています。簡単に説明すると、実走着差理論とはレースの優劣を見極め、本当に強かった馬や力を発揮できなかった馬を炙り出すという手法です。今の競馬はそれほど単純ではありませんが、超ハイペースを先行して0秒4差5着だった馬と後方から前が止まったのを機に追い込み0秒3差2着だった馬はどちらが強かったのかを検証するというのがこの理論の肝。見た目の着順では後者の方が先着していますので、次走で人気を集めることでしょう。さらに通った距離、枠順などを計算します。実際に強い競馬をした馬はどの馬なのか?というのを探し出すのが実走着差理論という訳です。もちろん、レースレベルなどもしっかりと見極めなければなりません。よく話題になりますが、オグリキャップの引退レースとなった有馬記念は、当日に行われた同じ中山芝2500mのグッドラックハンデキャップ（現2勝クラスに相当）よりも勝ち時計は劣りました。有馬記念が2分34秒2に対し、グッドラックHが2分33秒6というもの。2勝クラスとGIで0秒6も時計が違います。だからといってグッドラックHを勝ったフジミリスカムが当日の有馬記念に出走していたら勝てたのかと問われれば100%勝てなかったといっていいでしょう。出走しているメンバーの質も層も違うからです。つまり、レースレベルが大きく異なる。2勝クラスとGIでは明らかに馬の強さが違います。たまたま、時計が上回ったからといって、名立たるＧＩ馬たち相手には戦えなかったことでしょう。実際、グッドラックＨを勝利したフジミリスカムはオープンには1度昇級しましたが、目立つ結果を残せませんでした。

つまり、レースの優劣、内容を深く吟味するのが実走着差理論です。ただ、全てのことを手動で行うことができません。私自身は専用のソフトを開発し指数化しています。そのロジックは書籍など限られたスペースで説明するのは難しいので、レースレベルや内容を指数化している予想術だとお考えください。

指数がはっきりと算出されるため、馬券の購入方法についてもある程度は法則性が出てきます。ただ、私個人としては、３連単のマルチだけは絶対に買いません。マルチ馬券というのは1頭軸であれば3着以内に入ればＯＫという馬券でしょう。しかし、指数を算出している以上、指数1位で軸にしている馬が、6位辺りの馬に逆転されることを最初から想定して馬券を買うのは心理的にできません。３連複だって軸馬が3着以内に入ればＯＫというケースが多いだろうと思うかもしれませんが、これが予想士としての悲しい性。そもそも3連単のマルチ馬券は点数が広がりがちで1頭軸マルチの相手6頭であれば90点、つまり９０００円必要です。相手が5頭でも６０００円になります。

予想士を生業にしている以上、お客さんが買い切れないであろう馬券の買い目を提示するのは気が引けてしまうし、的中したとしても本線で仕留めたという快感もありません。指数5位とか6位の馬が1、2着し、仮に3着に指数1位の馬が入った3連単馬券を当てたとしても、いったい、点数は何点に及んだのかということも気になります。そもそも、1位の馬が、5位や6位の馬に先着されている辺りに、予想術の未完成さを嘆かざるを得ないのです。

予想士が最終的に選んだ勝つための券種と買い方

南関東の予想士は南関東競馬での馬券を購入することが禁じられています。そのため、自分が馬券を買うのはもっぱらＪＲＡとなる訳ですが、３連単マルチで1点１００円なんてチマチマした馬券は買い辛い。ならば、３連複でドンと突っ込みたいと思ってしまうという博徒としてのプライドも出てきてしまうんですね。３連複とワイドの使い分けは、予想術との関係性が深い。指数がごちゃごちゃと接戦だったりするレースでは3連複や3連単は買いません。ちなみに実走着差理論では全馬に指数が付与されるのではなく、多くても軸馬を含めて6頭、ほとんどの場合、軸1頭に相手5頭以内となります。説明したように3連単マルチ馬券を購入しようとすると点数は広がりがち。やはり薦めにくい馬券ですよね。実際には3連単でも的中だったねとお客さんから言ってもらえるような予想を提供したいと考えていますが、そうは問屋が卸さない（苦笑）。3連単は簡単には当たらない馬券ですよね。

実走着差理論では全馬に指数が付与されるのではなく、多くても軸馬を含めて6頭、殆どの場合、軸1頭に相手5頭以内となります。

自分で馬券を購入する際も3連複が中心。地方競馬で場立ち予想を使われる方は3連系の的中を望まれているのではないでしょうか。

3連複ではなくワイドを購入するのはヒモ抜けが予想されるときや極端に人気薄の馬が軸の場合が大半です。誰もが経験あることだと思いますが、極端な人気薄が浮かび上がった際、相手が難しいケースに遭遇することは少なくないはず。馬券を買う立場であれば無理せずワイドを選択してください。レースが終わってみれば3連単でもいけたなと思うレースもありますが、それこそタラレバというもの。少しでも後悔のないように馬券を買うということを意識するといいのではないでしょうか。

お客さんに的中の買い目をしっかり示すのがプロの仕事

馬券の券種選択は個人個人における予想スタイル、資金力、考え方によって大きく異なるはず。1、2番人気のワイドを1点500円とか買う人はそもそも競馬で儲ける気がない人でしょう。当たるだけで楽しいと思える人は儲けることに固執せず、自由に馬券を買って下さい。

馬券で儲けるためにはしっかりとした予想術と確かなる馬券の買い方が必要。予想士である以上、人様に買い目を提供するのであればせめて3連複位は安定して的中をしなければならないという使命感みたいなものもあり、自分で馬券を購入する際でも3連複が中心となります。実際、地方競馬で場立ち予想士を使われる方は3連系の的中を望まれているのではないでしょうか。

場立ちでは10レース程度の予想を提供しますが、JRAで私自身が1日で馬券を買うのは5レース前後。実走着差理論というのは専用ソフトを使っても、最終的にはさまざまな指標をチェックしますので予想術として時間が掛かります（レースVTRを見返すだけでも数時間掛かる）。となると、大方のレースでは3連単の買い目まで組み立てる時間が足りません。常に1着固定の馬券ばかりでは、いくら予想術に自信があったとしてもハズレが続いてしまうことでしょう。予想上手でも不的中の連続で資金がショートしてしまう可能性もある。ならば、保険を掛けつつ超高配当の可能性を持つ馬券である3連複がベストという結論に落ち着きました。

昔から3着には予想しなかった馬が突っ込んでくるということは珍しくありません。2頭がマッチレースになり、後続を離し3着にはド人気薄という結果は多くのファンの方が体感していることでしょう。しかし、それを偶然で片付けてはいけません。自分でいうのも口幅ったいところもありますが、マグレで高配当を獲るというのはプロではないからです。

プロとは何ぞやと問われれば、継続して高い技術を見せることと答えるようにしています。3連複の高配当、人が買えないと思っている馬もしっかりと買い目に提示する。これがプロの仕事ではないでしょうか。

こういった本は的中自慢になりがちなので気が引けるところはあるのですが、先日行われたばかりの帝王賞について取り上げることにしましょう。帝王賞は大井競馬場で施行されるレースであるため、無論、私は馬券を買うことができません。ただ、ｎｅｔｋｅｉｂａ・ｃｏｍの【ウマい馬券】に予想を提供しており、その証拠として指数と買い目、解説文を記すことにします。

●帝王賞の指数

⑤【J】オメガパフューム……▽73
⑦【J】オールブラッシュ……70
⑩【J】ミツバ……69
②【J】アポロケンタッキー……69
①【J】チュウワウィザード……68
⑨【北】スーパーステション……68
⑭【大】ノンコノユメ……▽70

（編注・指数前の▽は休養前に出していた指数値。また指数が1違うと1・5馬身程度違うというのが吉冨氏の実走着差理論の基本的な考え方だ）。

（解説文）

★本日一番★　インティは無印だ。確かにフェブラリーSを勝利した馬だし過去の例からは有力馬の1頭。ただ、そのフェブラリーSは恵まれての逃げ切り。あんなにお膳立てが揃ったのはラッキーであり馬の実力ではない。スーパーステションだっているし少なくとも1番、11番の2頭の決着はない。あり得ない。平安S組も毎年有力だ。それ自体は間違いない。このレースへ向けてのトライアル的レースだからだ。しかし、チュウワウィザードはインティに東海Sで負けている。この差は逆転可能だが、その平安Sで斤量などを計算すればオメガパフュームが強いという結論だ。フェブラリーSは距離不足と左回りで問題なし。JBCクラシックだけ走れば一番強いはずだし、東京大賞典の内容も

考えればここでは抜けている。

買い目として

3連複1頭軸・⑤流し―相手①②⑦⑨⑩⑭
15通り 各600円
払い戻し①⑤⑭：600円×58・0倍
=34800円

3連複2頭軸①⑤流し相手―②⑦⑨⑩⑭
5通り 各200円
払い戻し①⑤⑭：200円×58・0倍
=11600円

帝王賞は、1番人気(インティ)が確実に飛ぶことが分かっているのであれば、こんなに分かりやすいレースもないはず。

地方交流重賞では人気の中央勢のうちどれを消せるかが重要になる

netkeiba・comの【ウマい馬券】は1レース1万円までを上限に予想と買い目を構築する内容となっています。そのため、配当的には1万円が4万6400円になったに過ぎませんが、まず1番人気（2・0倍）のインティを無印にしたところが会心の予想でもありました。馬券は1～3番人気の1頭が切れれば儲かる可能性も高まることでしょう。あらゆる条件を検討し、専用ソフトもインティの指数を弾き出すことはなかった。1番人気が確実に飛ぶことが分かっているのであれば、こんなに戦いやすいレースもないはず。そういった際は3連複でも十分に威力を発揮するのは間違いありません。

帝王賞は1番人気インティが6着に敗れ、1着に3番人気（3・4倍）で本命馬の⑤オメガパフューム、2着に2番人気（3・1倍）の①チュウワウィザード、3着に8番人気（53・5倍）の⑭ノンコノユメで決着。1、2着は2、3番人気馬なので面白みもありませんが、3着のノンコノユメを拾えたことは、インティを無印にしたことと同じ位に重要だったと思っています。

この予想を見て、別にインティを蹴るなんて無理をしなくてもと思う方もいることでしょう。しかし、1〜3番人気馬の3頭で順当に決まるレースは少ない。JRA、南関東に関わらず1頭でも消せる上位人気馬がいる際は馬券で儲けるチャンス。帝王賞は3連複の配当5800円に対し、3連単の配当は1万6550円というものでした。理論上、3連単は3連複の6倍以上の配当になるはずですが、実際はそうならないレースも多い。JRAでは18年も19年（上半期終了時点）も3連単が3連複の6倍以上の配当になっているようです。18年の3連複平均配当が2万555・7円に対し3連単は12万6523・4円で6倍強。19年も上半期終了時点で3連複平均2万3425・4円に対し3連単は6倍以上の15万4154・8円となっていますが、これはJRAならではの現象ではないでしょうか。

レースによっては18頭立てのレースもあるし、16頭立ても珍しくありません。対して南関東競馬は大井で16頭立てのレースとなることもありますが、12頭前後のレースも少なくありません。地方競馬の場合は手元にしっかりとした

2019年 6月26日(水)　大井11R　帝王賞　4歳以上(定量)　ダ 2000m

枠	馬番	父	馬名	母・母父	毛色 性齢	脚質	斤量	騎手	厩舎	印	前走3	前走2	前走1
白1枠	1	キングカメハメハ	チュウワウィザード	チュウワブロッ・デュランダル	青鹿 牡4	自	57	川田	栗大久保	○◎○○	1名②1.20 東海S 2 GII ダ六1501 56川田0.3 13ト3ス2人481 4151435.8 Mインティ	船橋3.13 ダイオ記 1 交流GII 良二四2373 55川田0.8 13ト13ス1人475 2121237.9 アポロケンタッキ	3京⑨5.18 平安S 1 GIII ダ六1581 58川田ハナ 16ト7ス1人482 11191236.5 Mモズアトラクシ
黒2枠	2	ラングフール	(外)アポロケンタッキー	ディキシーアナ・ゴーンウエスト	鹿毛 牡7	先	57	戸崎圭	栗山内	△・△	川崎1.30 川崎記 4 交流GI 良二2158 57戸崎圭0.8 11ト5ス4人572 5141439.9 ミツバ	船橋3.13 ダイオ記 2 交流GII 良二四2381 56戸崎圭0.8 13ト9ス5人564 4131338.5 チュウワウィザー	船橋5.6 かしわ記 3 交流GI 良六1408 57戸崎圭0.6 11ト7ス7人563 9181637.6 ゴールドドリーム
赤3枠	3	バトルプラン	モジアナフレイバー	ナスケンアイリス・フレンチデピュティ	鹿毛 牡4	自	57	繁田健	大井福永敏	△	大井12.5 勝島王冠 1 SII 良六1537 53繁田健0.6 15ト7ス3人501 1101938.1 ヒガシウィルウィ	大井12.29 東京大賞 9 交流GI 良二2081 55繁田健2.2 16ト4ス7人504 8171740.9 オメガパフューム	大井5.22 大井記 1 SI 良二2050 57繁田健0.7 16ト5ス4人508 7141338.1 センチュリオン
赤3枠	4	キングカメハメハ	グレイトパール	フォーチュンワード・デヒア	鹿毛 牡6	先	57	鮫島克	栗中内田		佐賀2.11 佐賀記 4 交流GIII 良二2076 57鮫島克1.9 11ト10ス2人575 5141439.2 ヒラボクラターシ	笠松4.25 オグリキャッ 4 重賞 良二五2451 56鮫島克1.0 10ト13ス1人568 7171437.9 カツゲキキトキト	佐賀5.12 佐賀スプリン 1 重賞 良六1547 56鮫島克0.9 11ト2ス1人579 3121136.7 キングプライド
青4枠	5	スウェプトオーヴァーボード	オメガパフューム	オメガフレグランス・ゴールドアリュール	芦毛 牡4	差	57	レーン	栗安田翔	◎◎◎◎	大井12.29 東京大賞 1 交流GI 良二2059 55Mデム0.1 16ト5ス3人448 13191838.5 ゴールドドリーム	1東⑧2.17 フェブラリ 10 GI ダ六1373 57Mデム1.7 16ト14ス3人450 6161836.4 Mインティ	3京⑨5.18 平安S 3 GIII ダ六1583 59Mデム0.2 16ト1ス3人462 13191836.9 Mチュウワウィザ
青4枠	6	フレンチデピュティ	サウンドトゥルー	キョウエイトルネ・フジキセキ	栗毛 騸9	差	57	森泰斗	船佐藤太	△	船橋3.13 ダイオ記 5 交流GII 良二四2388 56御神本1.5 13ト4ス4人486 5151539.0 チュウワウィザー	大井4.9 ブリリアント 8 SIII 良六1552 58御神本1.3 16ト10ス1人483 8121237.8 キャプテンキング	大井5.22 大井記 13 SI 良二2089 57吉原寛3.9 16ト14ス3人484 6191741.4 モジアナフレイバ
黄5枠	7	ウォーエンブレム	オールブラッシュ	ブラッシングプリンセス・クラフティ	黒鹿 牡7	先	57	田辺	栗村山	△	川崎1.30 川崎記 3 交流GI 良二2155 57田辺0.5 11ト8ス2人496 逃111140.1 ミツバ	船橋3.13 ダイオ記 3 交流GII 良二四2382 56田辺0.9 13ト6ス3人487 1111139.0 チュウワウィザー	船橋5.6 かしわ記 4 交流GI 良六1411 57田辺0.9 11ト9ス4人488 7131338.8 ゴールドドリーム
黄5枠	8	フサイチリシャール	リッカルド	キョウエイ・オペラハウス	芦毛 騸8	先	57	矢野貴	船佐藤太		大井10.31 マイルG 4 SII 良六1411 58矢野貴0.8 16ト15ス1人501 6141340.0 クリスタルシルバ	大井12.5 勝島王冠 5 SII 良六1552 58矢野貴1.5 15ト9ス2人501 9171539.7 モジアナフレイバ	大井5.22 大井記 7 SI 良二2075 57矢野貴2.5 16ト10ス6人503 9151540.5 モジアナフレイバ
緑6枠	9	カネヒキリ	スーパーステション	ワイルドソウル・ワイルドラッシュ	栗毛 牡5	逃	57	阿部龍	船角川秀	▲△△	大井12.29 東京大賞 6 交流GI 良二2067 57阿部龍0.8 16ト3ス9人502 1111140.4 オメガパフューム	門別4.23 コスモバルク 1 H3 良六1557 57阿部龍1.8 7ト4ス1人496 212140.7 オイコタカ	門別5.21 赤レンガ 1 H3 外二2041 57阿部龍2.2 6ト5ス1人496 1111138.0 ステージインパク
緑6枠	10	カネヒキリ	ミツバ	セントクリスタル・コマンダーインチーフ	鹿毛 牡7	自	57	和田	栗加用	▲△	名古12.24 名古GP 2 交流GII 良二四2408 56福永0.1 9ト1ス3人478 12121237.6 チュウワウィザー	川崎1.30 川崎記 1 交流GI 良二2150 57和田0.5 11ト6ス3人477 6141339.1 ケイティブレイブ	船橋3.13 ダイオ記 4 交流GII 良二四2385 56和田1.2 13ト14ス2人476 6131438.9 チュウワウィザー
橙7枠	11	ケイムホーム	インティ	キティ・ノーザンアフリート	栗毛 牡5	先	57	武豊	栗野中	△△▲▲	1名②1.20 東海S 1 GII ダ六1498 56武豊0.3 13ト4ス1人514 1111135.9 Mチュウワウィザ	1東⑧2.17 フェブラリ 1 GI ダ六1356 57武豊クビ 14ト6ス1人514 1111135.4 Mゴールドドリー	船橋5.6 かしわ記 2 交流GI 良六1404 57武豊0.2 11ト6ス1人518 逃111038.2 ゴールドドリーム
橙7枠	12	ロージズインメイ	サブノクロヒョウ	サブノイナズマ・カコイーシーズ	黒鹿 牡6	先	57	藤本現	大井阪本一		大井9.19 東京記 14 SI 外二四2411 56[illegible]4.0 16ト14ス6人486 3161044.1 シュテルングラン	大井4.9 ブリリアント 10 SIII 良六1553 57[illegible]1.4 16ト3ス3人486 8181738.4 キャプテンキング	大井5.22 大井記 9 SI 良二2082 57[illegible]3.2 16ト7ス12人491 13121140.5 モジアナフレイバ
桃8枠	13	ステイゴールド	シュテルングランツ	トゥースペシャル・トゥパンチ	黒鹿 牡8	逃	57	川島正	船小久智		船橋2.20 報知GC 6 SIII 良六1546 58川島正1.4 14ト7ス4人481 2111240.2 ターピランス	大井4.9 ブリリアント 12 SIII 良六1563 58川島正2.4 16ト13ス10人483 2151539.7 キャプテンキング	大井5.22 大井記 4 SI 良二2072 57川島正2.2 16ト15ス13人479 1111140.9 モジアナフレイバ
桃8枠	14	トワイニング	ノンコノユメ	ノンコ・アグネスタキオン	栃栗 騸7	差	57	真島大	大井荒山勝	△	4名②12.2 チャンピオン 7 GI ダ六1512 57内田博1.1 16ト5ス6人446 14141535.7 Sルヴァンスレー	1東⑧2.17 フェブラリ 13 GI ダ六1379 57内田博2.3 14ト13ス7人452 遅181836.9 Mインティ	UAE3.30 ゴドルフィン 10 GII 良六1386 57モレイラ2.1 12ト2ス 後方まま コールドフロント

データがないので断言はできないものの、3連単の方が効率のいいレースというのは少なくないはずです。また、JRAでは、19年は波乱含みのレースが多いのも3連単の配当が高いことに影響を与えているはず。18年は3連単100万馬券超となったのは72レースありました。ところが、19年は6月30日終了時点で既に51レースを記録しています。そういった極端な高配当レースが3連単の平均配当を高くしているのでしょう。こうした極端なレースを除き、さらに1年を通じてみれば配当も落ち着いてくる可能性が高く、3連単が3連複の6倍以上となるレースは条件が限られてくるはず。この辺りは降級戦が無くなって夏場にガチガチのレースが減っていくこともあるので、もう少しデータが溜まるのを待つことにしましょう。

話は横道に逸れましたが、3連単が3連複の

2019年 6月 26日(水)　5回大井3日　天候：晴　馬場状態：重

【11R】帝王賞

4歳以上・定量　ダート 2000m　14頭立

着	枠	馬	馬名	所属	性齢	斤量	騎手(所属)	調教師	タイム	着差	上3F	人
1	4	5	オメガパフューム	JRA	牡4	57	レーン(船橋)	安田翔	2:04:4		36.7	3
2	1	1	チュウワウィザード	JRA	牡4	57	川田将(JRA)	大久龍	2:04:6	1 1/4	37.7	2
3	8	14	ノンコノユメ	大井	セン7	57	真島大(大井)	荒山勝	2:04:6	アタマ	37.4	8
4	6	10	ミツバ	JRA	牡7	57	和田竜(JRA)	加用正	2:05:2	3	38.2	5
5	3	3	モジアナフレイバー	大井	牡4	57	繁田健(浦和)	福永敏	2:05:5	1 3/4	38.6	4
6	7	11	インティ	JRA	牡5	57	武　豊(JRA)	野中賢	2:05:5	ハナ	38.9	1

単勝⑤340円
複勝⑤140円/①130円 /⑭530円
枠複1 4 410円
普通馬複①⑤410円
枠単④①790円
馬単⑤①730円
ワイド①⑤200円/⑤⑭1,830円/①⑭1,900円
3連複①⑤⑭5,800円　3連単⑤①⑭16,650円

人気は①チュウワウィザード、⑤オメガパフューム、⑪インティが三つ巴の状態だったが、その内の⑪インティ（1人気）が飛び、地方馬が3着に入ったことで3連単は万馬券決着となった。

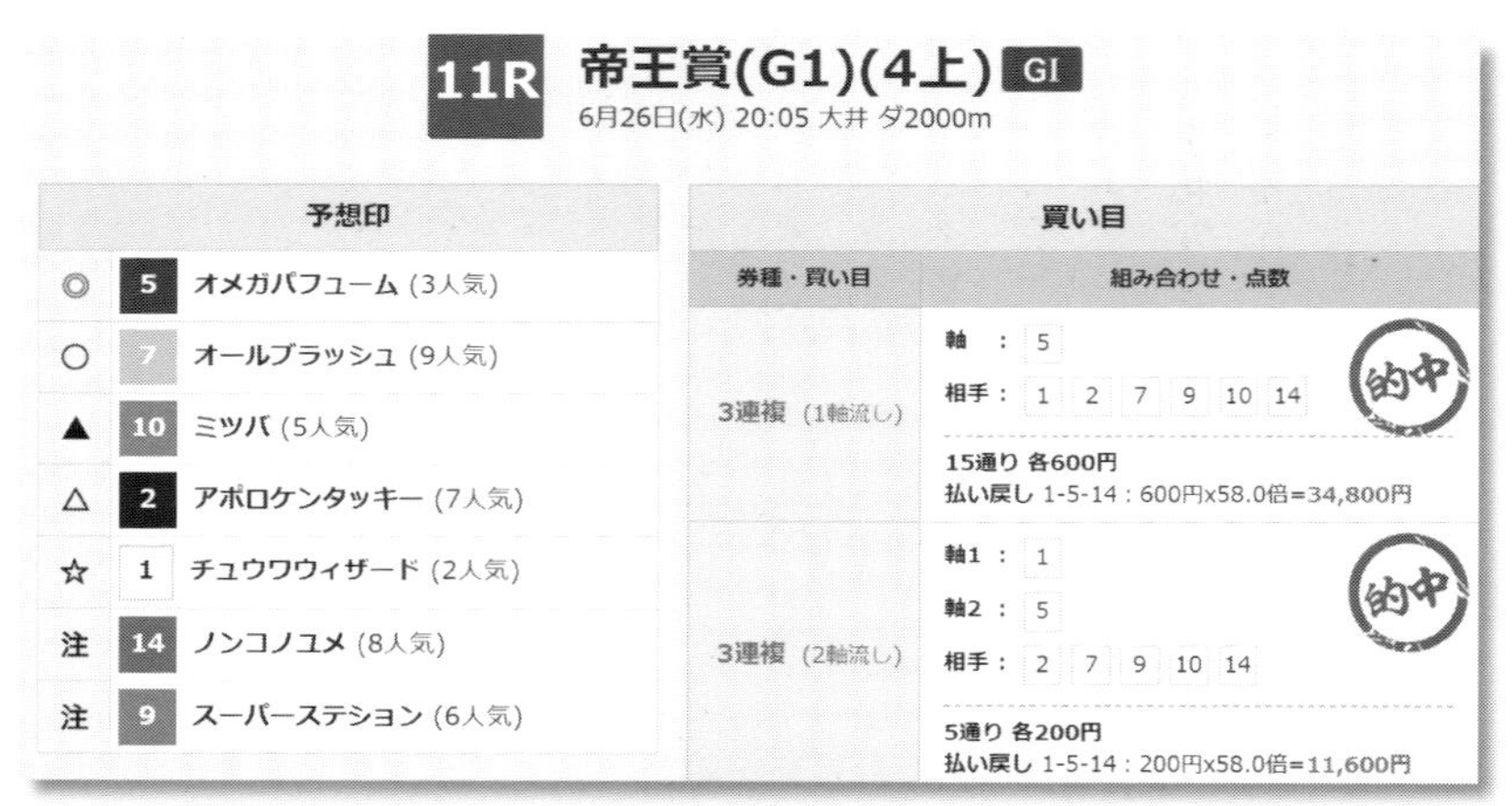

【ウマい馬券】にて発表されていた吉冨氏の帝王賞予想。⑪インティはバッサリと切り捨てる一方、⑭ノンコノユメはきっちりと印が回っている。3連複でW的中と結果を出した。

6倍以上となるレースはよほどの人気薄が頭もしくは2着にならないと起こらない現象です。帝王賞のように人気通りに入ってしまえば3倍未満ということも少なくありません。これなら3連複にドンと突っ込んだ方が儲かるという意味が分かってもらえると思います。ちなみに帝王賞では2着チュウワウィザードと3着ノンコノユメの着差はアタマ差。これが逆になると3連単は5万6450円でした。3連複の10倍弱の配当。これを順番通りに当てるのはノンコノユメを軸または上位評価していないと厳しかったはず。1頭軸マルチ相手6頭（9000円）で獲れる計算ですが、提供した買い目のように1万円使って3連複でも4万6400円（回収率464％）なら大きな差はなかったはず。私よりも上手な方が馬券を組んでいれば、もっと回収金額が上がった可能性もあることでしょう。

どちらにしても、予想の意図を汲みつつ買い目に表現するという作業は時間が掛かるもの。私のようにほとんどのレースにおいて、軸馬を決めて馬券を買うのであれば3連複でも十分だと考えています。

自身で確信した穴馬がいたら無理せずワイドで当てに行くのも妙手

また、ワイドというと配当が安いとか、複勝に毛が生えた程度と思う方もいると思いますが、ワイドだけでも利益が上げられるレースというのは少なくありません。少し古い例ですが、予想も完璧だったし回収金額も大きかったレースを紹介させてください。

18年9月8日エニフSです。このレースで私は12番人気（92・1倍）で1着となった③メイショウウタゲを本命にしました。前走の内容こそイマイチだったのですが、2走前の平安Sはスローペース。レースVTRを確認すると大外から差を詰め1秒4差というもの。「オープン特別のここでは上位」というのが読みでもあり計算結果でもあったのです。1400m戦になったことでペースも上がりそう。重馬場での勝利経験もあるのはプラスだと考えました。先行馬も揃っているのは間違いなく一変しても不思議のない条件が揃った一戦だったのです。

人気はどれだけ手練れの競馬ファンが多くなったとしても、持ち時計や着順などで決まりがち。同じ二桁着順でも見所のなかったレースと、単に能力が隠されてしまったレースに分かれるのです。また、人気というのは所詮、大衆迎合の証にしか過ぎません。もちろん、確率を考えれば1番人気馬の複勝率がJRAでは62~65%位はあるので無視はできませんが、30%以上のレースで飛んでいる計算ともいえる。つまり、思っているほどアテにはならないのです。確かに人気薄馬、とくに10番人気馬以下は複勝率で4%程度だとか。ただ、先にも説明した通り、全く歯が立たないであろう馬と、隠された実力馬がいるというのは間違いありません。

人気薄というのはいうなれば少数意見ですが必ずしも否定される内容だとは限りません。自分の予想術がしっかりとしているのであれば、本来は人気に関わらず軸馬に自信を持つべき。人気薄であればあるほど喜ぶべきことでしょう。メイショウウタゲ以外は、対抗が2番人気（3・9倍）の⑭ディオスコリダー、▲が3番人気（4・7倍）の⑤コウエイエンブレム、以下ヒモとして7番人気（15・1倍）の⑦アキトクレッセント、5番人気（10・5倍）⑨ハヤブサマカオー、6番人気（12・0倍）の⑬リョーノテソーロでした。相手はつまり5頭。ま

2018年 9月8日(土) 阪神11R エニフS 3歳以上OP ダ 1400m

枠	馬番	印	斤量・騎手	馬名・血統	調教師・成績	前走	前々走
1 白	1	(66.0)65.8 ：：：：：：：： 41.1 ←圏	56 和田竜 初騎乗	カジノドライヴ㊥ 牡5 ヒロブレイブ スズノメガミ⓪ 鹿毛 ワイルドラッシュ㊥ 石川博 小河豊水	川村㊊ 2.0.2.1 5-2-8-14 逃0先0差2追5 2250 ・6カ月半休養・ 6-9月休養0 0 0 0	1阪①2・24仁川S 16ト7 ダ2048 四位54 M37.6-37.3⑥④③⑨外 ナムラアラシ0.7 480 12ト11人 栗坂 55.3 40.6 13.8	リフレッシュ・放牧 仕上がり良好 初戦⑦着 推定馬体484 中9週以上1 0 2 1
1 白	2	(62.4)62.2 ：：：：：：：： 38.9 ←圏	56 藤岡康 初騎乗	スタチューオブリバティ㊥ 牡8 ワンダーヴィーヴァ オオシマパンジー⓪ 青鹿 スキャン㊥ 山本能成 大島牧場	笹田㊊ 0.0.0.5 4-3-0-16 逃0先6差1追0 2200 ・・・・・⑥・・ 中2週0 1 0 3	3中山①3・24春風1600 16ト1 ダ1108 丸山57 M34.9-35.9 ③③③中 タガノヴィッ 572 10ト15人 栗坂 54.6 40.2 13.1	2新⑧8・19NST 13ト6 ダ1112 横山和53 H35.9-35.3 ⑩⑩⑨中 サイタスリー0.5 578 7ト9人 栗坂 54.6 39.9 13.0
2 黒	3	(68.1)66.6 ：：：：：★： ☆ ←圏	58 秋山 0001	ブリサイスエンド㊥ 牡7 メイショウウタゲ シールビーバック③ 栗毛 フジキセキ㊥ 松本好雄 隆栄牧場	安達㊊ 1.1.1.4 7-5-4-21 逃0先0差11追1 4850 ⑭・・・・・・・ 中7週0 0 0 1	3京⑨5・19平安SGⅢ 16ト10 ダ1587 武豊56 S39.4-37.4④⑤⑨⑧外 サンライズソ1.4 514 12ト11人 栗坂 54.4 39.5 12.7	3中京⑥7・15名鉄杯 15ト14 ダ1529 秋山58 M39.8-38.4③③③④外 ラインルーフ3.8 510 4ト11人 栗坂 53.2 39.1 12.6
2 黒	4	B 関東(65.8)64.3 ：：：○：：：： 18.8 ←圏	56 松若 初騎乗	㊇スクリーンヒーロー㊥ 牡7 プロトコル ヴィーナスコロニー㊨ 栗毛 Nureyev㊥ 石瀬浩三 いとう牧場	牧㊒ 0.0.0.2 5-2-2-13 逃2先3差2追0 2250 ・・・・・・⑩・・ 中2週1 0 0 0	1年休養 骨折・放牧	2新⑧8・19NST 13ト10 ダ1115 内田博55B H35.2-36.3 ⑥⑥⑥内 サイタスリー0.8 532 4ト8人 美坂 52.6 37.8 12.4
3 赤	5	(69.8)69.2 ○○○△○◎○ 3.6 ←西	56 小牧太 初騎乗	シニスターミニスター㊥ 牡5 コウエイエンブレム ニシノシンデレラ③ 栗毛 フォーティナイナー㊥ 小倉 伊東政清 服部健太郎	山内㊊ 0.2.0.0 6-10-3-5 逃2先11差3追0 2400 ・5カ月休養・・ 中14上・6月0 2 0 0	2阪③3・31コーS 16ト7 ダ1242 松山57 0 H34.4-37.9 ②③②中 モーニン0.8 532 15ト2人 CW④51.7 37.5 11.9	鼻出血・放牧 仕上がりマズマズ 初戦①着 推定馬体530 中9週以上0 2 0 0
3 赤	6	B 関東(62.6)62.4 ：：：：：：：： ☆ ←圏	56 川島信 0001	サウスヴィグラス㊥ 牡6 トウショウカウント バーニングトウショウ⓪ 栗毛 バブルガムフェロー㊥ トウショウ産業 トウショウ牧場	萱野㊒ 1.2.1.2 4-6-4-13 逃2先4差4追0 2200 ・・・・・・⑨・・ 中2週2 2 1 2	3阪⑤6・16天保山 16ト15 ダ1254 鮫島駿56 H35.1-38.2 ⑦⑧⑧内 ウインムート1.8 492 4ト15人 南W 83.5 37.8 13.1	2新⑧8・19NST 13ト9 ダ1115 岩部53B H35.5-36.0 ⑧⑧⑧中 サイタスリー0.8 496 11ト12人 南W⑤67.3 39.2 13.3
4 青	7	(69.3)68.2 ▲△△△△△▲△ 8.5 ←西	57 浜中 3012	ウォーエンブレム㊥ 牡6 アキトクレッセント ティックルピンク① 鹿毛 フレンチデピュティ㊥ 岡田昭利 白老F	清水久㊊ 1.1.0.2 6-1-2-12 逃3先2差2追0 3650 ・3カ月半休養・ 中14上・6月0 0 0 0	2東①5・26欅S 16ト10 ダ1250 荻野極57 M37.0-35.8 ⑫⑪⑩外 ドリームキラ1.2 500 11ト10人 栗坂 57.0 41.6 12.9	リフレッシュ・放牧 仕上がり上々 初戦④着 推定馬体510 中9週以上1 0 0 3
4 青	8	(56.6)57.2 ：：△：：：：： 18.1 ←圏	52 池添 1003	シニスターミニスター㊥ 牝3 メイショウヒサカタ メイショウマンテン② 栗毛 サンダーガルチ㊥ 松本好雄 三嶋牧場	浅見㊊ 0.0.0.0 3-0-1-4 逃1先1差1追0 1900 ・3カ月休養・・ 中11週0 0 0 0	川崎③6・13関東オJⅡ 13ト8 ダ2209 池添54 H36.8-44.4②②②④外 ハービンマオ3.3 457 4ト4人 栗坂 50.3 36.9 12.8	リフレッシュ・放牧 仕上がりマズマズ 初戦①着 推定馬体458 中9週以上0 0 0 0
5 黄	9	(56.9)58.7 ◎▲▲▲◎△◉ 6.5 ←圏	54 藤岡佑 初騎乗	シニスターミニスター㊥ 牡3 ハヤブサマカオー ハヤブサエミネンス② 栗毛 Medaglia d'Oro㊥ 武田修 グランド牧場	寺島㊊ 1.0.0.0 3-0-0-3 逃3先0差0追0 2000 ・3カ月休養・・ 中11週1 0 0 0	3阪⑤6・16天保山 16ト6 ダ1242 松若52C H34.7-37.4 ④⑤④外 ウインムート0.6 450 14ト6人 栗P 76.1 37.5 12.2	リフレッシュ・放牧 仕上がりマズマズ 初戦①着 推定馬体456 中9週以上1 0 0 1
5 黄	10	B (64.5)63.5 ：：：：：：：： 45.3 ←圏	56 酒井学 0027	スタチューオブリバティ㊥ 牡6 アクティブミノル ビエナアマゾン⓪ 黒鹿 アグネスタキオン㊥ 吉岡實 フジワラファーム	北出㊊ 0.0.0.1 3-2-2-23 逃4先1差0追0 2750 ・・⑧・・⑭・・ 中2週0 0 0 6	2新②7・29アイビGⅢ 17ト8 千芝A 548 酒井学56B M22.0-32.8 ⑤ ダイメイプリ1.0 490 1ト14人 栗坂 54.6 38.9 12.0	2小⑧8・19北九州GⅢ 17ト14 芝A1079 酒井学55B H32.8-35.1 ⑤⑤⑥中 アレスバロー1.3 500 8ト15人 栗坂 55.1 39.9 13.1
6 緑	11	関東(67.1)66.3 ：：：：：：：： 23.6 ←圏	56 岩田 0010	マイネルラヴ㊥ 牡6 ドリームドルチェ オリジナルデザート⓪ 青鹿 リアルシャダイ㊥ 福島 ライオンRH 滝本健二	根本㊒ 1.0.0.0 5-2-4-20 逃0先6差1追0 2250 ・・・・・・⑦・・ 中2週1 0 1 6	3阪⑤6・16天保山 16ト8 ダ1243 荻野極56 H35.9-36.6 ⑫⑫⑫内 ウインムート0.7 502 5ト12人 南D 86.0 40.4 12.2	2新⑧8・19NST 13ト7 ダ1112 柴田大55 H35.0-36.2 ④④④内 サイタスリー0.5 510 5ト4人 南D 81.9 39.3 12.9
6 緑	12	(65.7)66.3 △：：△：：△ 12.5 ←西	56 川田 初騎乗	㊇ヴァーミリアン㊥ 牡5 エポック セクシーザムライ① 黒鹿 Deputy Minister㊥ 福島 吉澤克己 三嶋牧場	角田㊊ 0.2.1.3 5-7-7-14 逃0先7差4追1 2250 ・・・・②・・・ 中3週1 0 1 3	3京⑧5・13栗東S 16ト11 ダ1237 酒井学54 M35.4-36.5 ⑥⑥④外 ウインムート1.0 510 16ト4人 栗坂 53.8 38.8 12.7	2小⑤8・11阿蘇S 8ト2 ダ1431 酒井学54 M37.2-36.4②②②②内 コパノチャーク 506 6ト5人 CW 80.6 37.7 12.1
7 橙	13	関東(59.3)59.3 △△◎◎△○△ 11.0 ←圏	54 幸 初騎乗	ジャスティンフィリップ㊥ 牡3 ㊕リョーノテソーロ タウンベル㊨ 鹿毛 Speightstown㊥ 了徳寺健二HD ハイランドヤー	武井㊒ 0.0.0.1 3-1-0-3 逃0先2差2追0 1900 ・3カ月休養・・ 中11週0 0 0 0	3東⑥6・17ユニSGⅢ 16ト7 ダ1360 吉田隼56C M35.7-35.9 ⑧⑧⑪外 ルヴァンスレ1.0 502 13ト6人 南W④52.8 38.2 12.4	リフレッシュ・放牧 仕上がりマズマズ 初戦②着 推定馬体510 中9週以上0 0 0 1
7 橙	14	(66.8)68.7 △▲△△△▲△△ 6.7 ←西	56 津村 1001	㊇カネヒキリ㊥ 牡4 ディオスコリダー エリモトゥデイ⓪ 黒鹿 ワイルドラッシュ㊥ 野嶋祥二 前谷武志	高橋忠㊊ 1.0.1.1 5-0-2-5 逃1先1差3追0 2100 ・・・・・④・・ 中2週2 0 0 1	5中山④12・10カペSGⅢ 16ト1 ダ1110 津村55 H34.4-36.6 ⑥⑤⑦外 0.1スノードラゴ 496 16ト4人 栗坂 53.8 38.6 12.9	盛岡⑥8・15クラスJⅢ 14ト4 ダ1100 津村55 M34.5-35.5 ②④中 オウケンビリ0.9 494 10ト1人 栗坂 54.4 38.5 12.9
8 桃	15	(68.9)68.8 ▲◎▲△▲▲▲ 4.2 ←圏	58 Mデムーロ 2021	サウスヴィグラス㊥ 牡6 スマートアヴァロン スズカブルーム③ 黒鹿 スキャターザゴールド㊥ 大川徹 グランド牧場	西園㊊ 1.1.2.0 7-5-7-7 逃0先1差7追4 4650 ・3カ月休養・・ 中11週0 0 1 0	3阪⑤6・16天保山 16ト3 ダ1239 Mデムー58 H35.7-36.3 ⑩⑩⑩外 ウインムート0.3 518 9ト1人 栗坂 53.7 38.8 12.2	リフレッシュ・放牧 仕上がり良好 初戦①着 推定馬体518 中9週以上0 2 4 0
8 桃	16	(64.0)62.9 ：：：：：：：： ☆ ←圏	56 北村友 初騎乗	ノボジャック㊥ 牡6 キャプテンシップ ゴットエンジェル⓪ 鹿毛 ラムタラ㊥ 玉井宏和 小池博幸	森㊊ 0.0.0.2 5-2-4-11 逃3先1差3追0 2250 ・・・・・・⑬・・ 中2週2 0 1 3	1中山④1・13ジャS 15ト12 ダ1116 江田照56 H34.3-37.3 ④⑤⑤外 ベストマッチ1.2 516 15ト12人 栗坂 52.6 39.1 12.7	2新⑧8・19NST 13ト13 ダ1123 石橋脩54 H36.2-36.1 ⑫⑫⑬外 サイタスリー1.6 516 3ト10人 栗坂 53.0 38.8 12.7

2018年 9月 8日(土)　4回阪神1日　天候：曇　馬場状態：不良
【11R】エニフS
3歳以上・オープン(別定)　(国際)(特指)　ダート 1400m　16頭立

着	枠	馬	馬名	性齢	斤量	騎手	タイム	着差	通過順位	上3F	人	単勝
1	2	3	メイショウウタゲ	牡7	58	秋山真一	1.22.2		13-11	35.8	12	92.1
2	5	9	ハヤブサマカオー	牡3	54	藤岡佑介	1.22.2	頭	01-01	37.0	5	10.5
3	4	7	アキトクレッセント	牡6	57	浜中俊	1.22.7	3	11-09	36.5	7	15.1
4	7	13	リョーノテソーロ	牡3	54	幸英明	1.22.9	1 1/2	09-09	36.8	6	12
5	6	12	エポック	牡5	56	川田将雅	1.23.0	1/2	07-05	37.1	4	7.4

単勝　③9210円
複勝　③1670円/⑨440円/⑦460円
枠連　2 5 12020円
馬連　③⑨44260円
ワイド　③⑨8650円/③⑦7600円/⑦⑨2590円
馬単　③⑨119930円
3連複 ③⑦⑨138310円
3連単 ③⑨⑦1392960円

前走の凡走で大きく人気を落としていたメイショウウタゲであったが、２走前の平安Sの内容は見所があったため、オープン特別のここなら巻き返せると判断。吉冨氏は思い切って本命にした。

ワイドでいくか、3連複でいくか。当てるのか、魅せるのか。ベテラン馬券師の吉冨氏であっても、今でも券種選択の際は悩むという。結果的に同レースは、3連複1頭軸流しでも的中であった。

ず、馬連5点に500円ずつとワイド5点に1500円ずつの買い目を提供しました。

結果は1着に本命の③メイショウウタゲ、2着に⑨ハヤブサマカオー、3着に⑦アキトクレッセント。印でいえば◎△△で決着。ちなみに4着も⑬リョーノテソーロでした。印を打った6頭中4頭が掲示板に載ったのです。馬連は4万4260円、③⑨のワイドが8650円、③⑦のワイドが7600円というもの。的中金額の総額は46万5050円となりました。3連複13万8310円、3連単139万2960円という馬券も的中することは予想を見る限りは可能だったはず。本来は3連複の予想を提供しなければならなかったでしょうね。個人的にも金額は違いますが、提供した買い目を原則として購入しています（なので的中すれば大きいがハズレるとそれ以上に痛い）。この辺りが予想を提供している身である辛さでもあり、私の至らなさといえるでしょう。エニフSでは1番人気（3・5倍）の⑮スマートアヴァロンは指数も算出されずに要らない状況。メイショウウタゲが超人気薄というのが分かっていたため、ワイドと普段はそれほど使わない馬連を選択してしまいました。これだけ人気薄の馬を軸とすると、激走した際にどうしても当てたくなるというのが人情というもの。このレースの場合は杞憂に終わるわけですが（苦笑）、それこそ要らないと計算していた1番人気のスマートアヴァロンに2、3着へ食い込まれると目も当てられない。先にも触れましたが、ワイドにするのか3連複にするのか迷うことは実際にあります。原則3連複を選択すべきだと思いますが、資金力だったり軸馬の人気で臨機応変に対応するというのが現実的ではないでしょうか。

危険な人気馬を見つけられれば的中はもうすぐそこ

どちらにしても、競馬は要らない人気馬が見つかったら、第一関門を突破。そして、人気の影に隠れている馬が見つかったらゴールはもう目前。富士山登山なら七合目といったところでしょうか。最後の登頂（馬券的中）を目指す際には、多少のリスクを取る必要があるはず。その頂が高ければ高いほどリスクは高まります。エベレスト登山をＷＩＮ５、３連単とするならば富士山が3連複、ワイドが大山や高尾山ということになるでしょうか（笑）。エベレストは本格的な訓練はいるでしょうが、富士山なら少し訓練すれば登れなくもない。

私は予想士という職にあり、どうしても自分自身以外のお客さんの望むことを意識してしまうところもあります。３連複ベースで60倍～万馬券前後の予想をコンスタントに提供し、時には皆さんが驚くような穴馬を激走させ満足して貰えるような予想と馬券を提供していきたいと考えています。

もちろん、ＪＲＡでは私もプレイヤーの一人。当然、ガンガン買っておりますので、的中しなければならないという事情を抱えているのは確か。そういった意味では躊躇することなく穴馬をみつけて3連複を主体に戦っていきたいと思っています。

number

14

六本木一彦

独自の理論「戦犯ホース」を駆使して、毎週のように万馬券を的中させている六本木氏。脱力系馬券師らしい競馬観で券種について語ってくれました。

profile

六本木一彦（ろっぽんぎかずひこ）…中山生まれの中山育ち。幼少期の頃からの友人は競馬関係者の子息が多く、自然と競馬に興味をもつようになる。あらゆる博打を嗜む吟遊博徒を自認していたが、雑誌「競馬王」への投稿をきっかけに、“会社員”と“競馬ライター”という「二足の草鞋生活」に突入。それ以降はまっとうな人生を歩み始める。自身の理論「戦犯ホース」を駆使して、毎週のように高配当を当てている。

六本木一彦

number 14

ハズレがアタリに変わる⁉ 予想に自信のない人こそ3連複を多用すべし！

そもそも人間が馬の着順をズバリ当てることは無理⁉

――六本木さんは、著書の「穴馬券を獲りたければ本命馬を買え！」の中で、３連複の優位性について熱く語られていますね。実際に購入されている馬券の券種も８割は３連複ということですが。

六本木（以下、六）　もう３連複での予想スタイルが完全に浸み込んじゃっているので、勝ち馬選びを放棄しています。どの馬が勝つか…とかは考えず、どの馬が３着以内に来れそうか…というフワッとした予想法です。

――フワッとした予想でも馬券って当たるもんなんですね（笑）。ところで３連複馬券の魅力

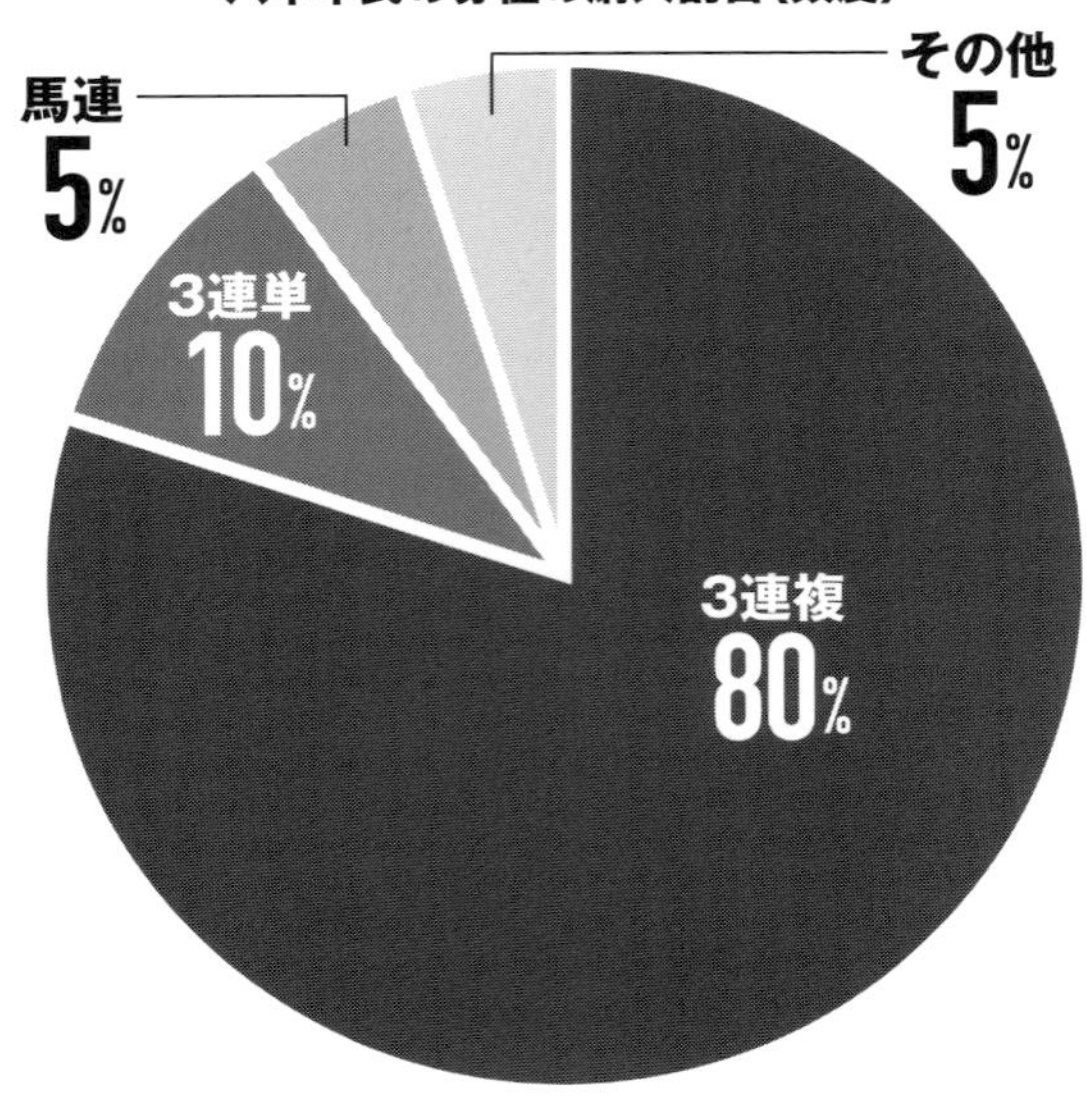

六本木氏の駆使している予想理論

「穴をあける馬は何度もあける」という概念のもと、過去に馬連5000円以上の配当に二度以上絡んでいる馬（戦犯ホース）に着目し、その馬から流して高配当を狙う戦術を用いている。本戦術は戦犯ホース2頭からの流し馬券（3連複2頭軸流し）を活用することでより威力を発揮するようになった。

はどこにあるのでしょう?

六　やはりリスクとリターンのバランスが良いという部分じゃないでしょうか。当てやすい割に配当が跳ねることがありますから。あとは、本来〝ハズレ〟となるべき予想が〝大当たり〟に化ける点でしょう。競馬というのは本来、一番速い馬を当てるゲームなわけじゃないですか。少なくとも英国で発祥した時はそうだったはずです。つまり、馬券を買う側が儲けようと思ったら、勝ち馬を当てるセンスが必要だったわけです。ところが、そこから色々な種類の馬券が発売されるようになって、今では狙った馬が必ずしも1着じゃなくても、買い方さえうまいことやれば、当たりになる。これは「フワッと派」にとっては大きいですよ。

――馬券のプロならいざ知らず、一般的な競馬ファンのほとんどは「フワッと派」ではないでしょうか? 六本木さんはその「プロ」と見込んで本書にお招きしているわけですが(笑)。

六　この辺のことは自著にも書いたことですが、例えば馬連が馬券のメインだった時代は、軸にしていた馬が3着に敗れればそれがハナ差だろうがなんだろうがハズレだったわけです。ところが3連複時代になって、狙った軸馬が3着に敗れてもセーフ。しかも上位1〜2着馬に人気薄が入って、その両方を流し馬券でうっかり抑えていたら、たちまち超高額配当が転がりこんでくるわけですよ。つまり本命にしていた馬は3着に負け、大して気にも留めずに適当に流していただけの相手が上位を独占するような、到底自分の予想とはかけ離れた結果になっても、アタリに化けてしまう。こんな素晴らしい馬券はないと思いますよ。

――先ほど勝ち馬選びを放棄していると仰って

いましたが、それは例えば大きいレースなんかでもそうなんでしょうか？

六　同じですね。ＧＩでもどの馬が勝ちそうか…とは考えません。一番3着以内で信頼できそうな馬をまず探します。

――徹底されているんですね。

六　いや、徹底というよりも、そもそも人間が競走馬の着順をズバリ当てること自体無理だと思っているんですよ。だって馬は何を考えているか分からないじゃないですか。その馬が強いとか弱いとかの前に、「今日はどうもやる気が出ない」と思っている馬もいるかも知れないし、「頭痛ぇ」とかボヤいている馬もいるかも知れない。例えばそれが、歩様がおかしいとかなら見て分かるかも知れないけど、馬の頭痛なんて誰にも見抜けない。競馬とは、そんな馬を相手にしているということを忘れてはいけないと思うんです。だから、1頭の馬に注目して、「戦績からもこのメンバーなら何とか3着以内に入ってくれるだろう」ぐらいの予想ならできるけど、上位に来る馬をすべて着順通りに当てることなんて雲を掴むような話で無理なんですよ。

――普通に考えたらそうですよね…。

六　つまり競走馬の着順を当てることなんて土台無理…という発想が根底にあるからこその3連複なんですよ。先ほども言った通り、馬の気持ちを人間は読むことができない。その上、どんな強い馬であっても、道中の不利などで簡単に負けることがある。競馬を取り巻く環境は、予測不能なことに満ち溢れているわけです。まぁだからこそレースは荒れるわけですし、予想のしがいもあるわけですが、その予測不能な事が起きる競馬に対して、私のせめてもの対抗手段が3連複馬券を用いた2頭軸流しという戦略なんです。

――3連複であれば、着順が多少入れ替わってもセーフですし、流し馬券であれば思わぬ激走馬を抑え込むこともできますしね。

六　そうです。例えば1頭抜けて強い馬がいたとして、普通に考えればその馬が勝つんだろうけど、ひょっとするとその馬は頭が痛いかも知れない。或いは、道中、不利を受けるかも知れない。でもそれらの不利が襲っても、本当に強い馬であれば、3着までなら確保できる可能性は高い。ならば3連単のような着順固定の馬券ではなく、3連複のような保険が利く馬券が良いじゃないですか。無論、安全策に走るあまり、トリガミになるような馬券ばかり買っていてはダメですけどね。

万馬券を当てることは
大きな魚を釣り上げることと同じ

――保険が利く馬券ということであれば、複勝やワイドというのもあります。

六　まぁそこは、配当の問題ですよ。本来、3連複はワイドで代用できますから、「これ!」と決めた2頭がいたら、その1点だけを買えばいいわけで、2頭軸流しでダラダラ流す必要はないんだろうけど。ただ、ワイド1点じゃロマ

予測不能な事が起きる競馬に対して、私のせめてもの対抗手段が3連複馬券を用いた2頭軸流しという戦略なんです。

ンがない。効率が良いのは分かるんだけど、私のような古い人間にとって〝万馬券〟は誇りであり、ロマンだから。効率よく小さい魚を一杯獲るのと、たった1匹だけど大物を釣り上げるのとではどっちが嬉しいかという問題と同じです。よく、「流すということは、無駄な買い目を同時に買っていることになる」と言う人がいるけど、別にいいじゃない。沢山、石を拾い上げる中に、光る原石があったりするわけで、ピンポイントで光る原石だけを見つけられたら苦労しないって。あとね、歳をとったら万馬券の感動も薄れるのかと思ってたけど、そんなことはない。今も昔も、万馬券を当てるというのは嬉しいものですよ。当たった瞬間、アドレナリンがドバっと出ます。

――予想はフワッとしているけど、できることなら安い配当ではなく、高配当を狙いたいわけですね。その気持ち、分かります。

六 そういうことです。でもそれでいいと思うんですよ。馬券を買う上で回収率を考慮することは大事だと思うんだけど、ただ、それ以前に競馬ってレジャーだし、心が躍らないといけないと思うから。どういうシチュエーションで心が躍るかっていうのは人それぞれだけど、私の場合、軸にした2頭が直線に入って安全圏をキープしつつ、残りの馬が後方でゴチャゴチャやっていて、あと1頭何が来るんだか分からない状況の時。

――所謂、「変なの来い！」状態の時ですね。

六 そうそう。レースを見ながら新聞の印を見て、またレースを見て新聞の印を確認する。ゴチャゴチャした中から伸びてきているのが新聞にまったく印のない馬だったりした時はまさに興奮の坩堝だよね。もう馬名なんて分かってないから、「黄色――！」とか「10――！」とか叫ぶんだけど、やっぱりあの瞬間ですよ。こ

六本木氏の3連複2頭軸流しの考え方(本命軸1頭、対抗軸2頭、相手総流しの場合)

軸1頭目(本命軸)	軸2頭目(対抗軸)	相手	点数
A	B	C、D、E、F、G、H、I、J、K、L	10点
A	C	B、D、E、F、G、H、I、J、K、L	10点

この場合、レースがA－B－Cで決まればW的中となる。フォーメーションで2列目に【B、C】とまとめて塗ることはこのW的中をフイにしてしまうので厳禁だ。故に、多少面倒でも、マークシートを2枚使って、それぞれの2頭軸から2パターンの流し馬券を買うことを推奨する。

六本木氏の3連複2頭軸流しの的中例(本命軸1頭、対抗軸4頭、相手ほぼ総流しの場合)

通番	場名	曜日	レース	式別	馬／組番	購入金額	的中／返還	払戻単価	払戻／返還金額
01	阪神	日	11R	3連複軸2頭ながし	軸:04,16 01,02,03,05,06,07,09,10,11,12,13,14,15	各 100円 計1,300円	–	–	0円
02	阪神	日	11R	3連複軸2頭ながし	軸:12,16 01,02,03,04,05,06,07,09,10,11,13,14,15	各 100円 計1,300円	12－14－16	77,010円	77,010円
03	阪神	日	11R	3連複軸2頭ながし	軸:13,16 01,02,03,04,05,06,07,09,10,11,12,14,15	各 100円 計1,300円	–	–	0円
04	阪神	日	11R	3連複軸2頭ながし	軸:14,16 01,02,03,04,05,06,07,09,10,11,12,13,15	各 100円 計1,300円	12－14－16	77,010円	77,010円
合計						5,200円			154,020円

六本木氏の3連複2頭軸流し4本バージョン。本命軸は決まるも、対抗軸が悩ましく且つ相手も混戦で、「ほぼ万馬券確定」と認定できるレースは総流しをかけるべきである(因みに同レースではどうしても8番の馬だけは買いたくなく切ったらしい)。同レースのように、3連複2頭軸流しであれば、薄目にも手が届き、且つ本線で決まればW的中の恩恵にあずかれるのだ。

れは複勝やワイドじゃ味わえない。だって最後は、軸にした馬でも何でもない、名前も分からない馬を必死に応援するんだよ（笑）。究極の他力本願。こんなギャンブルある？

――でも、毎回総流しをかけているわけではないですから、痛恨のヒモ抜けなんてことも？

六　たまにやっちゃいますよ。そういう時は凄いスリリングですよ。競馬王でも活躍されている棟広良隆さんが「総流しは大事」とよく言っていて、もうそれは十二分に承知しているんだけど、私の場合、例えば16頭立てのレースで2頭軸流しを敢行する場合、相手を4頭切って丁度掛け金が1000円になるような買い方をしてしまうんですよ。根がせこいから、どうしても来ないだろうと思われる馬は、たった100円でも買いたくない。毎回やっているわけではないんだけど、買いたくない馬を選ぶことで1

レース当たりの掛け金が少しだけ削れる。これが1日単位であればかなり削れる。1ヶ月単位でみれば相当削れるわけです。無論、削ったことで痛い目に遭うこともあるんだけど、もうそこは自分の見る目がなかったと諦めるしかない。〝要らない〟という明確な意思をもって削ったわけだから。軸馬探しはフワッとしているけど、削る馬はキッチリ考えるという（笑）。

——毎回総流しするわけではないけど、流すこと自体は大事と捉えているわけですね？

六　例えば「12頭立てのレースで、2000円の所持金で3連複馬券を買いなさい」という指令があったとしたら、私は迷うことなく、本命軸1頭（A）＋対抗軸2頭（B、C）から相手10頭へ流す3連複2頭軸流しを選択します。つまり、A—B—10頭（Cを含む）、A—C—10頭（Bを含む）という馬券ですね。この買い方（2頭軸流し）の良いところは、10頭に流しているのでしっかり穴馬にまで目が届くという点と、A—B—Cという、自分の中での本線馬券で決まった時に、W的中の特典が得られるところです。ここは大事なところで、自分で考え抜いて最終的に出した結論は誉れ高き予想なんだから、当たった時はW的中くらいのボーナスがあって然るべきだと思うんですよ。まあいずれにしても、万馬券を得るには人気薄の紛れ込み（援助）が必要なわけですから、万馬券至上主義である私にとっては流しが必須なんです。

3連複1頭軸流しとボックス買いのデメリット

——同じ流し馬券であっても、1頭軸流しやボックスだと人気薄にまで目が回らない場合があるということですね。

六　そうです。例えば同じ2000円という所持金の場合、ボックスで買う場合は6頭選べるんだけど、逆に言うとたった6頭しか選べないから、どうしても外れることが怖くて人気馬を中心に選んでしまう。ここで超人気薄の馬でも入れられる勇気があればいいんだろうけど、そもそもボックス買いをするくらい悩んでいるような状況で、果たして人気薄を入れられるか？

——確かに。3連複って人気の有無に関係なく、明確に買いたい馬が複数頭いて、それらで上位独占した場合に威力を発揮しますけど、六本木さんが先ほどから話されているような、あまり気にも留めてなかった馬が激走した時とかは拾いあげられませんよね。無論、W的中の恩恵にもあずかれません。

六　結局、繰り返しになってしまうんだけど、「ここはこの5頭で決まりだな！」とか、未来が見えるような人であればボックスで良いんだろうけど、私は人間にはそれは無理だと思っているし、実際、馬券（3連複）を買っていると、大抵1頭は思ってもみなかった馬に走られてしまう。だったら、流しを敢行することで、あまり気に留めてなかった馬をも拾いあげられるような態勢を取っておいた方が良いんじゃないかというのが私の考えです。予想で負けていても、馬券で勝てばいいんです。

——ちなみに3連複1頭軸を使わない理由はやはり点数が増えてしまうからですか？

六　そうですね。3連複1頭軸流しという馬券は、実は3連複2頭軸流しよりも、ボックス馬券に近くて、アッと言う間に点数が膨れ上がるんです。だからこの馬券だと、意外と人気薄の馬を拾い上げることができない。3連複2頭軸流しという馬券は凄く誤解されていて、例えば、「3連複2頭軸って、3着内に入る馬のうち2頭を選ばなきゃいけないんでしょ？

だったら3連複1頭軸の方が1頭選ぶだけでいいんだから簡単じゃん」という人がいるんだけど、何も3連複2頭軸は、「16頭の出走馬の中で3着以内に来そうな2頭をズバリ選べ！」という馬券じゃないわけですよ。レースが荒れそうだと思えば、先ほどの例にあげたように、A—B—総流し（14点買い）、A—C—総流し（14点買い）、さらにA—D—総流し（14点買い）という馬券だって追加して買えばいいわけです。金額は14点×3本＝4200円と多点買いになりますが、狙い通りに決まれば当たり確定。高めが嵌まれば10万超の馬券まで夢見れるわけですから安いものでしょう。

——六本木さんの高配当的中馬券を見せてもらったことがありますが、これでもかというくらいに幾重にも2頭軸を敢行している時がありますよね。

六　荒れると踏んだレースでは2頭軸を4本、5本とお構いなしに仕掛けます。ただ、一応、自分の中でルールがあって、「3連複で万馬券以上確定と思われるレース」、「出走頭数が14頭立て以上のレース」、「本命軸に据えられる馬がいるレース」という3つの条件を満たしていないと仕掛けません。4本、5本という仕掛けはやり過ぎな気もするんですが、そもそも万馬券は確定…という確信のもと買っているわけですから、まぁ問題ないでしょう。

荒れることが確定的だった マーメイドS

——では具体的に、最近の的中例の中から3連複2頭軸流しによる快心のヒットを教えて下さい。

六　最近だとマーメイドSがいい例になると思います。私は基本、荒れそうなレースは戦犯ホースを軸にして、そこから相手を探して2頭軸流しを仕掛けるんですが、このレースは荒れそうな雰囲気はあったものの、戦犯ホースの数が極端に少なかったんですよ（戦犯ホースは16頭のメンバー中クィーンズベストのみ）。ですからこのレースは競馬王チャンネルの予想にも取り上げなかったんです。ただ、漠然と荒れそうなムードだけは確実に漂っていたので、何かしらを軸に据えて馬券を買おうと考えていたんです。

――「この馬が穴をあけそうだから馬券を買おう」というのではなく、「このレースは荒れそうだから何か穴馬を探そう」という感じだったんですね。それって割と特殊なケースじゃないですか？

六　そうかも知れません。普段、私は戦犯ホースが多く出走しているレースの中から、特に信頼できそうな戦犯ホースを選んで、その馬から馬券を買うことが多いですから。

――今回の本は馬券戦略がテーマではないのですが、六本木さんが戦犯ホース以外の馬から狙いを立てるというのはレアケースだと思うので、その時の軸馬の選定方法を知っておきたいです。どうやって軸馬を決めたのでしょうか？

六　これは著書の中の「福島牝馬S攻略」のところでも書いているんですが、牝馬限定レースでは、体調の良さがモノを言うと思っているんですよ。特に重賞などの猛者が集うレースにおいてはその傾向が顕著で、単純に一番体重を増やしてきた馬や、馬体が大きい馬がそのまんま結果を出すということが多々あるんです。

――確かに、休み明けの牝馬が体重を減らしてきたら嫌われますもんね。その逆で、ビシビシ調教しているのに体重が増えてきたら好感がもてます。

六 このレースでは、500キロを超える馬が5頭いたんですが、当初はこの中のどれかを本命にしようと思っていたんです。というのも、漠然とこの5頭の中のどれかが一番体重を増やしてくるだろうと考えていたので。ところが、レース前に馬体重が発表されて、確認したらまったくノーマークだったスカーレットカラーが+6キロと一番体重を増やしてきていたんですよ。〝大きい馬〟も大事ですけど、それ以上に〝馬体重を増やしてきた馬〟の方が大事だと思っているので、軸馬を変更しました。

――牝馬攻略のセオリー通り、馬体重を一番増やしてきた馬を軸に変えたんですね。

六 当日の馬体重までしっかり確認しておいて、その馬を無視して走られたら嫌じゃないですか。だからもうスカーレットカラーを本命にしようと覚悟を決めたんです。相手軸には当初ピックアップしていた500キロ超の馬の中から、一番馬体重の重いサラス、二番目に重いモーヴサファイア、唯一の戦犯ホースであるクィーンズベストの3頭を指名してそこから総流しを仕掛けました。

――そうしたらまんまと、馬体重の一番重い馬と、馬体重を一番増やしてきた馬の1着&3着と。これはうまくいきましたね！

六 結局、これも3連複馬券のお陰なんですよ。紆余曲折を経て、何とかスカーレットカラーを本命に導くことはできた。でも、これが馬連だったらハズレなわけですよ。じゃあこれを3連単で買えるかとなると到底無理。そもそもどれを軸にするかを直前まで迷っていたのに、着順まで言い当てることなんてできませんよ。マルチにしたら42点買いの6倍だから252点というとんでもない点数になってしまうし。ワイドなら獲れたかも知れないけど、万馬券には届いてないから、どうしたって心にモヤモヤが残る。やはり何をどう、色んな角度から考えても、3連複2頭軸流しが最強なんですよ。逆にこの券種とこの買い方以外で儲けている予想家さんがいたら是非話を聞いてみたいです。あ、この本を読めばそれが分かるのね（笑）。

2019年 6月9日(日)　阪神11R　マーメイドS　芝 2000m

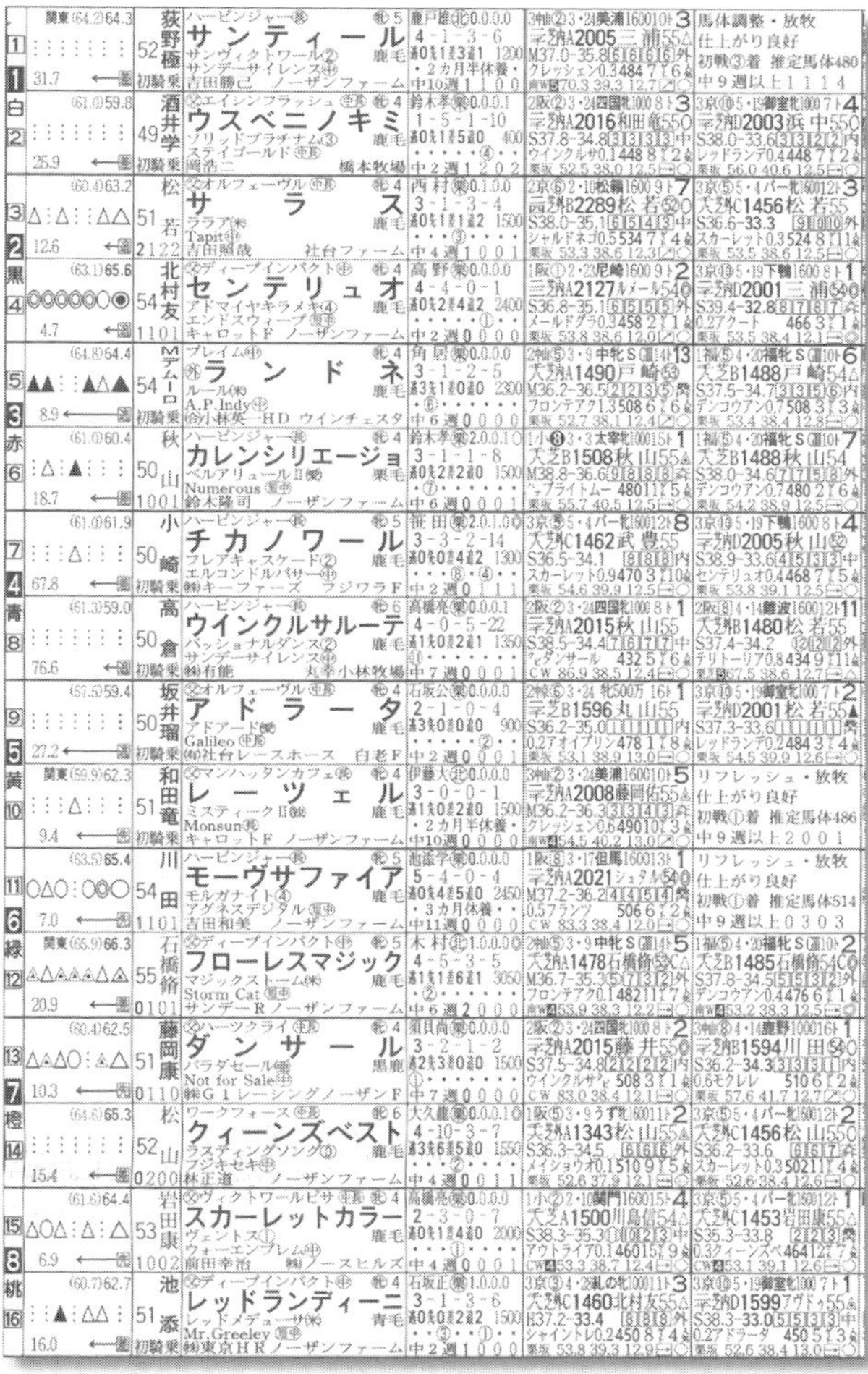

枠	馬番	印・オッズ	斤量・騎手	馬名・血統・馬主・生産者	調教師・成績	2走前	前走
1 白	1	関東 (64.2)64.3 ：：：：：：：： 31.7 ←圏	52 荻野極 初騎乗	ハービンジャー(英) 牝5 **サンティール** 鹿毛 サンヴィクトワール② サンデーサイレンス(米) 吉田勝己 ノーザンファーム	鹿戸雄(北)0.0.0.0 4-1-3-6 0 1 1 3 1 1200 ・2カ月半休養・ 中10週1100	3中山②3・24美浦1600 10ト 3 芝外A2005 三浦55△ M37.0-35.8⑥⑥⑥⑥外 クレッシェン0.3 484 7ト6 南W 70.3 39.3 12.7	馬体調整・放牧 仕上がり良好 初戦③着 推定馬体480 中9週以上1114
1 白	2	(61.0)59.8 ：：：：：：：： 25.9 ←圏	49 酒井学 初騎乗	エイシンフラッシュ 牝4 **ウスベニノキミ** 鹿毛 ソリッドプラチナム③ ステイゴールド 岡浩二 橋本牧場	鈴木孝(栗)0.0.0.1 1-5-1-10 0 1 1 5 0 400 ・・・・・④・・ 中2週1202	2阪②3・24四国牝1000 8ト 3 芝内A2016 和田竜55○ S37.8-34.8③③③③中 ウインクルサ0.1 448 8ト2 栗坂 52.5 38.0 12.5	3京⑩5・19御室牝1000 7ト 4 芝内D2003 浜中55○ S38.0-33.6③③②②内 レッドランデ0.4 448 7ト2 栗坂 56.0 40.6 12.5
2 黒	3	(60.4)63.2 △：△：：△△ 12.6 ←圏	51 松若 2122	オルフェーヴル 牝4 **サラス** 鹿毛 ララア(米) Tapit 吉田照哉 社台ファーム	西村(栗)0.1.0.0 3-1-3-4 0 1 1 1 2 1500 ・・・③・・・・ 中4週1001	2京⑥2・10松籟1600 9ト 7 芝外B2289 松若52○ S38.0-35.1⑥⑤④③中 シャルドネゴ0.5 534 7ト4 栗坂 53.3 38.6 12.3	3京⑤5・4パール牝1600 12ト 3 芝外C1456 松若55 S36.6-33.3 ⑨⑩⑩外 スカーレット0.3 524 8ト11 栗坂 53.5 38.6 12.5
2 黒	4	(63.1)65.6 ◎◎◎◎◎◎○◉ 4.7 ←圏	54 北村友 1101	ディープインパクト 牝4 **センテリュオ** 鹿毛 アドマイヤキラメキ④ エンドスウィープ キャロットF ノーザンファーム	高野(栗)0.0.0.0 4-4-0-1 0 1 2 4 2 2400 ・・・・・①・・ 中2週0000	1阪①2・23尼崎1600 9ト 2 芝内A2127 ルメール54○ S36.8-35.1⑥⑤⑤⑤外 メールドグラ0.3 458 2ト1 栗坂 53.8 38.6 12.0	3京⑩5・19下鴨1600 8ト 1 芝内D2001 三浦54○ S39.4-32.8⑧⑦⑧⑦大外 0.2アクート 466 3ト1 栗坂 53.5 38.4 12.1
3 赤	5	(64.8)64.4 ▲▲：：▲△▲ 8.9 ←圏	54 Mデムーロ 初騎乗	プレイム 牝4 (外)**ランドネ** 鹿毛 ルール(米) A.P.Indy (有)小林英一HD ウインチェスタ	角居(栗)0.0.0.0 3-1-2-5 0 3 1 1 0 0 2300 ・⑥・・・・・・ 中6週0000	2中山⑤3・9中牝SG3 14ト 13 外芝内A1490 戸崎53 M36.2-36.5②②③⑤大外 フロンテアク1.3 508 6ト6 栗坂 52.7 38.1 12.4	1福⑤4・20福牝SG3 10ト 6 大芝B1488 戸崎54△ S37.5-34.7③③⑤⑥内 デンコウアン0.7 508 3ト3 栗坂 53.4 38.4 12.8
3 赤	6	(61.0)60.4 ：△：▲：：： 18.7 ←圏	50 秋山 1001	ハービンジャー(英) 牝4 **カレンシリエージョ** 栗毛 ベルアリュールⅡ Numerous 鈴木隆司 ノーザンファーム	鈴木孝(栗)2.0.0.1 3-1-1-8 0 1 2 2 0 1500 ・⑦・・・・・・ 中6週0001	1小⑧3・3太宰牝1000 15ト 1 大芝B1508 秋山55△ M38.8-36.6⑨⑧⑧⑧大外 ヘブライトムー 480 11ト5 栗坂 55.7 40.5 12.5	1福⑤4・20福牝SG3 10ト 7 大芝B1488 秋山54 S38.0-34.6⑦⑦⑤⑧外 デンコウアン0.7 480 2ト6 栗坂 54.2 38.9 12.5
4 青	7	(61.0)61.9 ：：：△：：： 67.8 ←圏	50 小崎 初騎乗	ハービンジャー(英) 牝5 **チカノワール** 鹿毛 フレアキャスケード② エルコンドルパサー (有)キーファーズ フジワラF	笹田(栗)2.0.1.0 3-3-2-14 0 1 0 4 2 1300 ・・・⑥・④・・ 中2週0111	3京⑤5・4パール牝1600 12ト 8 大芝外C1462 武豊55 S36.5-34.1 ⑧⑧⑧内 スカーレット0.9 470 3ト10 栗坂 54.6 39.9 12.5	3京⑩5・19下鴨1600 8ト 4 芝内D2005 秋山52 S38.9-33.6④⑤③③中 センテリュオ0.4 468 7ト5 栗坂 53.8 39.1 12.5
4 青	8	(61.3)59.0 ：：：：：：：： 76.6 ←圏	50 高倉 初騎乗	ハービンジャー(英) 牝6 **ウインクルサルーテ** 鹿毛 パッショナルダンス② サンデーサイレンス (有)有能 丸幸小林牧場	高橋亮(栗)0.0.0.1 4-0-5-22 0 1 1 0 2 1 1350 ①・・・・・・・ 中7週0001	2阪②3・24四国牝1000 8ト 1 芝内A2015 秋山55 S38.5-34.4⑦⑥⑦⑦中 ダンサール 432 5ト6 CW 86.9 38.5 12.4	2阪⑧4・14難波1600 12ト 11 大芝外B1480 松若55 S37.4-34.2 ⑫⑫⑫外 テリトーリア0.8 434 9ト11 栗坂 67.5 38.6 12.7
5 黄	9	(67.5)59.4 ：：：：：：：： 27.2 ←圏	50 坂井瑠 初騎乗	オルフェーヴル 牝4 **アドラータ** 鹿毛 アドアード Galileo (有)社台レースホース 白老F	石坂公(栗)0.0.0.0 2-1-0-4 0 3 0 0 0 900 ・・・・・②・・ 中2週0001	2中京⑥3・24 牝500万 16ト 1 芝B1596 丸山55 S36.2-35.0①①①①内 0.2オイプリン 478 1ト8 栗坂 53.1 38.9 13.0	3京⑩5・19御室牝1000 7ト 2 芝内D2001 松若55▲ S37.3-33.6①①①①大外 レッドランデ0.2 484 3ト4 栗坂 54.5 39.9 12.6
5 黄	10	関東 (59.9)62.3 ：：：△：：： 9.4 ←圏	51 和田竜 初騎乗	マンハッタンカフェ 牝4 **レーツェル** 鹿毛 ミスティークⅡ Monsun キャロットF ノーザンファーム	伊藤大(北)0.0.0.0 3-0-0-1 0 1 1 0 2 0 1500 ・2カ月半休養・ 中10週0000	3中山②3・24美浦1600 10ト 5 芝内A2008 藤岡佑55△ M36.2-36.3③③④③大外 クレッシェン0.6 490 10ト3 南W 54.5 40.2 13.0	リフレッシュ・放牧 仕上がり良好 初戦①着 推定馬体486 中9週以上2001
6 緑	11	(63.5)65.4 ○△○：○◎○ 7.0 ←圏	54 川田 1101	ハービンジャー(英) 牝5 **モーヴサファイア** 鹿毛 モルガナイト④ アグネスデジタル 吉田和美 ノーザンファーム	池添学(栗)0.0.0.0 5-4-0-4 0 1 0 4 5 0 2450 ・3カ月休養・・ 中11週0000	1阪⑧3・17但馬1600 13ト 1 芝内A2021 シュタル54○ M37.2-36.2④④⑤④大外 0.5フランツ 506 6ト2 CW 83.3 38.4 12.0	リフレッシュ・放牧 仕上がり良好 初戦①着 推定馬体514 中9週以上0303
6 緑	12	関東 (65.9)66.3 △△△△△△△△ 20.9 ←圏	55 石橋脩 0101	ディープインパクト 牝5 **フローレスマジック** 鹿毛 マジックストーム(米) Storm Cat サンデーR ノーザンファーム	木村(北)1.0.0.0 4-5-3-5 0 1 1 1 6 1 3050 ・②・・・・・・ 中6週2000	2中山⑤3・9中牝SG3 14ト 5 大芝外A1478 石橋脩53C△ M36.7-35.3⑤⑦③②外 フロンテアク0.1 482 1ト7 南W 53.9 38.3 12.2	1福⑤4・20福牝SG3 10ト 2 大芝B1485 石橋脩54C○ S37.8-34.5⑤⑤③②外 デンコウアン0.4 476 6ト1 南W 53.2 38.3 12.5
7 橙	13	(60.4)62.5 △△△○：△△ 10.3 ←圏	51 藤岡康 0110	ハーツクライ 牝4 **ダンサール** 黒鹿 バラダセール Not for Sale (有)G1レーシング ノーザンF	須貝尚(栗)0.0.0.0 3-2-1-2 0 2 1 3 0 0 1500 ①・・・・・・・ 中7週0000	2阪②3・24四国牝1000 8ト 2 芝内A2015 藤井55○ S37.5-34.8②②②②内 ウインクルサ 508 3ト1 CW 83.0 38.4 12.1	3中京⑧4・14鹿野1000 16ト 1 芝外B1594 川田54○ S36.2-34.3③③③①内 0.6モクレレ 510 6ト2 栗坂 57.6 41.7 12.7
7 橙	14	(64.6)65.3 ：：：：：：：： 15.4 ←圏	52 松山 0200	ワークフォース 牝6 **クィーンズベスト** 鹿毛 ラスティングソング③ フジキセキ 林正道 ノーザンファーム	大久保龍(栗)0.0.0.1 4-10-3-7 0 3 6 5 0 1550 ・・・②・・・・ 中4週0011	1阪⑤3・9うずしお牝1600 11ト 2 大芝外A1343 松山55△ S36.3-34.5 ⑥⑥⑥外 メイショウオ0.1 510 9ト5 栗坂 52.6 37.9 12.1	3京⑤5・4パール牝1600 12ト 2 大芝外C1456 松山55○ S36.2-33.6 ⑥⑥⑦大外 スカーレット0.3 502 11ト4 栗坂 52.6 38.4 12.6
8 桃	15	(61.6)64.4 △○△：△：△ 6.9 ←圏	53 岩田康 1002	ヴィクトワールピサ 牝4 **スカーレットカラー** 鹿毛 ヴェントス① ウォーエンブレム 前田幸治 (有)ノースヒルズ	高橋亮(栗)0.0.0.0 2-3-0-7 0 1 1 4 0 2000 ・・・①・・・・ 中4週0001	1小②2・10関門1600 15ト 4 大芝A1500 川島信54△ S38.3-35.3⑩⑩②③中 アウトライア0.1 460 15ト9 CW 53.3 38.7 12.4	3京⑤5・4パール牝1600 12ト 1 大芝外C1453 岩田康55△ S35.3-33.8 ②②③大外 0.3クィーンズベ 464 12ト7 CW 53.1 39.1 12.6
8 桃	16	(60.7)62.7 ：：▲：△△： 16.0 ←圏	51 池添 初騎乗	ディープインパクト 牝4 **レッドランディーニ** 青毛 レッドメデューサ(米) Mr.Greeley (有)東京HR ノーザンファーム	石坂正(栗)1.0.0.0 3-1-3-6 0 1 0 0 2 2 1500 ・・③・・①・・ 中2週1000	3京③4・28糺の森牝1000 11ト 3 大芝外C1460 北村友55△ H37.2-33.4 ⑧⑧⑧外 シャイントレ0.2 450 8ト4 栗坂 53.8 39.3 12.9	3京⑩5・19御室牝1000 7ト 1 芝内D1599 アヴドゥ55 S38.3-33.0⑤⑤③③中 0.2ドラータ 450 5ト3 栗坂 52.6 38.4 13.0

2019年 6月 9日(日)　3回阪神4日　天候：曇　馬場状態：良

【11R】第24回マーメイドS

3歳以上・オープン・G3(ハンデ)　(牝)(国際)(特指)　芝・内 2000m　16頭立

着	枠	馬	馬名	性齢	斤量	騎手	着差	通過順位	上3F	人	単勝	体重	±
1	2	3	サラス	牝4	51	松若風馬		14-15-15-15	34.6	7	14.2	524	0
2	8	16	レッドランディーニ	牝4	51	池添謙一	ハナ	11-11-11-09	35.0	10	26.8	444	-6
3	8	15	スカーレットカラー	牝4	53	岩田康誠	3/4	10-10-10-09	35.2	5	10.6	470	+6
4	2	4	センテリュオ	牝4	54	北村友一	1.3/4	14-13-13-12	35.2	1	4.6	466	0
5	4	8	ウインクルサルーテ	牝6	50	高倉稜	1/2	13-13-13-15	35.2	16	89.3	432	-2
6	6	11	モーヴサファイア	牝5	54	川田将雅	クビ	06-06-06-05	35.9	2	4.8	508	+2
7	4	7	チカノワール	牝5	50	小崎綾也	ハナ	14-15-15-12	35.4	15	80.2	468	0
8	7	14	クィーンズベスト	牝6	52	松山弘平	1.3/4	08-08-08-07	36.0	9	16.4	506	+4
9	1	1	サンティール	牝5	52	荻野極	1/2	06-06-06-07	36.2	11	31.1	486	+2
10	1	2	ウスベニノキミ	牝4	49	酒井学	1.3/4	11-11-11-12	36.1	12	34.4	450	+2
11	7	13	ダンサール	牝4	51	藤岡康太	3/4	03-04-04-02	36.9	4	7.1	508	-2
12	5	9	アドラータ	牝4	50	坂井瑠星	1/2	01-01-01-01	37.4	13	35.8	486	+2
13	6	12	フローレスマジック	牝5	55	石橋脩	クビ	03-04-04-02	36.9	6	12.7	474	-2
14	3	6	カレンシリエージョ	牝4	50	秋山真一	1.1/4	08-08-08-09	36.7	14	36.2	484	+4
15	3	5	ランドネ	牝4	54	M. デム	7	03-03-03-05	38.4	3	6.8	508	0
16	5	10	レーツェル	牝4	51	和田竜二	ハナ	02-02-02-02	38.5	8	16.1	478	-12

単勝　③1420円
複勝　③500円/⑯950円/⑮410円
枠連　2 8 1530円
馬連　③⑯19380円
ワイド　③⑯5520円/③⑮2480円/⑮⑯3840円
馬単　③⑯33680円
3連複 ③⑮⑯56780円
3連単 ③⑯⑮391310円

「荒れる」という確信はあるものの、どう買えば良いか分からない時にこそ3連複が威力を発揮する。軸馬探しに成功すれば、あとは2頭軸流しの波状攻撃で、もうどうにもでもなる。

阪神	日	11R	3連複軸2頭ながし	軸：03,15 01,02,04,05,06,07,08,09,10,11,12,13,14,16	各 100円 計1,400円	03－15－16	56,780円	56,780円
阪神	日	11R	3連複軸2頭ながし	軸：11,15 01,02,03,04,05,06,07,08,09,10,12,13,14,16	各 100円 計1,400円	－	－	0円
阪神	日	11R	3連複軸2頭ながし	軸：14,15 01,02,03,04,05,06,07,08,09,10,11,12,13,16	各 100円 計1,400円	－	－	0円

プロ馬券師たちから学ぶ
賢い券種選び
買い方のコツを掴めば回収率は大きく上がる!

2019年8月15日初版第1刷発行

編　者　競馬王編集部
編集協力　nakazo／野中香良
装　丁　高松伸安
写　真　橋本 健
発行者　松丸 仁
印刷・製本　株式会社暁印刷
発行所　株式会社ガイドワークス
編集部　〒169-8578　東京都新宿区高田馬場4-28-12　03-6311-7956
営業部　〒169-8578　東京都新宿区高田馬場4-28-12　03-6311-7777
URL　http://guideworks.co.jp